El museo

Teoría, praxis y utopía

Cuadernos Arte Cátedra

Director de la colección:
Antonio Bonet Correa

Aurora León

El museo

Teoría, praxis y utopía

SEXTA EDICION

CATEDRA

CUADERNOS ARTE

Cubierta: Diego Lara

Ediciones Cátedra, S. A., 1995
Juan Ignacio Luca de Tena, 15. 28027 Madrid
Depósito legal: M. 1.132/1996
ISBN: 84-376-0163-0
Printed in Spain
Impreso en Fernández Ciudad, S. L. 28007 Madrid

Introducción

Creo que en las páginas siguientes hablo demasiado de museos. Y me pregunto si no habría sido más eficaz hablar del *Museo Particular* que todos nos fabricamos en nuestra vida cotidiana; hablar de la moda, de las revistas y periódicos al uso, de la amplia gama de Westinghouse y electrodomésticos, de las cajas de cerillas, de las bolsas de boutiques o de los proteiformes posavasos de los *pubs* de actualidad que, indudablemente, forman una mínima parte de la interminable lista de objetos museables; museables cuando no museificados de hecho por esa obstinada tendencia del hombre a venerar de forma institucionalizada y ritual los objetos que rodean nuestra existencia.

Por paradójico que resulte, hoy día coleccionamos los subproductos de la tan vociferada sociedad de consumo con mayor afán posesivo que Agripa sus formidables estatuas de mármol. Y ello, pese a su licitud, apunta un grave peligro: la "museificación" del hombre; que éste, en su afán de permanentizarlo todo, sea utilizado *mixtificadamente* como un instrumento más en el proceso cultural-museístico, que prosiga incrustado al caparazón agonizante del museo que hoy vivimos, y que, en definitiva, sufra la misma metamorfosis alienante que la obra padece en el museo.

Y aquí, al esbozar con alarmante urgencia la necesidad de someter a reflexión los "nuevos ritos, nuevos mitos" del hombre actual para ir a la búsqueda de una armoniosa alianza en la relación sujeto-objeto, es cuando disipo mi primera duda y justifico haber hablado tanto y tan limitadamente del museo. Porque él, pese (y debido) a su inoperancia, es una de las primeras imágenes que se nos presenta en la película de la cultura contemporánea; porque ésta, ni que decir tiene, en crisis como todos los valores actuales sometidos a revisión, presenta la conflictividad opositiva de la cara de Jano, entre el coma permanente y la revitalización, entre el caos y la esperanza.

Hoy que opinamos e incluso dogmatizamos de todo sin saber apenas nada, todos estamos de acuerdo en algo: que el museo es impotente y que, si algo crea, es confusión, indiferencia o rechazo por la cultura. Incluso la palabra "museo" connota para todos un significado hostil, una vivencia apriorística del aburrimiento y cansancio que a sus puertas nos espera. Es monolítico, cerrado a todo aire renovador, denso y, aún más, negador de la libertad: el control policiaco a la entrada, la obligatoriedad del circuito, la imposición de unas fronteras establecidas para la visión de la obra..., nos hacen asumir el gesto enfadado de Valéry cuando a la entrada del Louvre le acecha el conserje para despojarle de su bastón.

Nos invade, consciente o inconscientemente, una tremenda seriedad porque ese simbólico bastón representa el asalto a nuestra libre espontaneidad. Y, pese a ello, seguimos yendo a los museos. No se sabe qué es peor: si la permanente amenaza contra la realización y libertad humana o la abolición autoimpuesta mediante una total inhibición, ya que ambos casos son expresivos de un proceso más o menos acelerado que conduce irrevocablemente a la deshumanización, a la cosificación del hombre ante el universo.

Y, a fin de cuentas, el museo es sólo el intermediario, el instrumento que (im)posibilita el entendimiento *face to face* del espectador y la obra; los protagonistas de la escena museística, de naturalezas tan antinómicas, acentúan la violencia del campo de encuentro y ofrecen resistencias recíprocas a un diálogo realmente enriquecedor. El museo es como una inoperante experiencia funeraria, de acuerdo; pero ¿no cabe pensar que ese rito es producto de las deficientes exequias que le deparan los elementos que lo conforman? Porque el museo en sí no es nada; carece de esencialidad y avanza más hacia el umbral de la entelequia cuanto mas queda despojado de una razón de ser concreta que responda a un sentido profundo: vitalizar la comunicación entre la obra y el espectador.

El conflicto de la obra museificada no radica sólo en el cambio de ubicación física sino en el proceso dialéctico interno a su propio ser. El ser-creada-para-un-uso-que-ya-no-es y el asignarle "otra"-función-que-es-en-el-museo opera indudablemente una mutación cualitativa en el objeto que no descualifica su validez objetiva como producto útil y sometido a cambios históricos. Es importante saber que la cualificación más exacta de la obra viene determinada por la necesidad de su creación, pero también que por su capacidad de transformación utilitaria y por la multiplicidad de sus mensajes es por lo que resulta siempre necesaria en el proceso histórico y, si atajamos ese permanente vitalismo y requerimiento de la obra que exige un ofrecimiento activo del espectador, habrá que dar la razón a Adorno cuando habla del constante proceso de museificación de la obra desde que nace.

Pero reflexionemos más sobre el papel del espectador. La civilización occidental, fundamentada sólidamente en una ideología burguesa que en lo más hondo de sí misma enarbola como meta ideal una rudimentaria "conservación" del yo, ha preferido someterse a un confort intelectual negador del placer creativo y a un mediocre bienestar espiritual que cierra las puertas de la libertad. Nos ha sido más acomodaticio creer en la perennidad de esos falsos ídolos que nos han impuesto —El Arte, La Firma, El Autor, La Obra Maestra...—, antes que ponerlos en cuarentena y asistir al derrumbamiento de una incondicionalidad falaz que no denota más que el terror a la constatación de lo perfectamente condicionado. Somos elementalmente cándidos ante el fenómeno artístico porque sólo miramos, sin ver, a un eje único y porque hemos aceptado infantilmente la fisura entre ideas, afectos y sensaciones del arte y la vida, decantando falazmente los valores *sublimes* del Arte y abandonando como expresión residual la cotidianeidad de la existencia, cuando ambos no son más que partes integrantes del proceso vital. De hecho, el poder de la comunicación artística está disociado de nuestras actividades vitales, dando lugar a teorías sobre la esclerotización del arte que operan a menudo como encubridoras de un fenómeno más profundo: el endurecimiento progresivo de nuestra capacidad perceptiva y reflexiva.

Y somos ingenuos porque preferimos, sin detenernos a dudar siquiera, extasiarnos ante una Mona Lisa "única" que la crítica bautiza como *misteriosa* y *ausente,* cuando el propio Leonardo habría considerado irrisoria la caracterización que se ha hecho del personaje y habría aplaudido —¿también él habría sido anatematizado?—, el poderío expresivo de la Mona Lisa barbada de Marcel Duchamp, a la que en una segunda versión la presenta "rasée", la inteligente audacia de Andy Warhol al reproducirla una treintena de veces en el cuadro denominado "30 son mejor que 1" e incluso la astracanada, no exenta de sentido, de la interpretación de una Gioconda con bigotes inconfundibles a la que el pintor titula "autorretrato". Sí; nos hemos aferrado a una mirada mecánica visual e intelectualmente que impide una visión más profunda del sentido comunicativo de la obra. Y tenemos que modificar nuestros patrones valorativos, si realmente queremos una cultura dinámica, polémica y arriesgada a perder de vista esos valores tan monolitizados en beneficio de una apertura cognoscitiva y comunicativa hacia el objeto y las personas.

Estamos (seudo)convencidos de que nuestra civilización ha supuesto un paso de gigante respecto a otras pasadas en lo que se refiere a un maridaje más profundo entre el objeto y el sujeto; y creo que también en esto estamos confundidos porque las interrelaciones que establecemos permanecen en un nivel superficial e improductivo, porque la actitud individualista de delectación intransferible entorpece, incapacita un diálogo penetrante que enriquezca realmente a una colectividad consumidora de los objetos que produce. Quizás estemos, eso sí, más potenciados para contactar con un museo vivo, colectivo y anónimo, con nuestros vaqueros y *keds*, con nuestra urgente necesidad de comunicarnos, como contrarresto a los angostos y agresivos ámbitos de convivencia humana, que aquella minoría decimonónica que, disfrazada de frac, con monóculo y con un mundo cerrado y autosuficiente, disponía de tan menguadas armas para establecer un frío diálogo con las obras. Y, si es así, hasta cabría pensar que el arte y la cultura no han muerto, que aquellos panteones de albergue y desahucio pueden transformarse en centros de vida.

Pero somos nosotros, toda la sociedad, los que tenemos que actuar en esa transformación y mientras no tomemos conciencia de nuestra necesaria cooperación para planificar y hacer útil ese cajón de sastre que hoy es el museo, no debemos culparle de su esterilidad. Culpémosnos a nosotros mismos, porque ni hemos tenido valor —hasta ahora— para defender lo que a todos nos pertenece ni hemos sido lo bastante creadores para estimular nuestras riquezas.

Estas son, en síntesis, las ideas que desarrollo en este libro, en el que he pretendido no sólo hablar del museo como expresión de un fenómeno cultural de actualidad sino como ejemplo típico para el eficaz desarrollo de la cultura museificada. La reciente y progresiva Museología —todavía tiene vigencia aquella frase de la zarzuela "hoy las ciencias adelantan que es una barbaridad"— como ciencia que cuenta con postulados objetivos, con problemas y, por tanto, con métodos, me ha ayudado a la elaboración de este trabajo que de ninguna forma debe considerarse como un *tratado* sino como una serie de consideraciones expuestas con criterios objetivos y que responden a una situación real, conflictiva, del museo actual. He tratado de exponer con claridad el origen, desarrollo y actualidad de los problemas que presenta el museo. Pero no prometo soluciones. Que nadie se engañe. Y, menos aún, los que esperen encontrar la fórmula única y mágica a la polémica museística. A ellos les aconsejo de antemano que dejen de inmediato la lectura pues no encontrarán en ella respuestas a sus peticiones. La única "re-solución" que apunto tenazmente es la necesidad de cooperación de todos. Las demás aportaciones, en la medida que lo sean y supeditadas al consenso del lector, pretenden por su carácter modificable agilizar la discusión abierta sobre el museo y ser enriquecidas con nuevos puntos de vista.

Nada más lejano a mi intención que petrificar en estas líneas un cuerpo de doctrina museológica que sirva de vademecum a futuros profesionales o especialistas. Y sin embargo, estimo que estas páginas pueden proporcionarles facilidad a nivel de iniciación y toma de contacto con el tema, porque, en parte, este libro ha nacido por la necesidad de cubrir una mínima parcela de la inmensa laguna que lamentablemente existe sobre el museo en la bibliografía española contemporánea. A ellos les puede ser útil acceder a unos planteamientos científicos que analizo en los capítulos dedicados al estudio de la teoría, praxis y utopía museológicas, y que termino con un apéndice sobre la situación actual del museo español, comentado críticamente a través de la legislación vigente y una bibliografía general razonada y actualizada.

Pero este plano científico no invalida la lectura a un nivel general para todos los que decididamente queremos vivificar el museo que, por ser patrimonio público, debemos disfrutar y mejorar colectivamente.

Esa colectividad anónima que *aún* no va al museo, que pulula por sus salas, defraudada y ansiosa, y que me ha suministrado tantas ideas y vivencias como todas aquellas personas y amigos que en tan excesiva medida han depositado en mí su confianza y me han alentado desde dentro o fuera del museo, y el mismo museo que no pocas veces me ha sacado de mi confort intelectual abriéndome los ojos a todo lo que a continuación expreso, son sustancialmente los que han posibilitado y a los que dedico este libro con una gratitud cordial y con el deseo profundo de que estas páginas despierten una nueva experiencia: proyectar cada uno la película retrospectiva de sus vivencias museísticas para reflexionar hasta qué punto hemos deambulado por un cementerio, vestidos de luto, y a partir de cuándo podemos caminar con el bastón de Valéry por un auténtico centro de cultura, de vida y de libertad.

CAPÍTULO PRIMERO

Historia del coleccionismo y de los museos

UN OBJETO PARA EL SUJETO, UN SUJETO PARA EL OBJETO

Coleccionismo y clase dominante se vinculan indisolublemente como un fenómeno típico de la ideología, el arte y la cultura a lo largo de los ciclos históricos. Este fenómeno, abastecido por una élite ilustrada y potente, cumple una función precisa al imponer sus juicios estéticos, al manipular la creación artística y al ejercer una influencia totalizadora en la historia de la cultura.

"El objeto artístico —y de la misma manera, cualquier otro producto— crea un público sensible al arte y capaz de un gusto estético. Sin embargo, la producción elabora no sólo un objeto para el sujeto, sino también un sujeto para el objeto. Produce, por consiguiente, el consumo[1]. Ello trae consigo, por una parte, un público de fuerte poder adquisitivo y un trueque en el esquema de los valores, ya que el valor estético se subordina al factor económico y, por otra, la colaboración (semi)consciente o inconsciente de un sector culto, no comprador de obras, que, al emitir juicios o gustos "reconocidos", eleva el prestigio social de las obras proporcionándole a la élite el placer de ser los únicos consumidores de arte. Sacerdotes egipcios, cónsules romanos, iglesia medieval, nobleza renacentista, monarquías absolutas o burguesías ascendentes han dirigido la historia del arte, del gusto y de la

[1] Marx, K., *Contribución a la crítica de la economía política*, Madrid, Alberto Corazón, 1970.

moda con sus intereses artísticos, que a menudo poco o nada tenían que ver con el arte.

Hacer un análisis reflexivo sobre el origen, desarrollo y consolidación del coleccionismo, causante de la génesis de los museos, es lo que nos proponemos en este capítulo.

El coleccionismo hasta la Edad Media

En las antiguas culturas urbanas orientales, el coleccionismo aún no aparece como fenómeno cultural consolidado. Se trata de culturas con un régimen esencialmente religioso y cortesano (identificación frecuente de la jerarquía estatal con la divinidad) en el que predominan los objetos preciosos en templos, santuarios y tumbas con un sentido más trascendente que venal o social. De todas formas, la base económica egipcia —la agricultura—, la progresiva industria y sistema monetario mesopotámico favorecen una situación artística en la que los mantenedores de los artistas y consumidores de arte son los sacerdotes y los príncipes, quienes con fuerte capacidad adquisitiva hacen instalar los talleres de trabajos manuales (objetos suntuarios, útiles domésticos...) junto a templos y palacios para controlar oficialmente las producciones artísticas. Máxime, la monarquía mesopotámica, cuya rigidez estatal e intolerancia religiosa limita el arte y su comercio al rey y al templo, llevó el afán coleccionista y propagandístico del monarca Asurbanipal a trasladar desde Egipto a Nínive, como botín de guerra, dos obeliscos y 32 estatuas, colocadas temporalmente a las puertas de Assur para que el pueblo *las admirara con orgullo.* Sin embargo, en Creta, donde también la cultura está sometida a un orden autocrático, existe una mayor libertad que permite un comercio artístico amplio y, a pesar de ello, la producción masiva de obras de arte condujo a una industrialización y abaratamiento que cerraba las puertas al coleccionismo ilustrado.

Con la civilización griega se da un paso en el fenómeno del coleccionismo. Grecia es, en realidad, la que abre las puertas al comercio artístico romano. Todavía las obras depositadas en los santuarios (Delfos, Olimpia, Efeso...), a donde llegaban exvotos de todo el mundo, se custodiaban con carácter religioso en los *tesauroi*, de los que han dejado noticias los libros de Herodoto; pero, aparte el valor funerario que éstos poseen, existen ya objetos de tipo religioso fabricados con fines laicos como exaltación de la realeza, manifestación de fastuosidad y poder de una monarquía o tiranía que los colocaba en palacios para ser admirados por los ciudadanos con fines propagandísticos. Este fenómeno evidente desde el arcaísmo griego cobra una función específica en el siglo V cuando el objeto votivo pasa de ser objeto-usual-religioso a objeto-admiración por su *calidad* y *firma del artista*. Lo paradójico es que este atisbo de "calidad ficticia" se produzca en una cultura con conciencia de presente histórico. Con el helenismo, y debido a sus ingredientes culturales mixtos e internacionales, es cuando se reafirma el gusto por el arte y la colección artística. A ello contribuyó no sólo el florecimiento de la historia, la constatación de un pasado "ejemplar" y el volver los ojos hacia una antigüedad cercana sino un racionalismo planificado que propendía a un *commercium litterarum et artium*, promotor de competencias artísticas y alentador para la creación de instituciones culturales. Este dinamismo cultural llevó a Atalo I a exponer en la Acrópolis de Pérgamo estatuas y cuadros y a Eumene II a mandar "re-producir" obras que suponían una (re)visión histórica sobre los originales.

Pero el coleccionismo helenístico quedó reemplazado por las directrices artísticas, y a veces museográficas, de la cultura romana. Y es lógico que triunfase en Roma donde el aparato estatal envía al pueblo sus emisiones por medio de la imagen. La imagen lo es todo: propaganda, información, ilustración, noticia... Y en esta civilización pragmática sobresale como factor esencial la pura visualidad. El comercio artístico en Roma, aparte las producciones nacionales, se basa en la exportación, expoliación y botines de guerra. Y así, el primer "descubrimiento" del arte griego se debe al expolio de Marcelo en Siracusa, al llevar consigo cuadros y estatuas de tierras helénicas. Ello supuso sentar un auténtico precedente para el futuro desarrollo del coleccionismo romano. Volver de la batalla sin mármoles y bronces griegos era no sólo privar a la República de un prestigio reconocido y al pueblo de un patrimonio cultural creciente, sino perder un *status* social que quedaba a salvo con una triunfante decoración casera. Desde entonces, no hubo jefe que a la vuelta de su campaña militar no trajera consigo su "trofeo" que se exponía, a efectos propagandísticos, en *lugares públicos,* como el pórtico de Metelo, el de Catulo, Livia o en el atrio de la Libertad, el que sirvió de museo para la colección obtenida por Asinio Polión, una de las más sonadas victorias, militar y artística.

El derecho a la propiedad de las ganancias era incontestable, con lo que muchos generales, imitando el "buen gusto" de Lúculo, adornaron su casa con los botines y así, se consolidó definitivamente el fenómeno del coleccionismo. Toda casa de miembros dirigentes de la sociedad tenía que tener su biblioteca, pinacoteca, obras de arte y bronces griegos y helenísticos. Y, si no había posibilidades de originales, esa *limitación* se cubría con copias realizadas por expertos; expertos y conocedores del arte que surgieron lógicamente para dirigir el gusto de los coleccionistas y ejercer sus funciones en una sociedad consumidora de arte. Y, pese a que los motivos que hicieron surgir estas *colecciones privadas* eran extra-artísticos, la deleitación y el conocimiento de sus dueños sobre las obras adquiridas era obligado; el nivel social, ascendente; el prestigio cultural, reconocido; la exposición privada de las obras, instrumento de fuerza político-social insospechada, amén del buen gusto que desplegaban en la decoración al exponerlas a la moda en uso. Estos motivos *hedonistas* y *snobistas* fueron la base sustancial del coleccionismo; todo un *hobby.*

Al tiempo que la colección se volvía índice de fastuosidad y diferencia social, se formó un nuevo y definitivo estímulo para el coleccionista: la tesorería, elemento que no era nuevo pues ya existían factores de naturaleza económica en los tesoros de los templos, pero con el nuevo sistema de la demanda, la oferta y la concurrencia competitiva, el coleccionismo tomaba cuerpo de auténtico mercado y ampliaba definitivamente su concepto: la colección artística como *inversión de capital.* A partir de aquí, todos los "valores ficticios" que se encuentran en los tiempos modernos de forma tipificada (el valor de la serie completa, la rareza, originalidad, la pátina, antigüedad...), son herencia directa del coleccionismo romano que no sólo acuñó la terminología de ciertas instituciones artísticas[2] sino que alentó y consolidó las bases esenciales del mercado de arte contemporáneo. Pero también en Roma, donde se fraguó el valor hedonístico y económico del arte, se produjo un principio de trascendental importancia para la historia del coleccionismo y los museos: dar *utilidad pública* a las obras de arte. Ello se debió a la decisión personal de Marco Agripa que comprendió, con una visión exacta de la Historia, la necesidad de reagrupar las obras exiliadas de su lugar de origen y silenciadas en colecciones privadas. Este gesto supuso un factor de enriquecimiento cultural insospechado puesto que, por una parte, avalaba el derecho del pueblo a participar en fenómenos culturales hasta entonces acotados por la propiedad privada y, por otra, su decisión aparece como la primera declaración explícita del valor de una colección como patrimonio cultural de todos. Con el Imperio decae la calidad y finalidad del coleccionismo puesto que la política imperial se vuelve más a factores caprichosos y personales. La aristocracia áulica sólo busca obras en las que se patentice un estilo helenizante idealista, exponente de un pensamiento minoritario que sólo encuentra resonancias en los artistas que trabajan para la casa imperial y alejado de una concepción retratística-naturalista de la vida que representan los estratos sociales medios y los más incultos. Y, aún más, en el Imperio tardío sigue decayendo por causas ajenas al esteticismo: las dificultades que planteaba el fisco estatal y la decadencia político-social.

La fuerza política y moral del Cristianismo basó sus leyes en la herencia del valor didascálico y propagandís-

[2] Los primeros elementos terminológicos del coleccionismo los consolidó Roma, aunque proceden del helenismo. Por ejemplo, el término «Museo» procede de «Mouseion»: edificio fundado en Alejandría por Tolomeo Filadelfo dedicado a las Musas; «Pinacoteca» es un término que ya lo usa Vitrubio en su VI Libro de Arquitectura, 7.8.; «Dactiloteca» aparece por primera vez en Plinio, los romanos le dan vida y el Renacimiento lo adopta para designar colecciones de camafeos.

tico del arte figurativo; en realidad, se manifiesta como una derivación del arte romano tardío, pero con unas metas pedagógicas más definidas: el arte debe ser educación moral y, fuera de esta finalidad, cualquier tipo de intromisión queda al margen de las proposiciones del primitivo arte cristiano. Solamente en la época constantiniana pervive el arte del coleccionista por esmero y afán cultural de algunos. (Constantino adorna Constantinopla con obras procedentes de todo el mundo clásico.)

Con el Imperio bizantino, las obras, producidas en los talleres imperiales o importadas como botín, exponen un gusto oriental por el fasto y la magnificencia que expresan un sistema teocrático de gobierno en el que el soberano pertenece más a un mundo de poder sobrenatural que terreno. Como arqueólogo y coleccionista de obras de arte, Constantino Porfigenito instituyó que durante las fiestas religiosas y políticas se expusiesen las obras de propiedad real en el *pentapyrgion,* auténtica vitrina de exposición como las que hoy contemplamos en las instalaciones museísticas.

Con la Edad Media se asiste a una polarización eclesiástica de la actividad artística; la Iglesia es la única forma de museo público. Los objetos preciosos (salterios, misales, cruces...) que recibe como donaciones reales o populares forman el tesoro eclesiástico y son minuciosamente inventariados[3] por monjes ilustrados. Otros eran obtenidos por robos, saqueos y rapiñas y contenían un gran valor económico no sólo por la calidad artística de la obra sino por la nobleza de los materiales. Dado el valor intrínseco de los objetos, se transformaban en dinero al fundir los metales o desguazar las piedras preciosas en tiempos de carestía. Salerno habla del papel de "banco de empeño" que ejerció el Tesoro de San Marcos con motivo de las Cruzadas[4].

---

[3] En favor de la realización de inventarios para la conservación de las obras de arte hablan los tesoros medievales de Saint-Denis, Patmos, San Marcos de Venecia..., conservados todos intactos en su lugar de origen.

[4] Salerno, L., en colaboración con Giovanni Barbini, Paolo Enrico Arias, Fernanda de Mafei y Caterina Marcenaro: «Musei e collezioni»,

Nada favoreció al coleccionismo la política adoptada por la Iglesia contra la idolatría puesto que, en su persistente actitud, llegó, no tanto guiada por atender a una auténtica pureza de la religión como por asegurar unos efectos "civilizados", a prohibir las imágenes paganas. Entre las excepciones que pudieron liberarse del asfixiante monopolio eclesiástico, el nuevo protector de la Cristiandad, Carlomagno, así como Teodorico y Federico II, impusieron en sus cortes un programa cultural dirigido a dar nueva vida a la Antigüedad romana. Programa cultural que sirvió de antídoto a las fuerzas represivas eclesiásticas y monacales que alejaban al hombre de su conciencia histórica. Esta confederación áulica para redescubrir e interpretar la cultura romana es un hecho de fuerte valor ideológico puesto que desde los talleres de palacio salían obras realizadas conforme a unas normas clásicas "renovadas", ajenas al inmovilismo medieval. Y en estos centros elitistas y minoritarios de la Edad Media reside el germen de la cultura humanista del Renacimiento[5].

Fuera del ámbito monacal, monopolizador de las demandas artísticas de carácter artesanal, la actividad y el comercio de arte sólo tenían lugar, y en muy pequeñas dosis, en los dominios reales y de las grandes cortes señoriales. Tuvo que llegar el estilo caballeresco cortesano con sus pequeños y transportables tesoros, con el papel que empieza a jugar la mujer en la vida cultural y la renovación gótica con toda su fidelidad a la realidad y a la autenticidad de los sentimientos para asistir a un cambio profundo de la Historia. El gótico, con el asentamiento de la vida urbana, con la aparición de un urba-

---

en *Enciclopedia Universale dell'arte*, t. IX, Florencia, 1963, han realizado un estudio sintetizador sobre el coleccionismo artístico de la civilización occidental, tema que hasta entonces solo ofrecía aspectos parciales o monográficos. También Douglas Cooper, *Les grandes collections privées*, París, Pont Royal, 1963, ha realizado el análisis detallado de las grandes colecciones de arte.

[5] Esta es la tesis defendida por Erwin Panofsky, *Renacimiento y Renacimientos en el arte occidental*, Madrid, Alianza, 1975. En las páginas 85-86 y 88-89 expone el fenómeno de la *renovatio* carolingia como uno de los «renacimientos» de la cultura occidental.

nismo nuclear que polarizaba la vida en las ciudades, con su creciente comercio y flamante burguesía, produjo una transformación social que determinó las tres esferas más contactadas con el coleccionismo: la religiosa-clerical, la cortesana caballeresca y la burguesa. Nace el gusto por lo profano, la variedad en el vestuario femenino, el nuevo afán de hacer confortables las viviendas y decorarlas conforme a las normas estéticas vigentes con objetos museables. El arte se vuelve ornamento de la ciudad; el ornamento, necesidad de la vida. Y, aunque se cultiva el arte sacro, está transformado y humanizado con los nuevos ideales burgueses. Ideales burgueses que se infiltran hasta en el arte cortesano y ello lo prueban las colecciones de Libros de Horas miniados de los duques de Borgoña y de Berry que adoptan para el estilo de las miniaturas un lenguaje típicamente burgués: el naturalista.

Pero la miniatura de la aristocracia va dejando paso a las artes gráficas, asequibles a sectores sociales más amplios y *democráticas* al ofrecerse en precios más económicos. El ascenso de la burguesía, la demanda y difusión del arte gráfico produjeron una mutación cualitativa no sólo en la evolución artística sino en la nueva visión (desencantamiento de la realidad) y valoración de la obra[6]. Con ello, el mercado de arte se amplía con un nuevo público (burguesía, mediadores, vendedores...) que accedían a los lugares de ventas (estudios, talleres, librerías...) en busca de su mercancía artística.

Después de siglos de dominación cultural por parte de un pequeño sector de las sociedades clásicas y medievales, los últimos momentos del gótico tardío auguraban una época de mayor equilibrio con el fenómeno de nivelación social, al ascender la burguesía a una hegemonía hasta entonces privativa de la aristocracia que ahora tenía que ceder el puesto a una amplia clase progresista y fecunda para la cultura. Progresista y fecunda momentáneamente, pues en pleno Renacimien-

[6] Benjamín, W., «La obra de arte en la época de su reproductibilidad técnica», en *Discursos Interrumpidos I*, Madrid, Taurus, 1973.

to esa burguesía volvió los ojos hacia un conservadurismo que yacía oculto durante la dominación burguesa pero que llevaba los gérmenes del ideal cortesano.

La colección en el Renacimiento y Manierismo

Con el Humanismo se asiste a una renovación total del coleccionismo. Lógico es que una cultura fundamentada sobre reglas racionales y científicas fuera a la busca de las fuentes de la Antigüedad. Y en ella encontró todas las demandas que hacía a un pasado rico en experiencias culturales. En este sentido, el humanismo renacentista ha sido uno de los ciclos históricos que más se han aferrado a esa unidad cultural típica de la civilización occidental. Unidad cultural, pero con peculiaridades intrínsecas en cada momento histórico. Al valor hedonístico y económico romano de la obra, el Renacimiento añade un valor formativo *(humanitas)* y científico para el hombre moderno, educado (valor pedagógico) al contacto con la obra antigua. Nuevos modos de vida conducen a nuevas apreciaciones culturales y así, la estimación del objeto clásico es *ahora* estética e histórica. Ya hay material del pasado para confrontar, interpretar, reproducir o recrear la cultura clásica, cultura sólo asequible a una minoría tan distanciada de la inmensa mayoría inculta que sólo esta profunda escisión social puede explicar la existencia de un coleccionismo privilegiado.

Tras la fase erudita del Humanismo, basada en las leyes de la Belleza Clásica se pasa a una segunda etapa, hedonista, que corresponde al desarrollo de la *Signoria.* El público comprador y conocedor del Renacimiento está compuesto por las cortes principescas y la burguesía ciudadana y sus gustos se muestran bastante afines ya que, pese a las luchas internas entre las clases sociales, ambas fuerzas tienen concomitancias recíprocas: el elemento burgués todavía no ha olvidado los atractivos cortesanos del gótico y la aristocracia, a su vez, conoce la potencia de los "valores burgueses" y no puede sustraerse al racionalismo positivista de esa vida urbana. Una fórmula de compromiso entre dos potencias político-

El coleccionismo a través de testimonios artísticos de diversas épocas.

a) El Museo-Jardín de J. Galli en Roma (Grabado de Heemskerck, 1532-36.) El gusto por la Antigüedad y lo clásico se patentiza en la elección de piezas abundantes en relieves, esculturas clásicas, fuentes con motivos ornamentales, presentadas sin rigor científico ni ordenación racional.

b) El Archiduque Leopoldo Guillermo en su galería de Bruselas, de Teniers *el Joven* (Museo de Historia del Arte, Viena). Patente manifestación del gusto del coleccionista barroco por los lienzos de su época y del Renacimiento.

c) La galería en el 100 del Pall-Mall. (Acuarela de Mackenzie, hacia 1787-1854, Victoria and Albert Museum, Londres.) El principio tradicional de la simetría, el amontonamiento de lienzos y la ausencia de rigor sistemático en la ordenación de las piezas se evidencia al aparecer mezcladas obras tales como *Baco y Ariadna,* de Tiziano, *La resurrección de Lázaro,* de Sebastiano del Piombo, varios Claudio Lorena y un paisaje del pintor barroco holandés Cuyp.

d) Retrato de Émile Zola (Manet, Jeu de Paume, París). La coincidencia de gustos artísticos que unen al pintor y al novelista francés permiten apreciar simbólicamente un tipo de coleccionismo "bohemio" en el que lo primordial no es la exhibición fastuosa de los objetos *auténticos* sino las *reprodt cciones* preferidas del novelista: la *Olimpia,* de Manet, una estampa japonesa y *Los borrachos,* de Velázquez.

sociales que lleva implícito el desencadenamiento de las monarquías absolutas barrocas.

Los encargos que demanda la burguesía culta eran en principio para donaciones eclesiásticas, pero con la progresiva consolidación de su *status* social empieza a comprar obras para adorno de su casa y para poseer su propia colección. El cuadro de devoción, la copia clásica, el retrato del miembro glorioso de la familia, el mueble "de estilo"..., eran los objetos artísticos de ambientación idónea para una clase que, por encima de los factores históricos o artísticos, necesitaba prestigiarse con objetos no estandarizados. Sin embargo, y aparte de la fascinacion que ejercía la colección de arte, la aristocracia cortesana acumulaba producciones artísticas por motivos enciclopedistas y hedonistas. Recolectar antigüedad o encargar Andreas del Castagno, Botticellis, Uccellos, Venezianos..., en las cortes era una obligación, una imposición exigida por la moda. Por ello, se remozaban las casas y las habitaciones "nobles" (salones, bibliotecas, estudiolos...), llevando artesanos, carpinteros, taraceístas, escultores o pintores para dirigir las obras. A veces, las operaciones las llevaban a cabo los artistas sin consultar a los clientes que, faltos de ideas o fantasía decorativista, dejaban los resultados a elección de los artistas contratados, conocedores de los gustos y deseos artísticos de sus protectores. Así, el escultor sabía que tal personaje mitológico ocuparía tal sitio en el jardín, el mueble "de encargo" reunía las dimensiones apropiadas para el destino que se le otorgaba, el cuadro de devoción pintado de acuerdo a su ambiente. Pero otras veces, el mecenazgo —caso típico de los Medici[7]— se presentaba como una forma de manipulación, de erudición humanística e incluso participación directa en la realización de los encargos.' (Lorenzo de Medici asesoraba y discutía con Bertoldo sobre la forma

---

[7] La evolución cultural del mecenazgo presenta un paradigma válido en la concepción de las tres generaciones de los Medici: Cosme el Viejo todavía es el financiador de obras religiosas (abadía de Fiésole, San Lorenzo de Florencia...); su hijo Piero es ya un coleccionista metódico y Lorenzo, genuino humanista, es exclusivamente coleccionista.

de interpretar las complicadas alegorías de las que gustaba.)

Esta élite decantada y empapada de cultura latina no se movía solamente por auténtica complacencia en el arte sino porque su activismo emprendedor daba brillo a la casa reinante ya que la absorbente acción productiva acentuaba el factor económico en la vida del Estado. Mantua tuvo a sus Gonzaga, Urbino a los Montefeltro, Ferrara a los Este, Florencia a los Medici, Milán a los Visconti...

Es evidente que el coleccionismo incidía de forma directa e impositiva sobre el arte del momento dejando incluso una tradición que persistiría más tiempo. Padua, por ejemplo, de fuerte sedimentación clásica y rica en colecciones eruditas "a la antigua", era lógico que produjese un tipo de artista como Mantegna cuyas búsquedas pictóricas estarán siempre influenciadas por el rigor arqueológico. Venecia, por el contrario, cuenta con colecciones cortesanas procedentes de familias patricias que tienen su mercado de arte en Oriente y prefieren como piezas de colección objetos preciosistas, transportables y de pequeño tamaño, de los que son buena muestra las pinturas de caballete de la escuela veneciana.

De estos coleccionistas refinados, conocedores, críticos y expertos en arte, inmersos en círculos cerrados y superminoritarios dependían las creaciones artísticas y culturales, desconocidas y malvaloradas por muchos contemporáneos que, sin conciencia de participantes, colaboraron a este desbordante coleccionismo renacentista.

Estas profundas diferenciaciones clasistas se acentúan aún más durante el Manierismo, época en la que no sólo se revisan los valores estéticos de lo Clásico, lo Bello, lo Armonioso o lo Rítmico sino que el fondo ideológico y social entran en una crisis que conducirá a una visión del mundo anticlásica pero basada en normas clásicas; esta contradicción manierista irrumpía en la historia de los estilos artísticos y de la cultura como una escisión profunda en la evolución lineal-dialéctica tradicional entre lo clásico y lo barroco y el hombre manierista sólo supo expresar la angustia ante la incoherencia de su presente y la pérdida de la fe en sí mismo con unas expresiones distorsionadas, actitudes anticlásicas y separadas de la naturaleza, subjetividades radicalizadas y arbitrariedades, sólo comprensibles para un sector mínimo de la sociedad y repleto de complejidades intelectuales.

Lógico era que las capas más incultas no llegasen ni al nivel más elemental de comprensión y que no pudieran, por ejemplo, entender aquella confesión de Miguel Ángel que decía pintar con el cerebro, no con las manos. Estos sectores sociales marginados para acceder al arte de su época eran mucho más amplios aún que en el Renacimiento así es que la superminoritaria facción de iniciados y entendidos quedaba cubierta con la corte pontificia (incluidos todos los niveles eclesiásticos y los privilegiados que saborean la magnificencia papal), los banqueros y comerciantes (los más beneficiados socioeconómicamente gracias al sistema financiero pontificio) y las antiguas familias nobles, venidas a menos, pero con recursos sociales sobrados para establecer vínculos matrimoniales con ricos burgueses. En este círculo se fabricaron teorías estéticas que aseguraban la consolidación de la propia clase dirigente. La teoría de la "idea" y del "genio" sacaba a los artistas de su condición de inferioridad social y, al ser requeridos por la sociedad de triunfadores que pagaba fuertes sumas, trabajaron para ellos y se asimilaron a su pensamiento conservador. Ellos, los artistas, dirigidos astutamente por los grandes señores, monopolizaron al público artístico (críticos, mediadores...) e impusieron sus dogmas en el mercado de arte.

A ello vino a añadirse un fenómeno cultural de fundamental importancia para el desarrollo del coleccionismo: la tratadística de arte. Ejercía una nueva forma de prestigio para el artista, respaldado en los juicios críticos e informativos que sobre él exponía el escritor de arte. El título de "Vidas de *los más excelentes* arquitectos...", de Giorgio Vasari[8] nos ilustra no sólo la implícita valoración sobre los artistas sino las directrices estéticas que el

[8] Es importante recordar que en el Manierismo y con el proyecto de Vasari para el Palacio Uffizi se concibe el primer edificio construido para hospedar un museo.

historiador considera objetivas y válidas y que el público lector de la época encuentra sublimes por la rúbrica del "auténtico patriarca y padre de la iglesia de la nueva historia del arte"[9]. Con el desarrollo de los tratados de arte, las influencias artísticas se multiplican hasta el punto de que a partir del Manierismo entrarán en el panorama artístico factores intelectuales (juicios de valor, ideologías...) reconocidos culturalmente por el grado de conocimientos de los tratadistas. A partir de ahora, pintores malditos y privilegiados estarán sometidos al criterio, gusto personal o predilección de los teóricos, emitidores de juicios definitivos que a menudo nada tenían que ver con la calidad de las obras. Estos factores fueron los ingredientes que favorecieron una edad de oro del coleccionismo, edad de oro incrementada por la conciencia que el hombre de la segunda mitad del siglo XVI tenía de estar viviendo la decadencia del arte. Y, para contrarrestar esta lenta agonía, empiezan a aparecer las primeras guías artísticas y catálogos de colecciones pues así, el arte declinaba pero, al menos, quedaba constancia escrita de sus promotores.

Los encargos no se limitan a conjuntos arquitectónicos o urbanísticos (villas de recreo, palacios, iglesias...) o a engrosar las colecciones pictóricas o escultóricas. El coleccionista "virtuoso" del Manierismo se recrea en lo raro, lo maravilloso, lo superfluo o lo precioso y no es de extrañar que con estas preferencias empiece a cobrar carácter de colección el macrocosmos de las ciencias naturales en sus aspectos animalísticos, vegetales y minerales y, aunque no todavía con el carácter enciclopedista del siglo XVIII, las series cobran un valor científico y una exposición sistemática. "Cimelioteca", "Raroteca", "Dactiloteca", "Thesaurus fossilium", "Arca rerum fossilium"..., son términos de la época, expresivos del

[9] Schlosser, J., *La literatura artística*, traducción española con prólogo de Antonio Bonet Correa, Madrid, Cátedra, 1976, página 290. El autor puntualiza en la cita «en el buen sentido y en el malo». En cuanto a la edición española hay que agradecer a Bonet Correa, director de la colección, su iniciativa y acierto en la traducción y puesta al día de un libro de obligada consulta para el análisis de la historia y crítica de arte.

contenido de las colecciones. Aparecen los museos de ciencias naturales con un criterio moderno de exposición ya que cada objeto es más interesante por lo que enseña que por su belleza.

Coleccionismo católico y protestante en el siglo XVII

El incremento del coleccionismo en el siglo XVII se debe primordialmente a la próspera ascensión de los grupos burgueses, al monopolio artístico de las monarquías absolutas y a la imagen precisa del auténtico coleccionista quien ya no compra sólo por prestigio social sino por gusto personal y delectación. El "virtuoso" manierista queda absorbido con la figura del "diletante" barroco que, al comprar cualquier objeto, ya está ejerciendo juicio crítico sobre él. Aunque sea la pauta general del coleccionismo barroco, pueden especificarse una serie de diferencias que afectan a las colecciones en los países protestantes y católicos. Y ello debido no tanto a los factores de religión (aunque ésta condiciona una temática u otra) como a la acción desempeñada por la Iglesia como poder estatal[10]. La religión católica, por ejemplo, que exige una obediencia al Papa e impone un control estricto sobre sus militantes, favorece unas manifestaciones culturales impuestas rígida y doctrinariamente, acaparando como mínimo las directrices morales y espirituales del arte, cuando no el mercado, mientras que, por el contrario, el protestantismo se orienta hacia unos valores humanos que capacitan la libertad del individuo, del artista, del consumidor o intermediario de arte.

La iglesia católica barroca cuenta (fundamentalmente en Italia y España) con sus "pregoneros" artísticos que difunden en lienzos, techos, mármoles, bronces o grabados la ideología recetada o sugerida por los jefes eclesiásticos. El arte protestante, por el contrario, no está

[10] Las correlaciones artísticas y religiosas han sido muy estudiadas por Kavolis, que en *La expresión artística: un estudio sociológico* (Buenos Aires, Amorrortu, 1968) dedica un capítulo al «estilo artístico como proyección de características religiosas».

estrangulado por una Iglesia dominante ni siquiera por un príncipe o capas cortesanas sino por una burguesía superacomodada que, al igual que el libre examen, reclama la libre expresión de la cultura y el arte. Estas distinciones socio-religiosas explican las rivalidades existentes en dos países vecinos (la católica Bélgica y la protestante Holanda) y las dispares concepciones en el fenómeno del coleccionismo. El regente Leopoldo Guillermo prohíbe la entrada de obras protestantes y de Rembrandt concretamente[11].

En Holanda, el poderío de la burguesía es tan fuerte que las posibles presiones de los estamentos oficiales y estatales quedan reducidos a un mínimo. Los encargos son fundamentalmente de tipo privado y los temas requeridos (mitología, género, escenas caseras, retratos de humanistas, cuadros religiosos...) dependen de la esfera en la que se mueve cada grupo burgués. Una burguesía compleja y heterogénea (desde el intelectual hasta el pequeño burgués que hace dinero y "lo coloca" en objetos de colección) es la que demanda constantemente todo tipo de producciones artísticas a un mercado superactivo que degeneró en una violenta competencia, lo cual es lógico que afectara a artistas dotados y que explica la penuria económica de un Rembrandt o un Franz Hals. Además, este mercado imponía a los artistas sus condiciones para beneficiarse en las ventas: si la mayor demanda era la del género de marinas, aves o bodegones, el artista se veía obligado y especializado en esos temas o desatendido por un público y marchantes que no cotizaban sus asuntos peculiares. Por esta superproducción que afectó incluso al espacio disponible para la venta de objetos y hubo de ampliarse a las tiendas de libreros y editores de grabados, por la concurrencia de artistas y peticiones del público surgió un mercado barato que ofrecía malas copias y falsificaciones de todo tipo que desvalorizaron el carácter del original. La demanda,

[11] Basta recorrer el Museo de Bellas Artes de Bruselas para comprobar la escasa muestra de Rembrandt y pintores de género protestantes en comparación con las salas dedicadas a Rubens (tres salas) o a los maestros católicos de los Países Bajos.

cada día más desbordada, era tan fuerte que los precios del mercado artístico mostraban un índice progresivo de abaratamiento. Un dato insólito es que un buen retrato costase 60 florines mientras que para comprar un buey había que pagar 90[12].

De corte distinto son las demandas de entidades oficiales o semioficiales (corporaciones, hospitales, instituciones culturales o gremiales...), en las que no predomina tanto el afán de coleccionar como prestigiar la entidad con un cuadro de gran formato que representa la conmemoración de sus hombres ilustres o de hechos históricos locales.

El coleccionismo de los países católicos presenta caracteres diferentes a los analizados en Holanda. La victoria del absolutismo monárquico (Francia) seguido de la pujanza económica de la aristocracia vaticana y romana y la antigua nobleza mezclada con los burgueses "titulados" y ennoblecidos fueron las causas principales que desencadenaron un coleccionismo selecto y de calidad[13], aunque otras causas, hijas menores del poder absoluto y de las clases privilegiadas, colaboraron en fuerte medida al gusto por el coleccionismo (academias y salones).

Francia es el país que mejor ofrece el concepto de coleccionismo como expresión de la autoridad real, del absolutismo de Richelieu, de la política de Mazarino y de Colbert. Todos ellos favorecieron la formación de un gusto único (cortesano), eminentemente clasicista. Desde ahora y hasta la Revolución quedaban sentadas las bases del nuevo coleccionismo, considerado fundamentalmente como instrumento "visual" de la ideología monárquica. Todas las monarquías (y ello es aplicable a todas las realezas europeas en proporción con la potencia econó-

[12] El dato está extractado de Arnold Hauser (*Historia social de la literatura y el arte*, Madrid, Guadarrama, 1969, t. II, pág. 152) que da una serie de cifras expresivas sobre los precios de obras barrocas, sacadas de libros escritos por especialistas del arte holandés.

[13] Este coleccionismo selecto tuvo sus comienzos en las adquisiciones (libros y obras de arte) de Richelieu que las cede a la Corona de Luis XIV, quien también se apropia de las mejores obras de la colección de Mazarino (hoy en la Biblioteca Nacional de París).

mica de los fondos de la Corona) verán en el coleccionismo una forma sutil e inteligente de afianzamiento del prestigio dinástico, una expresión de alto nivel social y enriquecimiento del patrimonio que, consecuentemente, acarreará a la obra de arte una transformación en valor ideológico y político. Fenómeno notable en la Francia de Colbert fue el surgimiento de "curiosos" y "especialistas" que colaboraron en gran medida a la inauguración de la Galería principal del Louvre, a la que Colbert, como representante estatal, otorgó grandes sumas de dinero con lo que *al tiempo* reafirmaba el triunfo absoluto del coleccionismo monárquico.

La monarquía ejerce una triple acción totalizadora sobre el mercado de arte y el coleccionismo. 1.º) Imponer el estilo de la corte, estilo que es asumido por la burguesía; 2.º) mantener el monopolio de la educación artística (Colbert, al ser nombrado director nacional de las Bellas Artes, dirige autoritariamente la Academia Real de Pintura y Escultura basándose en ser institución estatal, subvencionada por el Rey y manipulando el arte como instrumento del Estado), y 3.º) hacer de la producción artística una organización estatal.

Los compradores de arte y los buscadores de obras excepcionales siguen perteneciendo al círculo real —Colbert desplazó a los financieros más renombrados del mercado para reunir toda la clientela en torno a la figura del Rey—, incrementado al aparecer en la sociedad francesa la figura del burgués-gentil-hombre, quien apoyará siempre la política absolutista y se verá privilegiado con las mismas gracias y ventajas de las que goza el noble. Esta burguesía codiciosa de lucro, más racionalista y realista que la nobleza, pasó pronto a la admiración del clasicismo y precisamente los comerciantes y financieros se anticiparon a la nobleza y fueron los primeros compradores de cuadros de pequeño formato y de estilo clasicista de Poussin. Una forma más de la monarquía absoluta para disponer de los medios más abundantes bajo su control.

A comienzos del Seiscientos, Roma es la capital del coleccionismo, pero a fines del siglo empezó la decadencia artística romana y, con ello, la dispersión y venta de muchas obras que emigraron a colecciones particulares y, posteriormente, a museos extranjeros. Ello fue debido a la progresiva mengua económica de la Curia, al empobrecimiento paulatino de Roma (después de la magnificencia y lujo del primer barroco) y al paso de Francia a primera línea en el panorama cultural europeo, declarándose en todos los aspectos directora de la educación y del gusto. Todavía en los momentos estelares de la hegemonía italiana, el médico de Urbano VIII, un hombre culto y diletante, escribe las *Considerazioni sulla pittura*, obra en la que afronta cuestiones del coleccionismo: cómo establecer valoraciones comerciales, cómo reconocer las falsificaciones y distinguirlas de los originales, modos de disposición, organización y decoración de las colecciones en las casas... Y de estas primeras publicaciones que incidían en el interés por el tema de la conservación de los objetos es como nacieron las publicaciones dedicadas exclusivamente al coleccionista y los catálogos generales de las colecciones italianas. Gracias a ellos se conocen innumerables colecciones entre las que sobresale la Galleria de los Gonzaga en Mantua bajo el patrocinio del duque Vincenzo I. De las colecciones italianas del siglo XVII más sujetas a albergarse en diversos destinos es la citada, ya que, al morir su fundador y con la crisis económica que tuvo que afrontar la casa, se vendió lo mejor de la colección por 80.000 libras esterlinas a Carlos I de Inglaterra. También los franceses saquearon el Palacio Ducal de Mantua y se llevaron obras de Mantegna y Perugino que hoy se exhiben en el Museo del Louvre. Pero también la Historia se encuentra con suertes inesperadas y durante la revolución inglesa se saquearon las obras que habían salido compradas de Italia.

España durante el siglo XVII se dedicó fundamentalmente a enriquecer las colecciones reales de Felipe III y Felipe IV o a la decoración de palacios reales (El Salón de Reinos en el Palacio del Buen Retiro reunió a los artistas más sobresalientes de la época: Velázquez, Zurbarán, Maino...). Velázquez era el encargado de viajar a Italia para comprar arte de gusto real y de sus gestiones artísticas y comerciales en el extranjero hablan lo mejor de la pintura italiana del museo del Prado.

La corte española, la única clase laica que podía acceder al comercio de objetos de colección, dada la situación ruinosa de la economía durante la época de los Austrias, mantenía sus contactos con todos los puntos europeos, prevaleciendo en sus preferencias el arte flamenco. Pero, en realidad, la fuerza social que más se benefició de la falta de competividad en el mercado artístico fue la Iglesia quien, valiéndose de la necesidad de conmover visualmente al hombre, almacenó en sus conventos, monasterios, iglesias y hospitales el mayor tesoro artístico del país, tesoro artístico que, tras la desamortización eclesiástica, fue la base primordial de los fondos de actuales museos nacionales. Este desbordamiento de órdenes religiosas, frailes y monjas llevó a la sociedad a una dictadura eclesiástica ya que, en datos numéricos, un tercio del total de la población española eran eclesiásticos y durante el reinado de Felipe III había alrededor de 90.000 monjes en la Península. Franciscanos, dominicos, cartujos, jerónimos, benedictinos, carmelitas, agustinos o jesuitas hacían numerosos encargos a los más prestigiados artistas para sus nuevas fundaciones. Orfebres y plateros, ebanistas, entalladores, yeseros, pintores, grabadores o escultores trabajaron gustosamente para la Iglesia ya que, por una parte, ésta pagaba fuertes cantidades económicas a lo largo del contrato y, por otra, el artista, tan convulsionado como el pueblo por la crisis religiosa, encontraba en el trabajo eclesiástico una justificación a sus creencias o un fortalecimiento a sus incredulidades.

Entre las órdenes religiosas las había más o menos poderosas, encargando las de mayor solvencia económica unos conjuntos arquitectónico-pictoricos, ciclos de pintura o series de un valor indescifrable, mientras que otras tenían que conformarse con el cuadro para el altar o el retablo, adaptando sus deseos al poder de la Casa Madre o a la participación de sus fieles.

Los encargos de la clase noble y de una burguesía alta se polarizan casi siempre en el cuadro doméstico y, entre todos los géneros, el retrato es el que mejor asume los deseos del demandante: la inmortalización del individuo por una finalidad de prestigio social[14]. En estos cuadros se valora principalmente la calidad artística, el fiel realismo a los caracteres fisionómicos del retratado y, a lo más, un cierto aire idealista que le dignifique. Cumplimentadas estas peticiones, el artista cobraba sumas interesantes por el fenómeno opuesto al que se analizaba en el comercio de arte holandés: encarecimiento desorbitado por ser trabajo único para una minoría privilegiada.

El coleccionismo inglés de tipo privado tuvo mayor importancia que el español durante la segunda mitad del siglo XVII. En Inglaterra no se puede hablar de un coleccionismo en sentido estricto durante el siglo XVI y la primera mitad del XVII. Ciertamente, el duque de Buckingham y el rey Carlos I forman colecciones de excepcional importancia. Con la revolución de 1648 se dispersaron o desaparecieron las colecciones; incluso el Parlamento, para salir de atolladeros y déficits económicos, tuvo que vender piezas de notable relevancia, pero con la Restauración se impulsó e incrementó el coleccionismo. La influencia de la literatura de arte francesa e italiana era uno de los móviles primordiales en el acrecentamiento e interés artístico. Paulatinamente, Inglaterra fue perfilando sus gustos estéticos con aportaciones de importancia hasta que el triunfo del ideal palladiano y clasicista que afectaba a la nobleza y burguesía acomodada consolidó el coleccionismo fundamentalmente prestigiado por el ambiente artístico que lord Burlington supo crear a su alrededor. Asimismo, el mecenas y coleccionista inglés John Evelyn colaboró con sus ideas estéticas[15] a la formación definitiva de un arte del

[14] Las ideas sobre las demandas artísticas españolas en el Barroco están extraídas de mi Tesis de Licenciatura (no publicada) en la que dedico un capítulo al análisis de esta cuestión. No existe en España ningún estudio sistemático sobre el mercado artístico español (a excepción de las listas publicadas por galerías contemporáneas de subastas, válidas para utilidad de compradores e interesados en el mercado de arte) y considero oportuno animar a historiadores del arte a realizar un trabajo de tanto interés para una sociología del arte español moderno.

[15] John Evelyn publicó la recopilación de sus ideas y experiencias artísticas en un libro titulado *Memoirs*, 1818.

coleccionismo que seguiría una línea progresista, erudita y sistemática a lo largo del siglo XVIII.

Las colecciones del Setecientos

Mientras la burguesía sigue en franco ascenso y acapara el mercado artístico, se producen dos tipos de coleccionistas —los "curiosos" y los "filósofos"— que influyen cada vez más progresivamente desde su campo en la trayectoria del arte y del objeto digno de ser coleccionado. Los "curiosos" cumplen una función snobista en la sociedad que viven, siguiendo ciegamente los dictados de la moda (por cierto, cada vez más caprichosa) y determinando fijaciones y distinciones arbitrarias entre el *bon gout* y su contrario. En realidad, con sus gestos y aficiones decantadas y pulidas imponen caprichosamente un arte de sociedad estandarizado pero "con clase". Una especie de "tergal homologado", pero con sedas, rasos y tafetanes. En sus manos estaba la dirección estilística del arte que en su fase rococó llegó a las rarezas más caprichosas, a las extravagancias más escandalosas y al más empalagoso empastelamiento cultural, aunque por debajo de esas manifestaciones existiesen profundas contradicciones existenciales.

Los coleccionistas "filósofos", eruditos, se plantean, por el contrario, a pesar de disfrutar de los mismos privilegios sociales (¡está "de moda" la ciencia, el enciclopedismo, la cultura de salón...!), el coleccionismo desde un punto de vista científico, sistemático, metódico y especializado. Shaftesbury en Inglaterra, por ejemplo, es el más directo antecesor de Lessing y el primer teórico inglés de arte con resonancia europea. Lógico era en una civilización científica y racionalista que el coleccionismo inglés fuese determinado por el gusto y la inclinación estética de Shaftesbury y Burlington. En Londres, Cambridge, Oxford y ciudades periféricas de altura sociocultural, el coleccionismo fue exclusiva ocupación del *country gentleman* (aristocracia desligada de la Corte) que viaja a Europa y, formada en el gusto europeo, llevan obras francesas, italianas y españolas a precios que sólo Inglaterra podía pagar. Basta recorrer los catálogos de coleccionistas de la época para constatar hasta qué punto el coleccionismo inglés se abasteció del arte del continente. Concretamente, la colección de Horacio Walpole (conservador del Museo Sloane) estaba definida por la predilección y cantidad de arte italiano, fenómeno curioso ya que Inglaterra en el siglo XVIII encontró un mercado más propicio en los productos "exóticos" ofrecidos por Holanda. Tampoco faltó una aristocracia elegante que acaparó a Reynolds, Gainsborough y pintores de retratos que captan la fisonomía y todo el ambiente distinguido de esta clase.

El fenómeno general en el siglo XVIII es la intensificación del mercado, el internacionalismo artístico y las crecientes subidas de la especulación. Se afinaban los intereses y los sistemas monetarios ya que nuevos países entran en la concurrencia artística: los países germánicos y Rusia que, aparte los Sajonia y productos nacionales, se vieron obligados a importar manufacturas extranjeras debido al fenómeno de la moda que en estos momentos sólo presentaba un centro de atracción: Versalles. Y todo lo que evocase, por lejano que fuera, versallismos, rocallas y *chinoisseries* tenía un valor incontestable en el mercado y un éxito de furor en las colecciones privadas.

Con el auge político de Prusia durante el reinado de Federico II, el coleccionismo prusiano tuvo un eco sin precedentes en el marco europeo. El rey compró obras romanas y francesas, decoró las habitaciones de palacio con lo mejor de la pintura francesa contemporánea (desde Lancret a Watteau) e, iniciando a sectores más amplios del país en la participación artística, expuso en el Palacio Real y en el Palacio Nuevo de Postdam su colección particular hasta que constituyó una pinacoteca que albergaba todas las obras pictóricas reales.

Peculiar es el caso de Viena que se inclinó en su afán coleccionista por la recolección de estampas, dibujos y grabados, lo que daría lugar a la actual Albertina.

Italia, con toda su tradición y rico pasado, era la meta de todo el coleccionismo europeo. Un tipo de comprador superpotente hace demandas de los "clásicos", cotizados cada vez más por un valor venal desajustado. Los Mantegna, Botticelli, Uccello, Rafael, Leonardo, Tiziano,

Veronés, Tintoretto..., eran el blanco elegido por la nobleza viajera en busca de obras "sólidas", con valores "eternos", pátina, antigüedad y demás valores ficticios propugnados por una sociedad cada vez más especulativa y un mercado exigente e internacional. En cambio, la pintura italiana del momento sólo era solicitada por viajeros que llegaban a Italia y llevaban de recuerdo de los lugares visitados pequeños lienzos de vistas de ciudades, paisajes o monumentos arquitectónicos.

La familia Guardi monta una *bottega* (entre tienda y taller) que es lugar de parada obligatoria para todos los compradores extranjeros de marinas venecianas. Los Guardi, Pannini y Canaletto —este último mucho más cotizado— se vendían fundamentalmente a los ingleses residentes en la ciudad, pero también a un público turista, como el que en la actualidad compra reproducciones, carteles y tarjetas postales, salvando las diferencias socio-culturales que afectan a una burguesía dieciochesca y a la sociedad consumista y supermecanizada. Lo importante es que por encima del valor estético o la "cualidad" de la obra se buscan caracteres más subjetivos (gusto personal, recuerdo...), que los valores absolutos del arte clásico.

Uno de los coleccionistas más sobresalientes fue el cónsul inglés Joseph Smith que, apasionado por las obras de Canaletto, llegó a reunir 100 dibujos, 55 lienzos y 31 aguafuertes del mismo pintor.

Un factor decisivo que influyó en favor del desarrollo y variedad del coleccionismo fue el descubrimiento de Pompeya y Herculano. Con este re-descubrimiento del arte clásico se acentuó hasta tal punto el fervor arqueológico del coleccionismo que las directrices del arte volvieron a una nueva interpretación de los cánones clásicos, a un neoclasicismo frío y vacío de todo sentido que no fuera emular fórmulas vitrubianas, renacentistas o manieristas. Mucho tuvieron que ver en la imposición de la nueva moda los teóricos defensores de la "vuelta a la Antigüedad" que ofrecían a un público lector, erudito, cansado de evanescencias rococós, libros (*Historia del arte en la Antigüedad* de Winckelmann, *Laocoonte* de Lessing, *Antigüedades de Atenas* de Stuart...), en los que no sólo encontraban la constatación a sus deseos de renovación sino un nuevo objeto libresco de colección.

La alta burguesía, a la cabeza del mercado, responderá a la nueva moda encargando a los más prestigiosos escultores del momento (Canova, el más demandado) retratos idealizados que evocasen personajes y divinidades del mundo clásico (Venus Victrix, Gracias, Emperadores...). Los mejores coleccionistas romanos, sin embargo, se encuentran en el círculo eclesiástico, siendo significativo que tres de las más completas colecciones del siglo pertenecieran al cardenal Neri Corsini,. al cardenal Valenti y al cardenal Albani, quienes despliegan en sus villas todo un fastuoso derroche decorativo de obras de arte, exponentes del gusto e incluso de las tendencias museográficas de Winckelmann.

En Francia el coleccionismo se vio afectado por las permanentes luchas de clases. Las ininterrumpidas conquistas de la burguesía y la decadencia vertiginosa de la aristocracia fueron consolidando —¡otros eran los deseos de los nobles!— una fusión entre las dos clases que condujo, por una parte, a una mayor separación de estamentos y, por otra, a un florecimiento cultural gracias a las maniobras de la burguesía que acaparaba cada vez más todos los medios de cultura. En el círculo cerrado de la burguesía rica y la ilustrada se fraguaron todos los acontecimientos culturales. Si antes eran los mantenedores de la cultura, ahora no sólo la ampararon sino que se la apropiaron. Eran productores y consumidores, donantes y receptores al tiempo. La burguesía producía la cultura, la vendía, la compraba, la degustaba... Voltaire y Rousseau, ambos burgueses, escriben para una burguesía asimilada; los pintores (Boucher, Lancret, Watteau...), se identifican con la *fête galante* que reproducen en sus lienzos... Los grandes coleccionistas, a excepción de los estamentos tradicionalmente privilegiados como la Corte, la Iglesia y el Ejército, son industriales, banqueros, especuladores, comerciantes (Crozat, el gran coleccionista del siglo, es hijo de comerciante) y ellos en mayor medida son los que sostienen un mercado amplio de pinturas para los *boudoirs,* porcelanas, gobelinos, bronces...

A partir del arte burgués del rococó, el coleccionismo tomará caminos diferentes a los del Renacimiento o el Barroco porque mutará algunas de sus bases, debido a los condicionantes históricos y a una dinámica social creciente, estimulada por la Revolución francesa, pero los postulados fundamentales estarán basados en la diferenciación social, en los constantes privilegios de las clases minoritarias y en la marginación de la cultura popular que, pese a lentos avances de involucración, aún siguen vigentes en el coleccionismo actual.

Las colecciones privadas del Romanticismo a nuestros días

Pese al angustioso *mal du siècle* que sumió en el pesimismo o la apatía a tantos malogrados creadores, el coleccionismo romántico, aunque también tuvo su virus, siguió, como producto directo del siglo XVIII, la trayectoria abierta por el siglo anterior.

Con el movimiento revolucionario francés, el arte había quedado tan marginado que su desatención trajo como consecuencia no sólo un retraso estilístico en relación con la nueva ideología sino un anquilosamiento de formas anticuadas[16] que nada o mucho tenía que ver con la nueva civilización. Durante la primera mitad de siglo, el coleccionista, al tiempo que el arte, revaloriza la Edad Media, el arte cristiano, el orientalismo gótico o el rococó; todas las manifestaciones artísticas que fueran cuanto más exóticas y extrañas a lo clásico. Más adelante, Ruskin impondrá la moda de los primitivos que dio lugar al coleccionismo de los prerrafaelistas ingleses.

Los coleccionistas del momento se vieron bastante abandonados en sus intereses ya que, por una parte, la nueva situación del artista le permitía despreciar encargos que no gustaba de realizar y, consecuentemente, por otra, el subjetivismo y la lucha por la independencia creativa capacitó al artista para crear conforme a sus propios criterios. Además, la mayoría de ellos, si no eran

[16] Marx, K., *El 18 Brumario de Luis Bonaparte*, Obras Escogidas de Marx y Engels, Madrid, Fundamentos, 1975, t. I.

revolucionarios, habían simpatizado con los nuevos ideales y como fuerza progresista de la cultura ni se brindaba a dar pábulo a una minoría privilegiada ni ésta estaba dispuesta a digerir lo que "decían" sus obras. Un grupo superminoritario, pues muchos interesados en el mercado de arte tuvieron que expatriarse, de los que quedaron no les respaldaba ni una situación económica solvente ni ánimos para continuar sus colecciones.

Un nuevo país entró en el panorama del mercado en la segunda mitad del siglo XIX: América; y con ella, el *boom* del coleccionismo. Hasta su entrada en el mercado europeo, América había tirado de un arte de mediano valor pero con los viajes de los americanos al viejo continente empezaron a posesionarse del mercado impresionista y a visitar con asiduidad las tiendas de anticuarios de París, centro neurálgico del arte en la primera mitad del siglo XX. A partir de 1900 los magnates americanos de la industria y del mundo de las finanzas son el público coleccionista más fuerte que conoce Europa. Ésta sigue abasteciendo su mercado con una parte mínima (pero creciente) de la sociedad, entendida en arte, fomentadora de la amistad con los artistas por prestigio socio-cultural, conocedora de las listas de subastas del mercado artístico. En cambio, el coleccionista americano ni entiende, ni conoce ni hace amistades artísticas; pero compra con dólares, y al precio que sea, todo lo que pueda obtener del patrimonio artístico europeo. El coleccionismo americano es fortísimo tanto cualitativa como económicamente. No le importa al comprador no tener un criterio estético personal o ceñirse a una valoración histórica; lo que le interesa primordialmente es dar a su país un patrimonio cultural y artístico para reafirmar su prestigio ante Europa, para afirmar su propia personalidad o evitar las contribuciones (haciendo un museo público pero con administración y direccion no estatal, privada).

Un gran pionero del coleccionismo americano "a la antigua" fue Charles Eliot Norton, profesor en la universidad de Harvard y maestro de Berenson quien, al doctorarse en la misma universidad, fue invitado a Florencia donde empezaron a nacer sus teorías estilísticas

Dos tendencias habitables del coleccionismo actual.

Arriba: coleccionismo ecléctico con tendencia al confort acogedor.
Abajo: coleccionismo de objetos estilo Luis XV con una presentación elegante y prestigiosa de un *status* social definido.

sobre el Renacimiento italiano. Este dato es muy importante resaltarlo pues en los orígenes del coleccionismo americano ya se perfila la tarea *pedagógica* que será típica del museo americano contemporáneo.

Las colecciones de arte americanas no tienen un peculiar predominio sobre alguna materia concreta. Quizá las obras clásicas sean las de mayor número, si bien los temas orientales, precolombinos, etnológicos y de arte contemporáneo dan una visión magnífica de sus adquisiciones.

Dos actitudes se contraponen en el coleccionismo privado americano ante el público: por una parte, la colección "cerrada" de un Henry Walters, por ejemplo, que mientras vivió mantuvo las obras compradas en las cajas de embalaje[17] y, por otro lado, la colección "abierta" de A. Mellon quien no sólo regala la colección al Estado sino que construye la National Gallery de Washington, colaborando activamente con su colección a la vida artística.

No creemos que tenga sentido dar una lista interminable de coleccionistas estadounidenses y canadienses; los Henry Walters, Mellon, Morgan, Altman o Rockefeller no son más que apellidos consolidados en la historia del coleccionismo, pero existen otros muchos que forman sus colecciones privadas en un mercado de arte que no se resiente de expatriar el patrimonio europeo; no hay más que leer diariamente los periodicos.

El papel que juegan los marchantes en el actual coleccionismo artístico es bien importante porque influencian al comprador y hacen inclinar la balanza del arte a merced de intereses a menudo ajenos a la calidad y significación de las obras. Resulta difícil definir la situación de estos intermediarios ya que las categorías son complejas (diferencias del mercado clandestino del mer-

---

[17] Realmente expresiva en este sentido es la escena final de *Ciudadano Kane* de Welles: un sótano repleto de obras amontonadas y exportadas de Europa, que el comprador no sólo desconocía visual y técnicamente —estudios posteriores han demostrado que muchas de ellas eran falsas— sino que permanecieron embaladas hasta su muerte.

cado oficial, por ejemplo). Las infiltraciones, desde luego, son evidentes. No sabemos qué estimación tendría del impresionismo América, si Durand-Ruel no hubiera montado una "sucursal" de pintores de fines del siglo XIX en EE.UU. ni podemos intuir las valoraciones actuales sobre Picasso y Matisse de no haber sido "descubiertos" (¡?) por los hermanos Stein. Pero hoy día es tan complejo el fenómeno que a menudo desborda los límites de análisis sobre él. El coleccionismo actual[18] se abastece a través de un mercado clandestino u oficial (galerías de arte, salas de subastas, marchantes, revendedores, comisionados...), cuyo análisis merecería un estudio más detenido y profundo que excede el tema que tratamos.

Habría que estudiar los complejos —y misteriosos, a veces— mecanismos de las ventas de obras de arte, obras sometidas a la manipulación de un capital financiero e industrial, a ideologías políticas internacionales, a los intereses artísticos o extra-artísticos de una crítica de arte que resucita o entierra a los artistas por tabulaciones monetarias, a la actitud de un trasfondo artístico (fabricantes de marcos, restauradores no titulados, críticos, comerciantes...), y, en suma, a una clientela cada vez más creciente, adinerada e ignorante que, en su afán de posesión, grita a voces su desamor por la obra de arte, sólo cotizable si lleva asignada una cifra prestigiosa.

VALORES CULTURALES DEL COLECCIONISMO

"Los individuos que componen la clase dominante, entre otras cosas, también dominan como pensadores, como productores de ideas que regulan la producción y la distribución de las ideas de su tiempo"[19]. Por ello, analizar los valores culturales del fenómeno coleccionista

---

[18] Las cuestiones referentes a las estructuras del mercado de arte contemporáneo y las tipologías de coleccionistas en la actualidad quedan detenidamente analizadas en la reciente obra de Poli, F., *Producción artística y mercado*, Barcelona, Gustavo Gili, Col. Punto y Línea, 1977.

[19] Marx, K. y Engels, F., *La ideología alemana*, Barcelona-Méjico, Grijalbo, 1970.

a) *Mona Lisa,* Leonardo da Vinci (Museo del Louvre, París).

) *Treinta son mejor que uno,* de Andy Warhol.

Un objeto artístico de colección y museable a lo largo de la historia.

c) Funda de gafas con el mismo tema.

d) Toalla de baño con estampación en serie de la Mona Lisa.

es definir la ideología de ese grupo social minoritario puesto que extraer sus orígenes, planteamientos, visión del mundo, ubicación social, elecciones y preferencias de gusto, revelan su pensamiento y acción.

En primer lugar, el coleccionismo afirma un mundo de preferencias ideológicas al definirse como defensor activo de la posesión única, no compartida. Este es el rasgo común en todos los participantes de este fenómeno aunque, como ya se ha analizado, otros factores que rodean el concepto de propiedad han ido evolucionando y perfilándose en momentos históricos concretos. Se puede hablar de actitudes más o menos liberales, aristocráticas, reaccionarias, burguesas o vanguardistas según el comportamiento social del coleccionista y del *uso* (utilidad cultural, eficacia artística, delectación exclusivamente personal, préstamo para exposiciones...) que el propietario hace de sus obras. También la colección se define ideológicamente por preferencias manifiestas al elegir arte clásico, estilos vanguardistas, una serie de grabados, una colección de arte oriental, aunque hay excepciones, matices y circunstancias oportunas que no favorecen la compra deseada y se invierte en algo que no "gusta" tanto, pero que es asequible económicamente.

En segundo lugar, el coleccionismo incide en la función ideológica de la cultura. La clientela de arte representa a una clase determinada que dirige, controla e instrumentaliza los objetos de cultura en función de sus intereses y objetivos. En la actualidad, el "progreso democrático" que caracteriza a la gestión de la nueva clase dirigente se manifiesta en una "democratización cultural" que enmascara la auténtica realidad. Se trata de un trueque cuantitativo-cualitativo que atiende al crecimiento progresivo, superproducción y consumismo de los objetos culturales más que a una auténtica acción cultural dirigida a todos. La masiva industrializacion de la cultura (serigrafías, reproducciones, fotografías de arte, catálogos a "todo color"...) se presenta falazmente como medio del progreso cultural y de acceso a las masas cuando en realidad este progreso sigue afectando solamente a una clase burguesa que guisa, come y digiere a su antojo sus alimentos.

a

b

c

Los valores ficticios del arte y del Museo.

a) LA FAMA: La Dama de Elche (Museo Arqueológico Nacional, Madrid).

b) LA ANTIGÜEDAD: La Venus de Milo (Museo del Louvre, París).

c) LA FIRMA: Detalle de *Regatas en Argenteuil* (Claude Monet, Jeu de Paume, París).

d) LA MODA: Salón de época Regencia.

En tercer lugar, el coleccionismo tiene un valor formativo-consolidante sobre el arte, la crítica y el gusto. Es el pionero del estilo de un futuro próximo, el profeta de la dirección artística. Esto resultaría muy importante en cuanto a la función que ejerce sobre la estética si esta influencia primara sobre otros valores del cuadro sociocultural. A lo que nos referimos fundamentalmente es al progresivo condicionamiento y vasallaje del arte a la esfera político-económica en detrimento de una significación original y cualitativa, no típica sino básica para la valoración general del objeto. Un ejemplo que patentiza la función eminentemente estética del coleccionismo aparece cuando la colección Grimani, rica en obras griegas y romanas, pasó de Roma a Venecia y favoreció la crisis manierista del arte veneciano. En este sentido, el coleccionismo puede transformar la dirección estilística de un periodo (des)favorablemente. Por ejemplo, el siglo XVI en su etapa manierista fue el que creó los gérmenes del fenómeno museográfico al empezar el interés por sistematizar las colecciones, exponerlas en lugares exclusivamente creados para su precisa ubicación y al acometer el proyecto arquitectónico en colaboración con los decoradores de las obras artísticas.

Finalmente, el coleccionismo impuso todos los valores ficticios para la valoración de la obra de arte. Se cotiza la antigüedad y la pátina es la única garantía; se supervalora el carácter "único", la originalidad, y el motivo más cotizado es su procedencia; un grabado, estampa o dibujo que pertenece a una serie, no se estima en el grado que depararía el ciclo "completo"; cuanta más rareza presente el objeto, más significación y precio adquiere. (Un billetito de la Rochefoucauld con una nota íntima se vendió en una subasta parisina en 1970 por valor de 60.000 pesetas.)

Y ahí, en el coleccionismo, es donde radica el origen del museo. Si, como dijo Marx, los grandes hechos de la Historia se han repetido dos veces, como tragedia y como farsa, parece que el coleccionismo supuso la fase trágica de la cultura, necesaria seguramente; y no ha sido menos trágico que el museo heredase las bases dramáticas de su antecesor y degenerase en una farsa.

Hasta finales del siglo XVIII las colecciones tenían un carácter privado. Algún acontecimiento solemne era el único motivo para que sus dueños abrieran las puertas al público. Los Museos Vaticanos, por ejemplo, podían ser vistos por ciudadanos y turistas un solo día al año: el Viernes Santo. Y en ello no había, por supuesto, ninguna intención pedagógica, sino festejar el mayor acontecimiento de la catolicidad.

A los gabinetes y galerías privadas sólo accede un sector minoritario formado por los amigos del príncipe y por expreso deseo de sus dueños. Forman este público las clases altas, los intelectuales, eruditos, científicos y conocedores del arte. Sólo durante los años que siguieron a la Revolución francesa, al nacionalizarse en 1793 los bienes de la corona, la grande y pequeña galería del Louvre aparecen como museo de la República por razones ideológicas y políticas, aunque, en el fondo, para las capas sociales de menor nivel cultural aquellas obras frías y distantes no ofrecían delectación ni enseñanza y quedó el Louvre reducido a su público habitual.

Ya a mediados del siglo XVIII algunas colecciones reales pasan a formar parte oficialmente del Patrimonio Nacional (British Museum de Londres en 1753; en 1760 Guillermo IV abría al público la Galería de Kassel...), pero hasta el siglo XIX no se empieza a llevar a cabo el principio de dar al pueblo lo que le pertenecía. Un tipo de museos —la mayoría de los decimonónicos— están formados de las colecciones reales, de legados de personajes ilustres, de colecciones oficiales u organismos culturales. Así, depositadas en un museo público, no quedaban incompletas las colecciones pues curiosamente la mayor parte de los coleccionistas dejaban constancia en sus testamentos de que a su muerte quedasen sus propiedades artísticas indivisibles. A finales del siglo XVIII, Federico Guillermo III hace pública su colección que, en el siglo XIX y con la orden dada por el emperador Francisco II de reunir las obras esparcidas en diferentes palacios de Praga, Insbruck..., formarán el Kunsthistorisches Museum de Berlín, levantado en 1823.

A comienzos del siglo XIX, el Rijksmuseum de Amsterdam aparece como museo nacional, recibiendo como préstamo de la ciudad la *Ronda de noche* de Rembrandt. También se hacen públicas dos grandes colecciones inglesas en 1824: la de George Beaumont (fundamentalmente con fondos del Renacimiento y pintura inglesa) que da lugar a la National Gallery de Londres y la de Chantrey Tate que en la actualidad es la Tate Gallery, especializada en arte contemporáneo.

Los museos de Europa central se van formando siguiendo el mismo proceso a lo largo del siglo XIX (Kunsthistorisches Museum de Viena, Pinacoteca de Munich, Galería Nacional de Praga, Museo del Ermitage en Leningrado...), y en ellos predominan las colecciones de pintura de todas las épocas, mobiliario y artes suntuarias francesas y alemanas, escultura clásica, y las aportaciones procedentes de los posteriores desmantelamientos artísticos que afectaron a toda Europa.

Los museos italianos deben su apertura al público a motivos específicos. En los del Vaticano la iniciativa se debe a sucesivos Papas, quienes según sus inclinaciones artísticas los fueron dotando con obras e incrementando el tesoro con el constante enriquecimiento de las excavaciones romanas. Bajo el impulso de los Papas en los siglos XVIII y XIX se fundan el Museo Sagrado, el Pío-Clementino, la Biblioteca Vaticana, el Museo Egipcio, el Etrusco, la Pinacoteca Vaticana, los apartamentos Borgia..., ampliándose últimamente el complejo museístico con la adición del Museo Misionario, Museo Etnológico, Museo profano y cristiano. Las colecciones de los Medici (museo de los Uffizzi en Florencia) y los Pitti son las que hoy forman los fondos de los respectivos museos florentinos, aunque la colección Medici estaba en el siglo XIX tan acrecentada que se consideró necesario proceder a una reorganización en la que se distribuyeron las esculturas del Renacimiento y las artes menores al Museo Arqueológico florentino, y la orfebrería y joyas al Museo de Orfebrería del palacio Pitti, permaneciendo en los Uffizi una de las colecciones de pintura más significativas del mundo. Así es como las obras de arte quedan descontextualizadas al ser esparcidas por varios museos, perdiendo su antiguo carácter de colección.

El Museo del Prado de Madrid se debe a la iniciativa de Fernando VII al ordenar la creación de un museo de pinturas en el palacio de Buenavista que, al no madurar el proyecto, se albergó en el proyectado por Villanueva para Museo de Ciencias Naturales. Más tarde, el Rey ordenó que todos los cuadros pertenecientes al Palacio Real pasasen a las salas del museo así como algunas obras de Rubens y Tiziano que pertenecían a la Real Academia de San Fernando y otras procedentes del Escorial, inventariadas en el segundo Catálogo por Pedro de Madrazo, director del museo[20].

El museo americano se presenta desde su aparición pedagógico y activo para la cultura popular. El Metropolitan Museum de Nueva York, fundado y abierto al público al mismo tiempo en 1870, no sólo ofrece las secciones más variadas del arte universal (entre ellas, los claustros medievales españoles), debido en gran parte al legado de Lehman, sino que ofrece desde comienzos del siglo actual un boletín con información de las diversas actividades del museo (compras, exposiciones temporales, conciertos, conferencias...) y una revista enfocada a la enseñanza escolar. Este primer museo sentó las bases de los futuros museos americanos (el de Arte Moderno de Nueva York, Museo Withney de arte americano, el de Guggenheim...), y de los museos latinoamericanos (São Paulo, Museo de Antropología de Méjico...) que han seguido, dentro de lo posible en un museo, un plan de desmitificación, quitándole el aura de excepcionalidad y tratando de aproximar al hombre con su obra, mediante sistemas modernos de educación.

Otro tipo de museos nacieron a principios del siglo actual para conmemorar a personalidades históricas cuya vida y obras quedan relevadas entre los muros del museo. Es el caso de la Rembrandthuis de Amsterdam (abierta al público desde 1911) o del Goethe Museum de Düsseldorf

---

[20] Gaya Nuño, J. A., *Historia y guía de los Museos de España*, Madrid, 1955.

que nace a impulsos del director y propietario de la Insel-Verlag en Leipzig y de un material amplio sobre el personaje romántico, enriquecido posteriormente por sus familiares.

Con la especialización que caracteriza a la civilización contemporánea surgieron a partir de la segunda mitad de siglo los museos monográficos dedicados a la producción de un artista. La agrupación de la colección suele estar originada por la falta de dispersión de la obra del artista, por el deseo de reunirla por parte de la familia o de alguna "sociedad de amigos de...", o por la paulatina recuperación de las obras diseminadas en museos y colecciones particulares. Un caso, entre muchos, lo ofrece el Museo Van Gogh de Amsterdam que se debe en principio a la eficaz actividad de la mujer de su hermano Theo, quien recopiló muchas de sus obras y editó las *Cartas a Theo.* La fundación Van Gogh, formada por los herederos del pintor y propietaria de toda la colección, la cedió en depósito permanente al estado holandés, comprometiéndose éste a construir un museo que albergase la obra literaria, gráfica y pictórica del artista. Así nació en 1973 un museo que, probablemente por haber surgido de un deseo de participación colectiva frente a la cerrazón de otras instituciones museísticas analizadas, ofrece una vitalidad renovada constantemente que no sólo obedece al hecho de que el pintor "esté de moda" sino a la autenticidad de su obra y al afán de sus sucesores por anteponer la utilidad pública a la privada.

HACIA LA IMAGEN ACTUAL DEL MUSEO

Hemos visto cómo se fueron formando los museos desde el siglo XIX y vemos ahora cómo sin estas colecciones reales y las de la minoría potente, el museo no habría tenido razón de ser en la actualidad. O sería un museo que no tendría comparación con el que hemos heredado puesto que se asentaría sobre otras bases socioeconómicas y sobre diferentes relaciones culturales. Por tanto, partimos de un hecho: aristocracia y burguesía son las que han permitido la creación del museo que hoy visitamos, un museo actual que, lejos de caracterizarse por una nivelación social y una participación colectiva, sigue siendo el coto cerrado de una clase privilegiada (ampliada con el capitalismo contemporáneo) que en un modo o en otro obstaculiza a muchos el acceso a la cultura. A partir de ahora, cuando hablemos de conceptos como democratización, socialización del arte o cultura de masas, entenderemos un matiz gradual, en absoluto un hecho totalizador.

Ya en 1933 Monnet[21] exponía que el particularismo estético conducía a una impotencia creadora y que la solución a la crisis que pasaba el panorama artístico radicaba en la realización de un arte que surgiera de la emoción colectiva y que situase la belleza en la existencia cotidiana, lo que habría que resolver en constantes confrontaciones de actitudes colectivas, con valoraciones éticas y estéticas que serían la vida y no la muerte lenta para los museos. Contra la noción que se mantenía vigente de considerar a los museos como "cementerios" o "panteones" del arte y contra el individualismo que implicaba, se manifestaron abiertamente Menéndez Pelayo, Proust, Valéry, Malraux, toda la intelectualidad progresista y la museología naciente que desde 1927 contará con una revista especializada *(Mouseion)* que activará una política de renovación museográfica dirigida eminentemente a la revisión y estudio de factores técnicos y de presentación para favorecer una mayor política cultural[22]. De todas formas, la falta de una planificación

---

[21] Monnet, G. «Rôle social des Musées», en *Cahiers de la République des Lettres, des Sciences et des Arts*, París, Musées, 1933, páginas 342-352. A pesar del año de la publicación, sorprende la modernidad de las ideas vertidas sobre la función social de los museos.

[22] Los primeros artículos que aparecen en la revista *Mouseion* (sobre todo de 1930 a 1935) fijan su atención en los aspectos técnicos y de presentación. Para conocer el progreso de la Museología en la actualidad es aconsejable consultar los artículos de los años 30, ya superados, pero sustanciales para una sistemática museológica puesto que sentaron las bases de conceptos fundamentales y están sistematizados con rigor científico. Para ver la evolución de los temas tratados y la importancia que cobran otros, cito los más significativos de algunos años. En 1930: Lamèere, J., «La concepción y organización modernas de los museos de arte y de historia», páginas 239 y ss.; Bach, R., «El

general que se centrase en la proyección externa del museo conducía a una meta que ensalzaba la conservación de la obra de arte como tarea primordial del museo; es decir, llevando a finalidad del museo —y sólo es fin en parte—, lo que es medio. (El objeto conservado por encima del sujeto que aprende.)

Se comprende que el público de estos años, y aun en la actualidad, considerase el museo como algo ajeno a sí mismo, como una joya inaccesible a la que le estaba prohibido acceder. Poco a poco, las metas buscadas hasta entonces, el estatismo, el sentido de perdurabilidad, mitificación del Arte..., fueron trocándose por una dinámica creciente que afectó al transcurso de la historia. Todos los "ismos" museísticos (platonismo, esteticismo, eclecticismo, clasicismo, individualismo, misticismo...), empezaron a sufrir una mutación provocada por los cambios que se operaban en la civilización que hoy contemplamos inmersos en ella y que en los años 50 significaban el principio de una ruptura de valores.

Esta mutación se debió a varios fenómenos: la tradicional *utilitas* vitrubiana empezó a entenderse como "funcionalidad" (en la arquitectura museística Le Corbusier, Victor Horta, Moholy-Nagy, Wright..., sentaron las bases racionalistas y funcionales del museo moderno), el hombre sustituyó sus ídolos y mitos románticos por

---

museo moderno», páginas 14 y ss.; Capart, J., «El papel social de los museos», páginas 217 y ss.; Kimball, F., «Algunas sugerencias para la construcción y la organización de un museo de arte», páginas 142 y ss. En 1933 se acentúa el estudio sobre los aspectos técnicos de conservación y restauración de las obras: Brittner, L., «Procedimiento de limpieza de la piedra», páginas 136-137; Petertil, E., «La cuestión del deterioro de los colores por la acción de Rayos X», páginas 27-31; Baver-Bolton, V., «La conservación de pinturas de caballete», páginas 68-91; Hautecoeur, L., «Arquitectura y organización de los museos», páginas 7-27. En 1934: Giovannoni, G., «Los edificios antiguos y las exigencias de la Museografía moderna», páginas 36-43; Ahrens, W., «Control y reglaje de la temperatura y humedad en los museos», páginas 125-131; Van Puy Velde, L., «Principios de presentación de colecciones en los museos», páginas 36-43. (He preferido citar los títulos de los artículos —los originales, en francés— en español para mayor facilidad.) También en España, en 1934, un cierto interés por los Museos llevó a Andrés Ovejero a pronunciar su Discurso de entrada en la Academia de San Fernando: «Concepto actual del Museo artístico».

otros que se puedan comprender por la mirada, de forma experimental, directa, somática y vital, el hombre empezó a sentir el derecho a un patrimonio artístico-cultural que le pertenecía y que no era privativo de unos, la toma de conciencia social ante la necesidad de la cultura, la intromisión en el museo de nuevas técnicas expositivas, los nuevos valores vivos del arte contemporáneo, la ampliación de la cultura a capas sociales hasta entonces olvidadas... Evidentemente, el museo se había quedado raquítico para la nueva sociedad que exigía sus derechos, y los responsables oficiales de enderezar la organización museográfica fueron conscientes de que la institución museística requería nuevas perspectivas y exigencias. La activación museológica tuvo desde entonces un dinamismo creciente como se evidencia en la creación de la revista *Museum* (sustituyendo a *Mouseion* desde 1948) atenta a la organización racional del museo, a sus funciones primordiales de educación y enseñanza, en la creación de revistas especializadas en la restauración de objetos de arte[23], en congresos organizados por la Sociedad de Naciones y en la fundación del ICOM (International Council of Museum), dependiente de la Unesco.

Al tiempo que estos organismos de investigación colaboraban al nacimiento de una auténtica ciencia museológica que se enfrentase a los principales problemas planteados por el museo actual, la civilización contemporánea, en constante cambio, transformaba las metas de la producción en favor de la utilización, fenómeno que repercutía en la noción de museo que, desde entonces, pasó de la "era de la adquisición" a la de la "utilización"[24] en la que lo primordial es la explotación máxima de los materiales, documentos y objetos de arte. Ello presupone un nuevo humanismo que descosifica al hombre en su relación con el museo, otorgándosele una preponderancia sobre los objetos. Este es el cambio fundamental operado teóricamente en el museo.

---

[23] Estas revistas pueden consultarse en la Bibliografía razonada que doy al final del trabajo.

[24] Singleton, H. R., «Interactions: le musée à l'oeuvre dans la communauté», *Museum*, vol. XXIII, núm. 2, 1971.

Consecuente a la importancia concedida al hombre como productor, autor, actor e integrante de la obra de arte, la metamorfosis sobre la cualificación del objeto artístico ha sido total. Ahora el hombre, vuelto hacia su *propia* obra, toma una nueva conciencia sobre sí mismo y sobre su función participadora en la obra de arte, concebida ya no como producto aislado de un "genio" sino como integrante y exponente de la actividad social de todos. Así, la visita al museo ya no supone —al menos, en el grado superlativo de antes— un frío monólogo de obras alejadas del público en tiempo y espacio sino una aproximación gradual a un diálogo abierto entre la obra y el espectador, mediatizados ambos por el papel intermediario del museo y sus dirigentes. Surge una nivelación más equilibrada entre el hombre y el arte al estar aquél integrado en el proceso artístico. También el museo está esencialmente sometido al imperio de la moda y en la actualidad es lógico considerarle —hacer que se le considere— como un ser vivo adaptado continuamente al medio social, avanzando en sus conquistas al ritmo del tiempo y, en definitiva, ejerciendo una actividad autocrítica ante las exigencias de la sociedad que es la consumidora del museo.

Otra mutación que se ha operado y que ha influido profundamente en la nueva concepción reside en la Sociología del arte, participadora de la transformación de la sociedad y de la capacitación de las clases menos instruidas al acceso de la cultura (días de entrada gratuita, precios reducidos, publicaciones asequibles cultural y económicamente, reproducciones de gran tirada...). Schoener lo expresa así: "el cambio que se ha producido en el mundo últimamente —vestidos, alimentos, técnica, gente, ambiente...—, se manifiesta en la función del arte en nuestra sociedad. Los valores materialistas, basados en los objetos, que aparecen desde la época renacentista, dejan lugar a los valores no-materialistas, basados en procesos dinámicos que acogen las relaciones entre el ser humano, la naturaleza, la ciencia y la tecnología..."[25].

[25] Schoener, A., «Les expositions de l'ère electronique: un instrument de participation», *Museum*, vol. XXIII, núm. 3, pág. 114, 1971.

El avance de la técnica (Informática, Electrónica...), uno de los instrumentos más poderosos del cambio social, ha repercutido considerablemente en la concepción del museo y, como resultante, éste se ha encadenado en un proceso que no busca (tanto) la deificación del objeto (colección de obras artísticas) como la difusión e información de los fondos.

A partir de 1970 los investigadores y conservadores de museo llevan las nuevas búsquedas museográficas a las técnicas de informática y electrónica. Todo habla en favor de una nueva revolución museológica con la aplicación de sistemas modernos, ordenadores, bancos de datos y métodos de información automática[26]. La experiencia del computador en el museo la ha llevado a cabo el Museum of National History of the Smithsonian Institution de Washington que ha empleado tres años en la sistematización de un catálogo que comprende miles de objetos registrados en el computador, experiencia que han continuado el Metropolitan Museum y el Museum of Modern Art de Nueva York y el Museo de Antropología de Méjico. En EE.UU. el proyecto del Computer Network estudia los métodos más eficaces para reunir los datos de 25 museos americanos a fin de hacerlo extensivo a todo el país y, en un futuro, al mundo entero. Algunos museos europeos también han introducido experiencias de este tipo (Inglaterra bajo el patrocinio del British Museum Association) y otros sistemas de programas articulados, a base de música, imagen y sonido (Museo de Artes y Tradiciones Populares de París), lo cual ha sido ya anatematizado por algunos que ven en estos avances un alejamiento de los objetivos fundamentales del museo y una temible agresión al hombre-tecnificado, pero lo importante es que el hombre no se aleje de la visión y contacto directo con la obra; lo demás son adquisiciones del progreso, siempre válido mientras que esté al servicio del hombre. Y el contrapunto a la deshumanización de éste radica en la creación de un antídoto que nos posibilite superar todas las taras sociales, políticas, culturales y

[26] La revista *Museum* dedica los números 1, 2 y 3 del vol. XXIII, 1971, a la aplicación de la técnica en el Museo.

económicas de nuestra vida diaria. Y sólo el *objeto real* puede ser eficaz. Prueba de ello es la imperiosa tendencia a los parques naturales, la proliferación de ecomuseos..., que integran al hombre en el medio natural o cultural e incluso las protestas políticas por parte de sociedades e instituciones para la defensa de la Ecología. Y es que la gran eficacia del objeto real radica en poseer una tercera dimensión, auténtica, que falta en el mundo actual puesto que se "vive en un mundo de dos dimensiones, del comic a la televisión, del prospecto del 'modo de empleo' al periódico. Incluso el arte le es más asequible por ediciones baratas que en sus formas originales"[27].

Un nuevo concepto de museo que está cristalizando (por ejemplo: el Centro Pompidou emplazado junto a Les Halles en París) es el denominado *beaubourg* cuyas transformaciones sustanciales radican: 1.º) en la concepción del emplazamiento urbanístico, 2.º) en la función e influencia social que su ubicación ejerce sobre los visitantes y 3.º) en el carácter dinámico de su concepción, entendido como centro neurálgico de desarrollo de la

[27] Varine-Bohan, H., «Le musée moderne: conditions et problèmes d'une rénovation», *Museum*, vol. XXVIII, núm. 3, pág. 130, 1976.

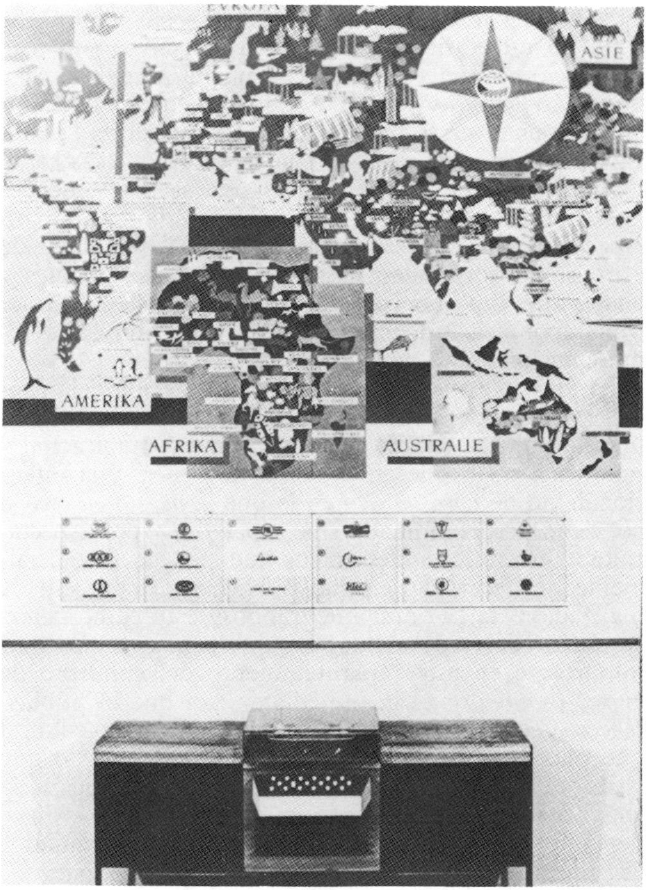

Los medios audiovisuales en el museo.

El Museo del Movimiento Revolucionario Obrero de Bohemia del Sur organizó, en 1975, una exposición con material gráfico y objetual sobre el tema e integró en el montaje una pantalla de cine con lo que la asimilación del mensaje no es sólo visual (contemplación de objetos "reales") y mental, sino vital al pasar las imágenes vivas ante el espectador, inserto en el contexto de la sala *(arriba).*

En esta misma exposición, se montó un plano gráfico explicativo sobre el surgimiento del socialismo, conectado a un aparato electrónico que, pulsado por el público para obtener las respuestas deseadas, detectaba las peticiones del visitante sobre el plano *(izquierda).*

vida urbana inserta en un fenómeno socio-cultural. Se trata de un edificio –muy debatido en cuanto a la concepción arquitectónica– con planta abierta, estructurada con tubos visibles en diferentes colores que simbolizan sus diversas funcionalidades, espacializada para variados usos y con diversas plantas en las que se ubican secciones de exposiciones temporales, servicios sociales (guardería, restaurante...) y ámbitos adaptados para espectáculos improvisados, animados con programas de expresiones corporales, gestuales, artísticas, teatrales y vitales que contactan con la gestualización estética y vital contemporánea, sin textos prefabricados sino como representación activa de la existencia actual.

La idea motriz que ha guiado la formación del *beaubourg* arranca de la consideración de la expresión cultural (danza, pintura, música, teatro...) como comunicación y significación, lo que en principio evidencia una intencionalidad de *obra abierta* en la que la *puesta en escena* no viene predeterminada sino *repentizada* por espectáculos y escenificaciones en los que se trata sustancialmente de hacer partícipe al público en el proceso de realización de la obra, integrándose éste como *actor-productor* del espectáculo. Lo que consideramos más importante en este replanteamiento del concepto de *museo-beaubourg* es la inmediatez con que el público reacciona ante el encuentro con un centro socio-cultural que puede identificarle o enajenarle del contexto que visita. El debate, el rechazo, la crítica, la aceptación, la activización o la defensa que de este centro se hace depende de dos factores: 1.º) de la intencionalidad y dinamismo del centro y 2.º) del valor del *uso y significado* que el público le atribuya. Ya es importante que en una entidad de reciente creación puedan darse actitudes dispares, excepto una: la indiferencia. Guste o no, el público que a él accede se introduce en el contexto del *beaubourg* alentado por motivos diversos: curiosidad, entretenimiento, descanso, conocimiento, ocio o distracción. Y, llegados aquí, hay que puntualizar los riesgos que corre el *beaubourg* para que, en definitiva, sea realmente una experiencia eficaz o permanezca como instrumento de una cultura aparentemente viva, pero en el fondo inoperante. Consideramos que las desviaciones que de un desacertado uso pueden obtenerse se basan: 1.º) en asentar sus bases sobre fines propagandísticos, comerciales o como un fenómeno efímero de moda, 2.º) en que sea instrumento de encauzamiento de una falsa ideología vanguardista que asimile el concepto y la vivencia del "espectáculo" como ocio malentendido, negador del enriquecimiento de la cultura y la vida y 3.º) que, sin embargo, éste no suponga una rebaja de la calidad de la experiencia artística sino que ese ocio-espectáculo-entretenimiento llegue a la cima de la calidad artística[28].

Por el contrario, las posibilidades fructíferas que ofrece radican: 1.º) en que patentice una auténtica acción dialéctica conseguida con un enfrentamiento e interacción de la expresividad socializada a través del gesto ideológico que el *beaubourg* ofrece, 2.º) en que su planificación promueva el estímulo social y artístico mediante unas interrelaciones culturales y humanas y una productividad artística de calidad real, 3.º) en que el *beaubourg* sea símbolo de una cultura combativa que rechace el ser reducto institucionalizado y parasitario de un nuevo concepto del museo y, consecuentemente, que manifieste el gesto y el criterio de una permanente actividad social y 4.º) que no sólo "diga" sino que "haga", es decir, que su misión no se reduzca a la elaboración de un lenguaje sino que éste sea la expresión concretizada de la acción socio-cultural.

Esta revolucionaria metamorfosis, la preeminencia del hombre sobre el objeto, puede ser la primera etapa de un cambio más radical, reservado al museo del porvenir: llegar a tal punto de conciencia artística que el patrimonio del museo sea la acción de la colectividad.

La hora de la museología

Se han dicho muchas cosas sobre el museo: Que es aburrido. Que no dice nada. Que se caen de viejos. O, por

[28] Las ideas expuestas sobre el *beaubourg*, a falta de una bibliografía especializada y de una visita personal al centro parisino, son producto de conversaciones con personas que lo han visitado, gracias a las cuales he podido esclarecer el concepto expuesto.

el contrario, que es atractivo. Que enseña muchas cosas. Que sirve de descanso. Que está puesto "muy bonito". Otros, que han estudiado más profundamente el fenómeno museístico, hablan de la metamorfosis que sufren las obras al entrar en él, del atraso que lleva la obra "estancada" respecto a otras actividades culturales, de la necesidad de reunir en él todas las obras desahuciadas, de estar viviendo la "edad de los museos"... Todo tipo de opiniones que, peyorativas, esteticistas, conservadoras, inteligentes, renovadoras, superficiales o sugestivas, tienen su parte de razón porque todas explican el museo.

También es cierto que hoy día todo el mundo habla del museo; que el turista ya no se conforma con visitar el monumento típico y se va a visitar, al menos, las obras "maestras"; que el estudiante universitario en el museo hace más hincapié en aspectos museológicos que en los específicos de las obras expuestas; que los niños van alguna vez a dar sus clases a las salas del museo; que proliferan las monografías sobre el tema museístico; que se organizan polémicas en torno a sus actividades; que las universidades incorporan en la especialidad de arte un curso sobre Museología; que el museo se hace portavoz —feliz o desgraciadamente— de la tónica cultural de la ciudad; que en ellos han entrado conferenciantes, concertistas y variados espectáculos culturales; que las revistas y periódicos dedican algunas columnas a detectar el caso de tal museo; que los P.N.N. de la universidad de Madrid se encierran en el museo del Prado para protestar —¡y con que razón!— por la abolición del arte en la enseñanza media; que una mañana de domingo apetece ir "de museos"; que se hacen documentales sobre ellos y que hasta las agencias de viajes aconsejan visitarlos. Evidentemente, algo pasa en el museo.

Cada momento histórico ha tenido un elemento constitutivo que caracteriza y aglutina a la sociedad: el templo para las antiguas sociedades, el teatro a los griegos, el ágora para Roma, el monasterio o el castillo en la Edad Media, el palacio para el hombre renacentista, la Naturaleza para el romántico..., ¿no será el museo el complejo cultural más típico de la sociedad contemporánea? Sí; consideramos que hoy día el museo está capacitado para ser exponente y recipiente de nuestra cultura. Lo importante es que esa capacidad se desarrolle, cobre cuerpo y nos posibilite un museo auténticamente vivo, expresivo de la actividad socio-cultural de nuestra civilización y a su encuentro sale la ciencia museológica decidida a realizar el museo de "cinco estrellas", contemplado, vivido y comprendido por todos, crítico para que en él puedan aunarse la ética y la estética. Ha llegado la hora de la Museología que nos ofrece la esperanza de un museo mejor, ¡tan añorado!

Capítulo II

La teoría del museo

Planteamientos básicos

El coleccionismo, pese a sus graves taras, era un fenómeno socio-cultural necesario para que apareciese la institución museística. También el museo, inmerso en una sociedad en la que todos los valores están en crisis, patentiza esas brechas, como receptor de la sensibilidad social.

En primer lugar, al público elitista que accedía al museo en el siglo XIX ha sucedido un número de personas, cada vez mayor, interesadas en los fenómenos culturales, cuyo acrecentamiento ha sido tal en los últimos años que la nueva fisonomía socio-cultural ha cambiado la noción de museo, su estructura arquitectónica y sus planteamientos. A mayor concurrencia humana corresponde un polimorfismo de actividades y ésta es la meta de la Museología: atraer el mayor número de personas y conseguir nuevas actividades y funciones museológicas. El primer conflicto se origina en la relación sujeto-objeto. La civilización occidental ha heredado la idea tradicional de que el museo es algo inaccesible y lejano, lo que requiere como contrapunto una permanente actividad entre el espectador y la obra que se le ofrece para abolir las barreras; barreras que también están conformadas por el distanciamiento entre el pasado y presente histórico.

Por otra parte, el museo nace de una grave contradicción: su razón de ser fundamental ("conservar" las obras, la mayoría procedentes de colecciones privadas) niega la

Contrastes entre la presentación decimonónica y la actual.

Sala 32 de la National Gallery de Londres en 1886 (G. Gabrielli). Las dimensiones arquitectónicas, la exposición de lienzos amontonados, simétricos y sin rigor científico junto a los asientos, vestuario, gestos, actitudes y expresiones de los visitantes *(izquierda)* evidencian un revolucionario contraste con la Sala del Museo de Bellas Artes de Osaka en la Exposición Mundial de 1970, agrupante de los caracteres del museo dinámico actual: instalaciones técnicas y científicas eficaces, selectividad de las obras, espacios habitables para evitar una excesiva densidad de visitantes *(derecha).*

actual visión del museo, como centro "abierto" y público. En este sentido, se impone una revitalización de los fondos del museo, poner al día las obras del pasado que han de ser utilizadas en el presente. Además, el museo es paradójica y diametralmente opuesto al arte. Ya Malraux ha hablado de la "metamorfosis" que sufren las obras al entrar en el museo[1], y, pese al análisis objetivo que implica el juicio del pensador francés, el museo sigue ocupando un lugar importante en la sociedad y en la conciencia del individuo.

Ciertamente, el ser real y originario de la obra sufre un trastorno al ser trasplantada a los muros de un museo y ahí permanece descontextualizada hasta que el hombre se enfrenta a ella activamente. Activamente, con sentido crítico, con sensibilidad, con toda su capacidad reflexiva. Entonces, la obra, silenciada hasta que es requerida, cobra vida y función en el museo. Dice algo y no es un objeto más del paradero artístico.

La gran tarea de la Museología es acabar con el anquilosamiento, con la forma ficticia de sobrevivir, alimentados (tanto público como objetos) con modelos ya anticuados y decadentes, descubrir los campos de encuentro favorables para la comunicación artística y establecer relaciones vivas entre los elementos constitutivos del museo. Elegir entre el museo muerto, inactivo en la vida de la sociedad, desmoronándose pesadamente sin la savia del espectador (activo) o el museo vivo, crítico, abierto a todos y a todo lo que le dinamice, depende de la ideología de cada museo. Parece evidente que hoy día los conflictos y contradicciones son mayores en centros enfocados exclusivamente a la supervivencia del objeto (base en ciencias físico-químicas) que otros cuyas búsquedas van más hacia la educación y participación pública (base en ciencias humanas y sociales).

De cualquier forma, la oposición que implica conservación de obras y exposición al público es innata al ser

---

[1] Malraux, A., *Las voces del silencio*, Buenos Aires, Emecé, 1956. En el capítulo «El museo imaginario de la escultura mundial» (páginas 1-127) expone esta y otras ideas sobre la mutación de la obra en el museo.

del museo. Su situación actual marca una etapa transitoria, legítima y básica; transitoria porque refleja un punto del progreso de la civilización; legítima en cuanto exponente de un momento histórico encadenado a futuros cambios y básica como punto de partida para afrontar la situación real del museo, situado entre la tradición y el progreso.

Entre la tradición y el progreso

Cada objeto de museo, sea cual sea su edad y naturaleza, es siempre un producto inacabado. Ni siquiera termina en sus dimensiones o cualidades físicas. La obra contiene un potencial permanente de vida que genera nuevas respuestas a las demandas del público de todos los tiempos. Ella responde siempre a la naturaleza del hombre, vuelto en parte a un pasado que le suministra datos para fabricar su presente y experiencias para moldear su futuro.

El valor de tradición en el museo es una necesidad del hombre en su actitud ante la historia, actitud basada en un profundo deseo por retener el pasado. Esta perspectiva no supone una posición represiva por volver los ojos hacia un pasado inevitable sino una nueva creación humana que admite y enjuicia las ideas, costumbres, formas artísticas..., de una civilización pretérita que reproduce mentalmente y le lleva a la acción en el presente. Hoy día, de forma más acentuada, el hombre no quiere perder su sentido de continuidad histórica puesto que uno de los rasgos característicos de la era contemporánea —la progresiva aceleración del ritmo de vida— le conduce a aferrarse más contundentemente a los eslabones del pasado. El carácter vertiginoso del ritmo de vida implica dos facetas en la actividad humana: la tradición y el progreso. Tradición porque el pasado lejano, el de la Historia, se ofrece como un estado real conformado definitivamente y, al tiempo, como un pasado-próximo que es su propio presente. Y progreso porque al comprender el hombre lo precario de su existencia y la conciencia de estar siempre amenazado por el imprevisto, el presente se vuelve al tiempo "pasado en maduración" y "futuro en gestación"[2].

Ante esta perspectiva temporal, el museo es innovación y renovación, avance y revolución, dinámica de un continuo proceso histórico. Así, el tiempo es un factor esencial en el concepto de museo que puede abordarse desde dos puntos de vista: sicológico y filosófico.

Esa ineludible coordenada temporal es constatable si se analiza la idea del museo en relación con la concepción que cada civilización tuvo del tiempo. Antes de la aparición científica, la antigüedad griega vivía un "Presente Absoluto", sin conciencia de pasado ni porvenir. Su presente significaba la afirmación real de sus conquistas. La Edad Media vivió también la exaltación egocentrista del momento histórico, menospreciando el pasado clásico (valorando ya la tradición, aunque esa valoración suponga rechazo) y conscientes de ser el comienzo de una nueva civilización. Con el Renacimiento asistimos por primera vez a la imagen del hombre "universal" temporal que vive con un sentimiento del pasado y del porvenir al tener conciencia en el presente de su específico valor en la Historia. El Romanticismo desmanteló las teorías platónico-aristotélicas, escolásticas y neoplatónicas en favor de una filosofía más existencial que lleva al hombre a un estado trágico ante todo lo que signifique mutación temporal (muerte, cambio, pasado, porvenir, sueño...) y es significativo que en el siglo XIX comience la gestación del proceso museográfico y la creación de museos que llevan en sus raíces la voluntad decidida de encontrar un apoyo a la existencia por medio de la tradición. También es expresivo que durante la época impresionista, la más armoniosa del hombre ante el problema temporal, se viviera un presente feliz, el recuerdo de un pasado "garantizado" y esperara un porvenir prometido. La conciencia de vivir con intensidad el momento presente condujo al arte a una constante creatividad de obras y museos, creatividad explicable en toda gran época de la Historia que acentúa más el valor de la creación que el de

[2] Germaine Bazin ha estudiado la repercusión filosófica del tiempo en la institución museística en *El telar del arte*, Barcelona, 1963.

la conservación. A partir de la primera guerra mundial se rompe definitivamente la armonía que caracteriza a otras épocas. El hombre del siglo XX, desequilibrado en su concepción temporal, tiende a la búsqueda de su tradición, tradición que encuentra en el museo. Prueba de ello es que el museo antes guardaba los objetos ya "desaparecidos" de la civilización, pero hoy día también se albergan en ellos las obras del hombre que están en vías de desaparecer. (Los museos de Etnología, los de Artes y Costumbres populares y los Ecomuseos son el mejor testimonio y la creación más expresiva de una civilización que condena al "pasado" objetos que todavía ofrecen vida y utilidad real.) Nada más expresivo de la búsqueda del tiempo ido que su recuperación consciente en el museo, sutil catador de las ideas y acciones de una civilización.

El otro punto de vista del factor temporal que conforma en una primera instancia el museo es el sicológico. Cuando el museo llega a ejercer una atracción sobre las personas, éstas aparecen transfiguradas entre las salas de exposición. En cierto modo, se sufre una enajenación, un estar fuera de su propio mundo constituido por las cotidianeidades y taras diarias. En el museo, el hombre se siente libre de sus preocupaciones, centra su atención en la comprensión y estudio de las obras, se aísla en un mundo que parece visionario pero que es real, evoca recuerdos, las obras le trasladan a experiencias vividas, le abre horizontes y nuevas formas de ver el mundo o compara tal obra con aquella que vio en otro museo; en definitiva, el museo invita a un viaje, predispone a la evasión, evoca un pasado que puede ejercer una acción concreta en el presente y porvenir.

Este permanente dinamismo temporal del museo —ensueño, recuerdo, quimera, fantasía...—, opera una metamorfosis en el hombre que se transporta a puntos de referencia diferentes a los de su vida cotidiana. El efecto de evasión tiene dos connotaciones de orden diferente; por una parte, la fuga al mundo peculiar del museo puede ser totalmente estéril, tomada como un descanso vacuo, como una acción superflua que carece de contenido; no hay expresion más desalentadora de esa actitud que la de Kandinsky cuando dice: "luego se van, ni más ricos ni más pobres, y vuelven a sus preocupaciones cotidianas que no tienen nada que ver con el arte. *¿Para qué han venido?"*[3]; pero, por otra parte, también la evasión puede ser encauzada positivamente cuando esa huida de la realidad inmediata lleva a encontrar(se) (en) la propia realidad para transformarla.

ELEMENTOS CONSTITUTIVOS DEL MUSEO

La explicación de ciertos fenómenos culturales —entre ellos, el museológico— es el producto del análisis de una serie de factores que entornan su aparición y "en última instancia" los factores socio-económicos se manifiestan como elementos determinantes. Esta idea ha sido básica para la conceptualización del museo y el resorte que desencadenó la aparición de la ciencia museológica. Los factores que tradicionalmente daban su razón de ser al museo fueron en primer lugar la colección (contenido) en torno a la cual giraba una institución caduca encargada de tutelar y conservar los fondos del museo, desechando cualquier otro tipo de actividad cultural. Durante la década de los años 30, la teoría al uso era considerar al museo como "palacio de las musas" que había que salvaguardar y lugar donde concurren el Arte, la Cultura y la Ciencia. En esta tónica lo concibió Foyles[4] fundamentalmente, pese a su intento de utilizar los objetos para instrucción del pueblo. Pero aquellas intenciones no correspondían en ningún modo a la situación real de los museos. Todavía dentro de un planteamiento conservadurista y académico lo concibe Cret[5] y cierto es que da un nuevo paso en la teoría del museo, al incluir en la

[3] Kandinsky, W., *De lo espiritual en el arte*, Buenos Aires, Nueva Visión, 1967, pág. 15. El subrayado es mío.

[4] Foyles, M., *The Museum News*, 1929. Define el museo como «institución en la que la meta es la conversación de los objetos que ilustran los fenómenos de la naturaleza y los trabajos del hombre, y la utilización de estos objetos para el desarrollo de los conocimientos humanos y la ilustración del pueblo».

[5] Crep, P., «L'architecture des Musées comme plastique», en revista *Mouseion*, 1934, págs. 7-17. Se decide por un museo «cómodo y bello, funcional y estético, arquitectónico y plástico».

definición la estructura arquitectónica (continente) y una serie de normas pragmáticas para el logro de los pretendidos "valores", como confrontación fáctica entre la realidad del museo y las exigencias funcionales del hombre de la primera mitad del siglo. Aún más aproximado a la idea que hoy prevalece sobre el museo, Eliseeff[6] lo define prestando atención especial a la planificación de las múltiples funciones que en él deben desarrollarse. Funciones que no van dirigidas tanto a la colección y al continente como al público. Continente y contenido entrarán a formar parte de la trama museológica al servicio del espectador que es para quien tiene razón de ser el museo. Así es como se ha pronunciado la Unesco a través de su organismo de museos[7] y éste es el concepto más actual en el campo de la investigación y la praxis museológica: el museo para el público, o una colección ubicada en un edificio capaz de desarrollar las funciones sociales. E incluso haciendo un juicio más valorativo de las células sustanciales del museo podemos decir que se trata de una *sociedad* que exige las *funciones* resultantes del *continente* y *contenido.* En esta idea se concentra la teoría museológica; pero no hay que engañarse. La antigua concepción prevalece y la polémica

---

[6] Eliseeff, V., «Musées et ordinateurs», en *Museum*, vol. XXIII, número 1, 1970-71, págs. 3-4. Dice así: «conjunto, especializado o diverso, en el que las funciones son múltiples. El punto común de todos los museos es el interés que reporta al patrimonio natural y cultural de la humanidad».

[7] *Los Estatutos del ICOM* (International Council of Museums/ Conseil International des Musées) define al museo como «establecimiento permanente para conservar, estudiar, poner en valor por medios diversos y esencialmente exponer para *delectación y educación del público* las colecciones de interés artístico, histórico, científico o técnico». El subrayado es mío. Otras definiciones generales del museo que Poli, F. *(Producción artística y mercado*, Barcelona, Gustavo Gili, 1976, pág. 131) extrae de la revista de la UNESCO, *Cultures*, volumen XVI, núm. 1, Éditions de la Baconière:

— «El museo, un medio de comunicación, el único dependiente del lenguaje no verbal, de objetos y de fenómenos demostrables.»
— «El museo, una institución al servicio de la sociedad que adquiere, comunica y, sobre todo, expone con la finalidad del estudio, del ahorro, de la educación y de la cultura, testimonios representativos de la evolución de la naturaleza y del hombre.»

sobre el museo ha enfrentado a los ideólogos vanguardistas contra esos "templos de la cultura", sacrílegos de la auténtica creación artística. En contra de esta concepción se ha manifestado Crispolti[8] definiendo al museo como "servicio cultural público" en el que las experiencias y los objetos actuales cobren una función vital y artística y en el que se llegue a una relación totalmente nueva con la obra de arte.

Así pues, los componentes esenciales del museo son la sociedad, la planificación museística, el continente (arquitectura) y el contenido (colección y fondos del museo).

El público

Parece ser que una de las metas más claras que se tiene propuesta la Museología es la abolición de las fronteras sociales, el libre y voluntario acceso de toda la sociedad al museo[9]. Si bien como utopía, aún no alcanzada, será un logro de profundo alcance para la vida del museo, la realidad es otra. El punto de partida lo constituye el análisis del círculo de personas que acceden hoy al museo: un complejo público burgués y pequeño burgués (intelectuales, artistas, historiadores, personas de profe-

---

[8] Crispolti, «Conservazione, informazione, arte e potere nella galleria pubblica», en *L'uomo e l'arte*, núms. 4-6, Milán, agosto-septiembre 1971, pág. 16. Cito la definición entera puesto que analiza agudamente lo que debe ser el museo: «Servicio cultural público, relacionado con la documentación y la experiencia de las inquietudes figurativas, visuales y objetuales de nuestro siglo, servicio activo y no sólo centro de conservación de obras, aunque sólo sea en un sentido no estadístico.»

[9] Quiero establecer una diferencia que afecta al uso y comprensión de los conceptos «público» y «sociedad» aplicados a un fenómeno cultural como el museo. Público, por una parte, es el patrimonio artístico perteneciente a todos los integrantes de una nación, de todo el pueblo. Propiedad pública es concepto totalizador. Pero también «el público» puede designar —y de hecho designa cuando se habla del «público del museo», «público del concierto», «público del teatro»... u otra actividad cultural que requiere un cierto nivel de preparación intelectual —un sector amplio, pero no global, de la sociedad que se beneficia de una serie de privilegios que, en teoría, son igualitarios para todos. «Sociedad», en cambio, cuando no especifique «burguesa», «capitalista», «elitista», «consumidora»..., lo entiendo como conjunto de pueblos y naciones, como agrupación de individuos que cooperan recíprocamente a unos fines culturales.

sion más o menos culta, estudiantes, trabajadores especializados...) o proletarios de origen, pero de formación intelectual media o superior. Es decir, un público que adquiere su derecho a la cultura por fortuna, por desahogada situación económica y estudios o, en el menor de los casos, sólo por formación intelectual. Desafortunadamente, hoy la práctica del museo está exclusivamente ligada a un comportamiento cultivado que requiere una cierta formación intelectual. Comportamiento cultivado que es, al mismo tiempo, el mantenedor de la esclerosis museológica. Pero hay que matizar puesto que, pese a caracteres generales válidos para todos los museos occidentales, hay países que han superado ciertas escisiones, debido a la más equilibrada nivelación socioeconómica y, consecuentemente, al interés más mayoritario por los aspectos culturales mientras que otros permanecen aún en la idea del museo-conservador de las obras y acogedor de un público que paga su entrada sin ofrecerle ninguna atención pedagógica.

Respecto al público, el museo plantea serios problemas de estructura puesto que éste se ofrece igual para el gran público, los historiadores, artistas, personas cultas, marchantes... Para establecer una sistemática adecuación en orden al consumo necesario de cada individuo, la Museología intenta establecer plataformas y una serie de normas viables para obtener el máximo rendimiento en la relación público-objeto. Un fenómeno de interés se presenta en el museo actual: si el museo ha sido creación de la burguesía, ésta, al menos un sector considerable, ha vuelto la espalda o ha contestado al museo actual. Ciertamente, la nueva burguesía, aunque cobijada por la ideología de su antecesora (burguesía de viejo cuño), reclama en aras de las libertades y democracias que caracterizan al sistema burgués, vitalidad y eficacia del entramado museístico. Y puede decirse que el museo ha quedado en lo que respecta a la sociedad y a "su público" reducido a un mínimo nivel creativo. Y es lógico este resultado porque los sectores sociales realmente interesados en el campo de la cultura o bien son minoritarios y "están" marginados o "se sienten" ajenos a un mundo que teóricamente tiene su razón de ser en función de ellos pero programado sin ellos. Y así, todos los esfuerzos —que los hay— quedan en buenas intenciones, en progresistas teorías que recoge la ciencia museológica pero que quedan al nivel de investigación.

Creemos que es hora de que el museo, cada museo en particular, haga una reflexiva y eficiente autocrítica sobre la proyección que debe ejercer no sobre "su público" sino sobre " el público", tomado tanto como colectividad y como ente individual[10].

La planificación

Planificar es, ante todo, analizar científicamente los datos suministrados por la realidad del museo y las metas que se pretenden alcanzar. Ello depende sustancialmente de la política cultural del Estado (o de sociedades privadas, en caso de museos no estatales) y de la ideología del equipo directivo. Tarea, desde luego, nada fácil y comparable a la organización de los grandes trust actuales con sus funciones múltiples, con un amplio personal de diferentes profesiones, con unos niveles de producción desequiparados, pero asimilado todo bajo un eje motriz específico: rendimiento y eficacia en la producción.

La Museología, como directriz científica para el desarrollo del museo, profundiza en una sistemática viable para todas las entidades museísticas y tiende en sus investigaciones a una idea-modelo valedera para el conjunto de los museos. Y efectivamente va ofreciendo respuestas científicas, aunque a menudo no sean factibles para la totalidad, ya que cada uno de ellos es un problema específico a resolver, puesto que como ciencia experimental y social su campo teórico de acción abarca unos límites que en la práctica resultan contradictorios o contraproducentes para otros fines.

La adquisición y conservación de obras, su explotación educativa y social así como múltiples aspectos específicos —conjunción en el proyecto arquitectónico entre el

---

[10] Consultar en este capítulo el apartado correspondiente a *Principios museológicos.* (Niveles socio-culturales e intelectuales.)

urbanista, arquitecto y museólogo, la función educativa, la sistemática en la presentación de las obras, conductos de la publicidad, utilización de medios audiovisuales, catalogación de los fondos, actividades culturales... — es el programa general estudiado por la Museología. Pero ésta no puede ir más allá de sus conquistas. Lo realmente importante es que los organismos oficiales encargados de promover la cultura y los directivos de museos cobren conciencia de la necesidad de sistematizar y organizar sus actividades, de aplicar concretamente una pragmática rigurosa, con base en unos principios motores de la disciplina museológica.

Esta sistematización es necesaria desde que la obra de arte vive en el museo pero, más aún, desde que está sometida a la utilidad pública y a todos los requerimientos que implica. Organizar un museo es, por tanto, tener una noción clara de su razón de ser, de la repercusión que éste ejerce en campos tan concretos como la sociedad, la cultura, la historia, el progreso y el arte. Y cuando esa noción llega a la conciencia es cuando el museo está preparado para sobrepasar un plano de ideaciones básicas y constatarlas en unas realidades que sean valoradas concretamente.

El carácter de la colección, la incapacidad por flexibilizar el edificio a sus necesidades, el tipo de público y museo son los factores primordiales de la programación museológica. El "universalismo artístico" que caracteriza a la mayoría de los museos es un grave inconveniente a la hora de proyectarlo: las obras se apiñan e instalan de forma deficiente (tanto en el plano técnico como pedagógico), el circuito a recorrer excede la capacidad física y de atención mental del público, la falta de espacio para la exposición de las obras o para salas de reserva obstruye aún más los espacios de descanso o de servicio público (cafetería, guardarropa, fumadero...), faltan instalaciones adecuadas para talleres de restauración, bibliotecas, sala de conferencias, de exposiciones temporales... Como, por lo general, son edificios de vieja planta, las adaptaciones resultan nefastas o imposibles, negando su propia estructura la posibilidad de ampliar actividades que no sean las de conservación del edificio y de las obras en él albergadas. Por el contrario, un edificio concebido con unas dimensiones concretas, pero posibilitado para futuras ampliaciones, cumple la función que exige una auténtica actividad museística. Ciertamente, los edificios de nueva planta presentan un grado de elasticidad espacial suficiente como para albergar las obras, espacios de uso diverso y un amplio número de visitantes. Ello favorece una eficaz política museológica que abarca desde los primeros proyectos urbanísticos y arquitectónicos hasta la acción cultural múltiple.

Estudiar al público (por lo general, los museos están tipificados socialmente) es un punto necesario para la planificación museística y que guarda estrecha relación con el tipo de museo. Estas interrelaciones público-museo pueden analizarse en varios niveles específicos.

1.º Ubicación del museo. (Museo en zona urbana o museo de sitio.) Condiciona la afluencia del público limitado por factores de tiempo, espacio, posibilidades... Un museo situado en el centro de una ciudad recibirá un complejo público formado *diariamente* por estudiantes, turistas, investigadores..., mientras que un museo rural o de sitio (por ejemplo, un museo en el lugar de la misma excavación) es visitado con afluencia solamente los días festivos porque se aprovecha la distancia para salir de la ciudad y para hacer una excursion que incluye la visita al centro cultural.

2.º Exigencias intelectuales. Marcan a un público cultivado que requiere del museo la respuesta que su formación y sensibilidad necesitan. (Los museos franceses tienden a un simbolismo en la presentación de objetos puesto que el público francés es evocador de su pasado y gusta de apreciaciones artísticas o culturales subjetivas.)

3.º Rasgos etnológicos. Favorecen un tipo homogéneo de público y museo. (Los museos alemanes, atentos a la instrucción y a una sistemática rigurosa, obedecen a un público metódico.)

4.º Valores estéticos. Diferenciación de público en museos que ofrezcan obras oficialmente consagradas por la Historia del Arte (la inmensa mayoría del público) u obras "menores" como cerámica, tapices, vidrios o carruajes (público minoritario, de elevada cultura o investigadores).

El museo debe conocer a su público para ofrecerle lo que éste exige y hacerlo de forma convincente. Para ello, el museo como fuerza viva de la ciudad tiene que conocer los intereses culturales de la región, estar al tanto de los últimos acontecimientos nacionales, seguir el ritmo de descubrimientos en zonas arqueológicas o de interés artístico-cultural..., todos ellos aspectos que refuerzan la vida del museo.

Se ha repetido mucho la responsabilidad que sobre la organización tienen el director y conservadores del museo y esto es evidente. Sin duda, el personal gerente está responsabilizado oficialmente de conservar y acrecentar el patrimonio que le ha sido encomendado así como de promover actividades culturales que doten de vida al centro museístico... A menudo, el título de "conservador"[11] se entiende tan radical y "etimológicamente" que las funciones de éste acaban allí donde termina el control sobre el estado físico de los objetos. Es un grave error que sufren muchos museos. Muchas personas que esperan que éste le diga algo nuevo, que no sea la monótona visión de las obras, se desaniman porque estarían dispuestas —e incluso tienen ideas de interés— a colaborar en un museo dinámico, siempre vivo; y aquí, la desidia; la falta de profesionalidad es, sin duda alguna, de los conservadores y directivos. Cuando éstos se autoplanificasen, antes de programar las actividades del museo, y comprendiesen que su labor va más allá de la conservación e investigación, y que, como profesionales e historiadores tienen que estar dotados de inspiración para educar al público, de recursos múltiples para ofrecer un arte al día, y capacitados para la comunicación humana que implica el estudio de la cultura, entonces podrían cambiar las tornas y ser el propio público el que superase la necesidad del museo didáctico; pero no: el público que necesita activamente del museo y falta a él no es porque

[11] Consultar en el capítulo III el apartado dedicado a la *Conformación del equipo*.

no quiera ir sino porque no encuentra ideas, fantasía y sentido en la visita. Esto es lo que en primer lugar le falta al museo: ideas, sentido y... fantasía. Y que esas ideas no se traduzcan en metas inalcanzables; con que sean metas es suficiente por el momento.

El continente

Estructura arquitectónica y actividad del museo son conceptos inseparables, aunque a menudo contradictorios o infravaloradores de un aspecto en favor del otro. El edificio implica una serie de problemas (sociales, funcionales, estéticos, perceptivos...) que constituyen uno de los capítulos más interesantes de la arquitectura contemporánea. Desde el comienzo del proyecto hasta la culminación de los elementos decorativos o, más aún, la realización conforme a unos planteamientos de futuras ampliaciones, se refleja el sentido cultural y científico, artístico y social de la vida que desarrollará el centro museístico.

A excepción del conjunto monumental o de las obras conservadas en su lugar de origen, todo el material cultural tiende a reunirse en el museo y a ser presentado según una determinada concepción museológica. Este rasgo dota a la arquitectura museística de un valor no permanente, flexible, abierto a posteriores modificaciones o ampliaciones; es decir, una arquitectura no acabada, gradual y transitoria, ya que transitorias son, dada la dinámica que debe conllevar el museo, sus funciones, su creciente público, sus exposiciones y ciclos culturales.

Lo único permanente del museo —el contenido— es incluso algo móvil que puede ser retomado para presentarlo desde diversos puntos de vista. Pluralismo, pues, no sólo en cuanto a personas sino a objetos es el primer conflicto que surge entre el museo y su arquitectura. Y ello implica serios problemas en la construcción de museos de nueva planta y en la readaptación de edificios antiguos destinados a fines museográficos. En los dos casos es necesario un estudio científico —arquitecto y urbanista—, museológico —conservador— y funcional-social —programadores y coordinadores— previo al comienzo de las obras. Este personal especializado,

La arquitectura del museo.

Arriba: Fachada principal de la Gliptoteca de Munich (Leo Van Klenze, 1813-1830). El exterior debe ser signo; ante esta monumentalidad, el cansancio del espectador comienza ya a las puertas del museo.
Abajo: Galería Nacional de Berlín. Una eficaz interpretación de la arquitectura moderna —espacialidad, luminosidad, perspectivas— predisponen al espectador a sentirse interesado y atraído.

polarizador de las funciones primordiales, es del que depende la eficacia de un proyecto. Después del intercambio de puntos de vista teóricos, de analizar el programa *grosso modo* a seguir en el museo, el proyecto debe expresar en principio una estructura espacial concreta que responda a las fórmulas ideales así como también el arquitecto y el equipo deben someter el proyecto en fase de planificación a una revisión teórica que matice aspectos menos atendidos en el primer análisis o subsane necesidades inmediatas que, más adelante, serán inabordables. Lo importante es que rija a lo largo de la construcción o reestructuración un plan rector que no sólo explicite las demandas presentes sino que prevea la evolución futura del museo. Sería enriquecedor para el propio museo que el público colaborase con sugerencias e ideas que pueden resultar viables y esto no sería difícil de realizar utilizando un equipo que encuestara a la población o que ésta se manifestase a través de los medios diarios de difusión. Entonces, aparte de la interacción de los organizadores y consejeros especializados, el museo contaría desde su nacimiento con la cooperación pública y sería el público quien se fabricase su propio museo.

Fabricar supone un proceso intelectual que al concretizarse en la materia la "fija" en un estado determinado. De ahí, todos los problemas arquitectónico-museísticos que deben resolverse desde un análisis de la estructura arquitectónica. Flexibilidad y extensibilidad son las cualidades claves de todo museo que quiera modificar la funcionalidad de los espacios preexistentes. Modificar en función del crecimiento natural (legados, donaciones...), del crecimiento intelectual (nuevas formas de presentación, recientes puntos de vista sobre actividades culturales...), del crecimiento técnico (necesidad de salas de restauración, talleres...), del crecimiento social (afluencia de un mayor número de personas, concentración de grupos de estudiantes, turistas...), del crecimiento cultural (salas de conferencias y conciertos...).

Las ampliaciones y remodelaciones presuponen un grave problema —perder la organicidad del conjunto— cuando en el plano base no se atendió a la posibilidad del aumento espacial o cuando las decisiones de ampliación se abordan sin estudiar la estructura concreta del edificio existente. Es entonces cuando surgen esos pastiches y añadidos que, lejos de solucionar las causas de su creación, invalidan la fisonomía arquitectónica y urbanística. El factor fisonómico, la simple apariencia de la osatura museística ofrece un interés de primer orden tanto para el equipo constructor como para el público. Belleza, fantasía, audacia, sensación de libertad..., son patrimonio de una estética que no acaba en los aparejos científicos del cartabón y la escuadra sino que expresa un contenido emocional, perceptivo y comunicativo que dota de una personalidad única al edificio y de una espontaneidad que habla por sí misma a un público que se sentirá atraído por la naturalidad que despliega el museo desde el exterior. Que éste ofrezca un carácter "sígnico".

Un grave problema se presenta al tener que hermanar la atractiva sensación del exterior del edificio (es necesaria la cooperación del urbanista para la elección del lugar adecuado, para estudiar las perspectivas urbanas que más favorecen la orientación del museo...), con la masa más o menos sólida del interior del edificio, interior que puede, en principio, ser contrarrestado con una funcionalidad somática que atienda a la concesión de la mayor cantidad posible de luz natural, a la captación de espacios vivibles y mensurables[12].

De todas formas, el carácter externo del edificio dice mucho a favor o en contra de la actividad que se desarrolla en el interior; la creciente supresión de esos edificios potentes y majestuosos obedece a la desacralización del arte, a la necesidad de tomar la forma arquitectónica externa como comunicación directa y como lenguaje de las nuevas metas del museo. Por todo ello, la arquitectura se debe erigir en primordial portavoz y "debe constituir bajo una forma manifiesta y convincente una expresión semántica del concepto de museo"[13].

[12] Consultar en el capítulo III el apartado correspondiente a *La arquitectura del museo, inacabada autobiografía*.

[13] Lehmbruck, M., «Musée et architecture», *Museum*, vol. XXVI, número 314, 1974, pág. 258.

La Museología ha sistematizado los factores fundamentales en la interrelación arquitectura y museo, continente y contenido:

1.º La permanente investigación y experiencias sobre diversos tipos de plantas de museos está suministrando resultados que, analizados en la práctica museológica, tienden fundamentalmente a:

2.º Una concepción coherente entre la estructura arquitectónica y las múltiples necesidades del museo moderno, estudiando la razón de ser de las deformaciones estructurales y museográficas así como la solución de evitables cortapisas que sufre el museo cuando existen estas fricciones.

3.º En los museos de vieja planta, propende a establecer una racional adaptación a las exigencias del museo moderno. Punto problemático puesto que existe una antinomia esencial que resulta de la necesidad de "conservar" el edificio, considerado de por sí como pieza de valor museístico, y de la necesidad de hacerlo funcional y útil para los fondos que alberga, lo que crea inconvenientes técnicos, artísticos, arquitectónicos y museográficos, a veces inevitables.

4.º Pronunciamiento a favor de la erección de museos de nueva planta planificados por un equipo especializado que se plantee sustancialmente dos puntos:

a) Resolver los conflictos existentes entre continente y contenido mediante una arquitectura que explicite el espíritu de la colección que acoge y que cubra todas sus funciones así como

b) Que el conjunto del edificio asuma su entidad como obra arquitectónica y como servicio a las actividades que en él se desarrollan. En ello radicará el auténtico "estilo" del museo que, valorando los elementos estructurales arquitectónicos del edificio, sea expresivo de un modo de vida, de una razón de ser, de los móviles y funciones internas y, en definitiva, del desarrollo progresivo y orgánico del proceso museístico.

No pocos éxitos del buen funcionamiento del museo dependen tanto de la estética y de la funcionalidad de la arquitectura.

Frecuentemente, suele hablarse de la "colección" del museo cuando, en realidad, son dos conceptos incompatibles, ya que veíamos más arriba que el carácter de una colección es esencialmente privado, mientras que el museo es una institución pública. (El ser gran parte de las obras procedentes de colecciones privadas, legados y donaciones, ha generalizado un término impropio.) Hay que distinguir, por tanto, dos tipos de obras que viven en el museo, pero que llevan en sus propias raíces procedencia y comportamiento diferentes: el contenido (los fondos) y la colección. En principio, ambas plantean un conflicto respecto al público, puesto que es imposible exponer (y, menos aún, pedagógicamente) todos los fondos del museo a la apreciación del espectador, por lo que se impone tajantemente una selección precisa[14], algo que todavía no han acometido muchos museos. La selección es compleja y difícil, pero necesaria. En primer lugar, requiere del museólogo una idea lúcida de la utilidad que quiere extraer de las obras elegidas, de la facilidad que éstas ofrezcan para la comunicación del público, del grado de conocimientos vertidos sobre ellas, de la capacidad de las piezas para adaptarse al contexto de las vecinas, de la función precisa que desarrollan como obras aisladas y, al tiempo, emparentadas con otras ubicadas en la misma sala.

Por otra parte, los diversos criterios de presentación igual pueden extraer el mayor contenido a la obra que dejarla perdida e inconexa del ambiente de la sala. Sin duda, el problema de la selección puede solventarse siempre que se atienda más al público que a la obra y a esta concreta más que a todas. Las bases para una eficiente elección no se fundamentan más que en un principio: utilidad pública; lo demás entra en el campo de las concreciones y puede afrontarse desde la propia realidad de cada museo.

---

[14] Expongo en este apartado el carácter y naturaleza del contenido, analizando en el capítulo III, *La praxis del Museo*, los comportamientos del objeto.

La idea que suele predominar en la mayoría de los museos es que éstos son tanto mejores cuanto exponentes de mayor material, y ese fenómeno general no sólo obedece a un triunfalismo que sólo mira al prestigio de la institución sino a una falta de criterio científico, de visión sicológica y pedagógica por parte de los organizadores de museos. Pero aún hay un error más grave: permanentizar la exposición de las piezas. Este es el rasgo que quizá las descontextualiza más pues, si ya de por sí se transmuta la obra en el museo, el eternizarlas en el muro asignado supone condenarlas definitivamente. Los fondos del museo hay que hacerlos activos, vivificarlos con todos los recursos de la ciencia, la historia, el arte, la crítica, estética e... imaginación. Las obras necesitan respirar, expresarse, contestar, sugerir, mostrarse vivas, y ya que hasta algunas han viajado en avión por todo el mundo, hay que "lanzarlas" dentro del mundo del museo al que pertenecen. Claro que esto supone una mirada más profunda que el ojo clínico del conservador, limitado a un control físico-químico y a una atención preventiva de posibles males. Activizar los fondos de un museo —y en ello es modélica la política de permanente renovación del Stedelijk Museum de Amsterdam— es, ante todo, asignarles una función útil que sobrepase a la simple decoración de los muros de la entidad museística. Para obtenerlo hay que estudiar un plan en el que concurran los factores principales y reales del museo: público, obras y espacios disponibles, poner en juego esos elementos y dotarlos de la máxima capacidad comunicativa.

La colección, al entrar a formar parte de la institución museística, sustituye su antiguo carácter de gusto particular de su dueño por un estudio científico, investigador y educativo, insertándose en el complejo museístico. Sufre, por tanto, una transformación de tipo interno al transmutar tanto el objeto de su existencia (goce para el coleccionista/pieza educativa en el museo) como su finalidad (satisfacción de su dueño al ser colección privada/exposición pública y de dominio colectivo en el museo).

Las colecciones, que son un buen exponente del gusto personal de sus antiguos propietarios y que suelen ser homogéneas (iconografía, material, técnica...), posibilitan un museo vivo que exprese, por medio de esos fondos, la formación, tendencias artísticas, gustos personales o de época del coleccionista, que haga confrontaciones estéticas y museográficas sobre una colección decimonónica y el reciente legado de un amigo del museo, que proponga polémicas en torno a la restauración de tal pieza o que envíe la colección a una exposición itinerante.

El caso del contenido que engloba todos los objetos que conforman el museo (colecciones, legados, depósitos, donaciones, exposiciones temporales...), es mucho más problemático pues ofrece un carácter heteróclito en sus fondos y antinomias de todo tipo. A menudo, las contradicciones no sólo proceden de la naturaleza antitética de las piezas sino de la desatención, carencia de criterio científico y riguroso o de la falta de una auténtica política museológica. El crecimiento del contenido del museo, en estos casos, obedece al gusto personal de la dirección al ejecutar la compra de una pieza o a circunstancias económicas que des/favorecen la adquisición.

El único valor de homogeneidad lo dota el destino que todas las obras han sufrido e, incluso así, el museo las jerarquiza al consagrarlas a una sala "importante", una galería "de paso", a cualquier espacio como "relleno" o, lo que es peor, a almacenes inadaptados para su conservación. Sólo en el caso de museos especializados y monográficos existe una cierta uniformidad de los fondos debido a un parentesco artístico, técnico, biográfico, cronológico o temático. De todas formas, el fenómeno que caracteriza al contenido museístico es la variedad. Variedad en las técnicas, temas, procedencia, uso, cronología, países..., y el riesgo que con ello se corre es que el contenido no diga nada o quede mutilado por lagunas imperdonables en favor de una cuantiosa e inexpresiva medianía.

El contenido marca definitivamente al museo y al público; sin él, el museo no tendría razón de ser y con él, el hombre se sensibiliza para la educación, la formación visual e intelectual y para desarrollar su sentido del gusto. Se pretenda o no, el contenido ejerce una acción importante sobre el espectador que personalmente, si el museo no se lo ofrece, selecciona, degusta o rechaza con un simple golpe de retina los objetos y, en mayor medida, hoy día que el hombre se familiariza espontáneamente con las imágenes que encuentra a su alcance y que comprende y aprehende de forma visual y somática. Tan lógico es que selectivice los anuncios de publicidad como las imágenes coloreadas al pasear por las salas del museo.

Por tanto: conocer el gusto del público y seleccionar sus preferencias. Hoy parece que las colecciones de arqueología y las de Bellas Artes sufren un proceso de desplazamiento por ser residuos elitistas del siglo XIX; pues bien, el museo debe subsanar este error del hombre contemporáneo ofreciendo un número más restringido de estas piezas, valorándolas en su preciso contexto e incluso insertándolas contrastadamente con manifestaciones culturales contemporáneas. Entonces el público podrá empezar a crearse un mundo más rico con sus propias preferencias.

Otra fuente de conflictos que obstaculiza el dinamismo del contenido del museo es la tradicional idea por parte de conservadores y directivos de autoconcederse la propiedad mental de la entidad a la que sirven. Sin concesión a anécdotas que avalarían esta idea, hay hechos que se expresan claramente por sí mismos. La "familiaridad" que crea la presencia asidua, la manipulación arbitraria sobre el contenido, el contacto continuo con las obras, el hacer y deshacer a su antojo respaldados por unos nombramientos oficiales y entidades ministeriales..., conduce inevitablemente a una idea posesiva —máxime cuando se observa que cada museo es el reflejo de sus directivos—, radicalmente inviable con una auténtica accion cultural. Es obvio considerar que acción y posesión son incompatibles[15], pero más obvio aún es que la sociedad exija un derecho que le corresponde: la activación de las piezas del museo. Entonces los términos eliminarían sus incompatibilidades en una fórmula precisa: acción y posesión colectiva.

---

[15] Gaudibert, P.; Huelten, P.; Kustow, M.; Leymarie, J.; Rivière, G. H., y otros especialistas en Museología y dirección de museos han opinado sobre las funciones sociales y la labor de los dirigentes de museos en *Museum*, vol. XXIV, núm. 1, 1972, págs. 5-32.

El carácter tan reciente con que irrumpe la ciencia museológica en la actualidad motiva la aclaración de ciertos errores conceptuales y la necesidad de elaborar un código terminológico que clarifique el sentido de esta incipiente disciplina. Disciplina que hasta hace pocos años se ha movido en una práctica asistemática que ofrecía un cúmulo de datos y hechos museográficos sin una ordenación coherente, sin directrices valorativas y sin un método de análisis que canalizara los postulados museológicos.

Lo museográfico y lo museológico, los primeros términos causantes de los planteamientos erróneos de la ciencia del museo, aun formando parte de un eje común histórico-artístico, comportan en sus respectivas raíces etimológicas significados y funciones diferentes. No obstante, las similitudes y diferencias que en su campo de acción las hacen converger y diverger al tiempo, representan un exponente válido para la delimitación de sus funciones y para la asignación de sus métodos operativos.

Ciertamente, las afinidades entre la labor museológica y museográfica se concentran en que la meta fundamental de ambas radica en actuar sobre el museo a todos los niveles. El estudio para la conservación de las piezas, el análisis de los recursos expositivos ante un público diverso que requiere una productiva organización y formas pedagógicas claras, la sistematización de las colecciones o la planificación de los medios de difusión atestiguan las semejanzas operativas de la Museografía y Museología, siempre que se las sitúe en un plano teórico en el que teoremas, finalidades y métodos asuman una acción compacta. Sin embargo, las contradicciones se relegan al plano de la práctica, incapacitada a menudo para concretar los postulados teóricos. Así pues, la real antinomia entre Museografía y Museología[16] radica en la

[16] Etimológicamente, en cambio, las diferencias entre ambas son de tipo conceptual ya que en el plano de la práctica se utilizan los dos conceptos con el mismo significado.

coordinación existente desde el punto de vista teórico y, por el contrario, en contradicciones manifiestas en el plano práctico.

De hecho, el análisis científico que ofrece la Museología abastece al fenómeno museográfico, si bien fácticamente la aplicación (valor real de la Museografía) difiere de la normativa disciplinaria. Salerno ha perfilado de forma precisa los límites de cada actividad al exponer: "el estudio del museo en sí, en su estructura es el objeto de la Museografía ampliada en la llamada Museología que no se limita a los problemas arquitectónicos, estructurales o expositivos, sino que tiene intereses más amplios como son la extensión de la vida del museo, su funcionamiento y finalidad"[17].

Efectivamente, esta es la definición que se obtiene al analizar los dos términos: Museo-grafía es la descripción de todos los elementos concernientes al museo que abarca desde la construcción del edificio hasta los problemas técnicos de ubicación, exposición, conservación de las piezas, mientras que la Museo-logía es la ciencia que opera sobre los datos museográficos, rectificándolos, ampliándolos y transformándolos. Podemos decir por tanto, que museográfico es toda documentación real, recopilación de los hechos del museo. Se mueve el fenómeno museográfico en un plano real, fáctico y concreto, suministrando hechos y datos ya fijados mientras que la Museología actúa como planificadora teórica y definidora de los postulados que han de ser aplicados tras el análisis de los hechos museográficos. De ahí surge otro conflicto complejo en la ciencia museológica: la Museografía se presenta como fenómeno puesto que existen tantas realidades museográficas como museos existentes, y la Museología, siendo ciencia normativa, tiene que renunciar a postulados de validez universal, enfrentándose con la mayor flexibilidad posible al problema que cada museo conlleva. En otros términos, la Museografía es fenómeno y exposición y la Museología es profundización del fenómeno. Concatenando estos conceptos con los elementos constitutivos del museo

[17] Salerno, L., *op. cit.*

resulta que la Museografía se presenta como la lectura sistematizada del público, planificación, continente y contenido, mientras que la Museología es el análisis reflexivo del fenómeno museográfico. Es la empiria del museo la que hace operar eficazmente a la ciencia museológica.

La Museología

El hombre, la sociedad y la humanidad son el sujeto de la empiria, puesto que en toda ciencia social los primeros conceptos y normas proceden del ejercicio de las funciones sociales. La Museología es *ciencia social* no sólo porque produce un enfrentamiento dialéctico público-museo sino porque el mismo contenido del museo —el objeto— es un elemento esencialmente socializado. Es decir, que el material básico de análisis procede de la realidad histórico-social, lo que supondría un detenido estudio de la sociedad actual que, por la complejidad de fenómenos que presenta, desbordaría los límites del tema. No obstante, una idea básica en la ciencia museológica se presenta desde el momento en que el análisis de ésta aparece en función de los individuos, los elementos constitutivos de la sociedad y la Historia. Prueba de ello es que esta ciencia no ha empezado a comportarse como tal hasta que ha existido el fenómeno de progresiva masificación humana y los valores culturales que ello implica.

"Los individuos actúan en la interacción de la vida histórico-social al tratar de realizar en el juego vivo de sus energías una multitud de fines. Las necesidades inherentes a la naturaleza humana no se satisfacen, a consecuencia de la limitación de la existencia humana, por la actividad aislada del individuo, sino en la división del trabajo humano y en el curso hereditario de las generaciones. Esto resulta posible por la homogeneidad de la naturaleza humana y por la razón comprensiva que reside en ella, puesta al servicio de esos fines. De estas propiedades nace la adaptación de la acción a los rendimientos de la labor de los antepasados, a la cooperación de la actividad de los contemporáneos. De este modo, los fines esenciales de la vida humana se mantienen a través de la historia y de la sociedad"[18].

Pese a teorías que niegan la cientificidad de la Museología, ésta se expresa claramente como "conjunto de proposiciones cuyos elementos son conceptos; es decir, perfectamente determinados, constantes en todo el complejo de pensamiento y universalmente válidos, cuyas relaciones están fundadas, en el cual (el uso del lenguaje), por último, las partes están unidas en una totalidad, con el fin de su comunicación, porque una parte constitutiva de la realidad es pensada en su integridad mediante esta combinación de proposiciones, o bien está regulada por ella una rama de la actividad humana"[19].

En una ciencia del museo universalmente válida existen conceptos que soportan el peso teórico de la disciplina; el público, la planificación, el continente y contenido del museo son las formulaciones de validez universal intrincadas, a su vez, en el complejo museístico. Lo que sí puede argüirse —y no a favor de la negación de la Museología como ciencia— es su modernidad y carácter incipiente que privan —y sólo en cierto modo— de una perspectiva histórica. Y, sin embargo, entra en el campo científico como una disciplina histórica, ya que tiene por objeto el análisis de la realidad histórico-social, enmarcada en unos postulados que se ubican en un espacio y tiempo determinados a la vez de ser una creación peculiar de un concreto nivel de la civilización actual, de llevar en sí misma el sentimiento y la voluntad de la Historia, de manipular con material del pasado y ejercer una acción sobre el futuro a partir de la dimensión histórica del presente. También como *ciencia histórica* ha nacido de un necesario apoyo a la cultura, a la que ayuda a buscar nuevos planteamientos, y de comportar los medios más eficaces de divulgación de los conocimientos y de creación de la sensibilidad artística o científica.

Indudablemente, el permanente dinamismo que debe afectar al arte repercute de forma directa en la experi-

---

[18] Dilthey, W., *Introducción a las ciencias del espíritu*, Madrid, Revista de Occidente, 1956; pág. 55.

[19] Dilthey, W., *op. cit.*, pág. 13.

mentación museológica que, sin perder un cuerpo de doctrina cada vez más sólido por la reflexión y corrección de las experiencias museográficas, manifiesta un carácter experimental en lo que afecta a sus métodos operativos de análisis, siempre fundamentados en una exposición histórico-crítica.

La finalidad de la ciencia museológica —como la de toda disciplina científica— radica en la obtención de resultados que suministren datos reales y eficaces para la Historia. Ciertamente, los datos comportan hechos, pero éstos no son la ciencia histórica sino la empiria. Cuando los hechos se explican entre sí y se conexionan es cuando desaparece la naturaleza "irracional" del hecho, pasa a tener un sentido concreto y aparece la ciencia de lo inteligible. La Museología comporta todos los caracteres —sujeto, objeto, sentido, medios y finalidad— que la constituyen autónoma y cualitativamente y se confirma como ciencia al contar con tres elementos básicos:

1.º Ser expresiva de algo real (elemento histórico).
2.º Ser explicativa de forma global de contenidos y comportamientos parciales (elemento teórico).
3.º Ser emisora de métodos empíricos (elemento práctico).

Por tanto, los hechos, los principios, los juicios estimativos y normas fundamentan el carácter científico de la Museología.

Esencialmente, la Museología nació, por una parte, de la conciencia que tiene el hombre de su propia actividad histórico-social y, por otra, de la necesidad de estructurar el museo científicamente y de ordenar todo el material concerniente a la ciencia, la técnica, el arte y cuantas materias puedan dar luz sobre la civilización y la cultura. El ser de la Museología radica en el museo, en la idea que ese museo debe dar como directriz teórica, en el estudio científico y en la normativa disciplinaria que comporta su naturaleza dinámica. Ahora bien, que una fundamental razón de ser del museo sea presentar lo "permanente" del contenido no es argumento para que los preceptos sean dogmáticos e insustituibles sino que respondan a unas leyes generales —sujetas al cambio y al ritmo del progreso—, compenetradas con las realidades de la entidad museística. Siendo la esencia de la Museología el museo, éste no se puede definir como algo cerrado sobre sí mismo sino como una permanente autocrítica que, reflexionando sobre sus propios recursos, realidades y posibilidades, transforme y enriquezca la realidad museística. La teorización de la ciencia museológica consiste, pues, en definir los postulados sustanciales para alcanzar la meta propuesta en todo museo: una conservación científica y una presentación razonada y sistemática de las obras que, llevadas con una organización acorde con la estructura interna de la institución, capacite una enseñanza eficaz para el público.

El sujeto y objeto de la Museología han sido últimamente los que más han influido en la mutación de los valores museísticos. Hoy día, la ciencia museológica ha erigido al hombre en sujeto primordial del museo poniendo a su disposición el objetivo de su contemplación: el contenido. De todas formas, éste es un punto a profundizar por la Museología pues aún el hombre no ha encontrado su lugar preciso en un centro que ha sido —o debe ser— creado para él. La vivencia del público en el museo se mueve entre el dominio y la dependencia, entre la esclavitud y la libertad creadora (manipulación directa sobre la obra, experimentaciones sobre objetos, participación activa en la visita...). Esta mutación sujeto-objeto ha conducido inevitablemente al museo a abrirse de dentro hacia fuera y a preocuparse más sustancialmente sobre las personas que sobre los objetos: éstos, al servicio del hombre, asumen un papel objetual que supone el comienzo de un nuevo humanismo[20]. Y, como objeto de la Museología, la pieza museística y su conservación ofrecen uno de los apartados más interesantes y necesitados de estudio. Se trata de tutelar las obras que ha legado la historia de las civilizaciones. Tutela que abarca desde el estudio científico y clasificación sistemática hasta la protección material de la pieza del museo.

[20] Singleton, H. R., *op. cit.*, estudia desde un punto de vista humanístico las interacciones público-objeto en el museo actual.

Contando con una contradicción inherente al hombre que manifiesta, a la vez, conciencia y desapego por su pasado histórico-artístico, la razón de ser del objeto de la Museología es doble en cuanto actúa por razones naturales y humanas. Razones naturales obvias por ser la mayoría de las obras de gran antigüedad, y estar expuestas al deterioro debido a los agentes atmosféricos, condiciones climáticas y microorganismos. La disciplina museológica, ayudada de las ciencias y técnicas especializadas, aplica normas de tipo preventivo y medidas de cautela para frenar el mal efecto (conservación) y medidas activas para remediar en lo posible los daños sufridos (restauración). Las razones humanas por las que se impone la tutela se deben a una falta de conciencia colectiva, a la ignorancia o desinterés de una sociedad inhibida de un patrimonio cultural que le pertenece. En este sentido, la normativa museológica no sólo abarca un campo técnico-artístico en la lucha contra los agentes naturales de destrucción sino que actúa jurídicamente sobre la sociedad imponiendo una legislación[21] que no sería necesaria si en el hombre predominase la conciencia libre sobre la ley impuesta, reconociéndose colectivamente en el legado cultural.

Todos estos ingredientes que conforman la ciencia museológica tienden a una específica finalidad: la proyección didáctica al público, el surgimiento del museo como centro ineludible de educación e información. Dos problemas se le presentan a la Museología al afrontar la finalidad didáctica: la heterogeneidad de niveles culturales y la variedad de intensidad en el contenido. Problemas que ha sabido resolver parcialmente al ofrecer un museo didáctico, de lectura asequible para el mayor número posible de público, pese —y aquí persiste el conflicto— a que éste posee diferentes códigos de interpretación. Este problema lo tiene que resolver cada museo en confrontación con su público. La finalidad educativa, hoy por hoy, difiere de la tarea de enseñanza, englobadas ambas en la labor didáctica del museo, pero

[21] He dedicado un apéndice al estudio crítico de la legislación vigente en España sobre los museos.

en diversos niveles de aprendizaje. La educación que el museo debe proporcionar se fundamenta en el servicio como guía para el cultivo del gusto, de la sensibilidad artística y para capacitar las facultades intelectuales del público. A este nivel educativo, los objetos más que "impresionar" deben sugerir, mover a la sorpresa y admiración. Por otra parte, la enseñanza la ejerce el museo en un grado superior de conocimientos al ofrecer la posibilidad de desarrollo del pensamiento humano indicando peculiaridades, relaciones o divergencias entre los objetos, haciendo confrontar al público mundos artísticos diversos, incitando a la reflexión científica y espoleando una imaginación más sólida cuanto más formada.

La tarea pedagógica del museo es tan fundamental que la Museología se la ha propuesto como meta principal en función de la utilidad que reporta al hombre. Pero es tan vasto su campo de acción que para crear un servicio público auténticamente eficaz a los intereses culturales, educativos y recreativos de la sociedad, el museo se debe unir a otras instituciones culturales con las que pueda compartir los objetivos concernientes a la formación, educación e investigación.

La finalidad didáctica constituye un campo de acción muy definido y, a la vez, complejo. Efectivamente, la apertura del museo al mundo, haciendo exposiciones de préstamos, organizando muestras colectivas en colaboración con diversos organismos..., manifiesta un progresivo carácter activo bajo unas medidas positivas por acrecentar el desarollo de la cultura. Ahora bien, la misión educativa debe plantearse a un doble nivel, local y universal. Por una parte, debe mostrar inteligentemente una visión sintética de lo sustancialmente característico de cada museo y, por otra, ofrecer una idea global de las expresiones culturales internacionales. En este segundo nivel no se impone tanto la presentación de obras —lo que haría inabordable el museo— como una información precisa y puesta al día de las vanguardias y acontecimientos contemporáneos de resonancia universal por medio de folletos informativos, proyecciones, fotografías, documentales, noticas periodísticas... Y es que el museo no sólo debe enseñar datos, objetos, imágenes o la historia de una civilización sino relacionar el microcosmos que el espectador tiene ante sí con el macrocosmos de la cultura en la que está inmerso.

Contando con los conflictos expuestos más arriba, es ineludible para la Museología establecer unos principios básicos que regulen convenientemente diversas tipologías que atiendan a la disciplina, a los niveles socio-intelectuales del museo. Un componente esencial de la ciencia museológica es la estética, disciplina y experiencia que le dota de un sentido indispensable. En absoluto, gratuito. Y con esta afirmación no pretendemos profundizar en un análisis filosófico y trascendental de los "valores eternos y universales" sino en la necesidad de la experiencia estética en el museo.

1.º Lo importante para una ciencia del museo no es tanto el valor intrínseco y cualificación artística o estética del objeto en sí mismo sino su capacidad de transformación ante el público, su comportamiento y modalidades perceptivas ante el receptor, lo que potencia al objeto como entidad estética desde el momento en que es percibido. En ese rasgo radica la energía más viva del objeto museístico en cuanto que puede ser asumido estéticamente por el espectador que selecciona imágenes, filtra su idea de gusto y dota al objeto de una utilidad precisa (imaginación, representación, percepción estética, sentimiento artístico, emoción, reflexión y actitud ante la belleza, la autenticidad, espontaneidad y libertad de la obra). Considerando la variedad de la naturaleza de los objetos y el primordial papel que juega la percepción humana sobre ellos, se puede hablar de un cambio sustancial en las funciones de los objetos museísticos (objetos estéticos y útiles), al asumir la pieza usual una función estética y, a la inversa, la obra artística un carácter utilitario, metamorfosis conferida por la actitud del espectador ante ellos[22].

---

[22] Dufrenne, M., *Phénoménologie de l'experience esthétique*, París, P.U.F., 1967. Ofrece un análisis profundo sobre la experiencia estética,

2.º La dimensión estética abarca otros planos de la ciencia museológica. Dominio de la estética museológica es la formación del gusto del público, la influencia del museo en la producción artística, los criterios de presentación de las obras, la distribución de los objetos y la presencia de unos elementos contextuales (decoración, ornamentación, ambientación...), en las salas del museo.

3.º En otro orden de cosas, la estética se manifiesta en la sistematización de la estructura arquitectónica (espacios abarcables, estudio de distancias entre obras y espectador, análisis de los puntos de vista para una visión adecuada, zonas de esparcimiento, contacto directo con la naturaleza...), en aspectos técnicos museográficos (luz artísticamente conseguida y en consonancia con los fondos, modelos de etiquetas, rótulos...), y en la presentación selecta y lúcida de las obras expuestas por medio de patrones flexibles estéticos, sensibilidad artística relevando sin concesiones triunfalistas obras de interés y en relación armoniosa con la serie que ocupa la sala.

4.º La Museología se inspira en criterios históricos, críticos, científicos y didácticos, según la tendencia de la moda en una época y sin marginar una expresividad estética en concordancia con las tendencias expositivas, lo que no supone una mengua para la atención del espectador, como se ha apuntado a menudo, sino una coherente ambientación para el público y la obra.

La dinámica de la Museología radica en su constante renovación, en ser una de las más expresivas disciplinas compañera del progreso y la civilización al adoptar unos medios técnico-científicos e histórico-artísticos que le confieren una amplia dimensión en el panorama de las ciencias actuales, y los medios de los que se sirve, las Ciencias Auxiliares, son eficaces instrumentos para el

---

estudiando en el volumen I aspectos importantes para la relación objeto-público. Concretamente, en las págs. 134 y ss. se plantea a niveles filosóficos, estéticos y perceptivos la utilidad y esteticidad de los objetos estéticos y usuales.

desarrollo de sus investigaciones científicas. Un fenómeno lógico en el museo actual que no puede quedarse al margen de los avances de la ciencia, a menos de perecer. Las ciencias que apoyan la Museología son de dos tipos: las ciencias humanas y sociales (Historia, Sociología, Historia del Arte, Crítica, Estética, Filosofía...) y las experimentales (Física, Química, Óptica, Electrónica, Informática, ciencias audio-visuales...). Todos los métodos y técnicas que éstas ofrecen proporcionan un material insustituible en una civilización necesitada de facilidades en la rapidez de aportaciones e informaciones previas al trabajo de investigación. La utilización de estos medios extra-artísticos ha levantado serias polémicas en el seno del campo museológico lo cual es exponente, por una parte, de la inadaptación del museo al ritmo del progreso actual y, por otra, del excesivo abuso que en ocasiones se ha hecho de estos recursos técnicos. De todas formas, la realidad es que las ciencias auxiliares han entrado en el museo para cumplimentar unas funciones que le atañen, lo que no supone un decrecimiento "creativo" en el quehacer artístico ni un modo de operación mental rígido, sometido a unos resultados mecánicos e impuestos con frialdad sino un lógico progreso concatenado al avance de las actividades científicas y una ayuda complementaria, a menudo de un valor inapreciable, al absorbente complejo trabajo de la mente humana.

Un buen ejemplo de la coherente sincronía entre el arte y la ciencia lo ofrecen los museos americanos —y europeos, en menor medida— afanados en organizar sobre un ordenador automático los catálogos (Museum of National History de la Smithsonian Institution de Washington), la documentación archivada (Metropolitan Museum of New York o el museo de Antropología de Méjico), la recopilación de los fondos de diversos museos nacionales (Museum Computer Network) o la conjunción de heteróclitos objetos del contenido total de un museo (Museo de Artes y Tradiciones Populares de París). Estas experiencias museológicas no se definen esencialmente por un automatismo de la técnica sino como un testimonio del ingenio y sutilidad que ha de demostrar el hombre al adaptar el ordenador a sus necesidades, como lo han observado algunos museólogos desde una perspectiva humanista[23].

También la indagación científica en el campo museístico afecta al conocimiento de la estructura, de la técnica ejecutiva y de la composición de los materiales de la obra. En este caso se trata de realizar un riguroso estudio científico, de asegurar la conservación y analizar los procedimientos más convenientes para la restauración del objeto. Los métodos más usuales pertenecen al campo de las ciencias ópticas (fluorescencia, luz monocromática, radiaciones ultravioletas...) que analizan los tipos de pigmentos existentes en las pinturas o la contemporaneidad de las obras así como los métodos de análisis más profundos son la radiografía, radioscopia y sesiones estratigráficas que revelan comportamientos particulares e internos de los objetos.

El estudio de los materiales físicos se efectúa con procedimientos de análisis químico que incluyen modernos métodos de propiedades físicas. Son valiosísimos para la Museología ya que permiten conocer en profundidad un objeto a partir de una muestra del material. Los métodos especiales (difracción, espectrofotometría, análisis óptico mineralógico o fluorescencia de rayos X) ofrecen una gran utilidad porque los resultados obtenidos son fácilmente documentables mediante fotos y diagramas y pueden servir como instrumentos de confrontaciones y relaciones artísticas y culturales. Ahora bien, estas indagaciones deben llevarse a cabo en estrecha colaboración entre el historiador, el especialista científico, el restaurador y conservador, acometiéndose la tarea interventiva tras los análisis parciales y globales del equipo.

También la Informática se infiltra en el campo de acción museológica para solventar problemas de organización museística (bancos de datos, automatismo en los catálogos, ordenadores electrónicos...), de sistemas de exposición y presentación de obras con base en estudios ópticos y físico-químicos (regulación de la luz, condicio-

[23] Ellin, E., «Computer Horizons in the Museum World», *Museum*, volumen XXIII, núm. 1, 1970-71, págs. 18-20.

Recintos urbanos y habitaciones de la vida cotidiana patentizan la *elevación* a categoría museística y estética —sistemas de iluminación, ambientaciones coloreadas armoniosamente, reproducciones artísticas, vitrinas...— un fenómeno museográfico que en la actualidad traspasa los límites estrictamente museísticos. *Arriba:* cuarto de baño con reproducciones de Gauguin y Rousseau y entonaciones armoniosas de luces y colores. *Abajo:* la estación de metro "Louvre" (París), *desplaza* a un núcleo urbano el contenido y presentación del museo parisino.

nes climáticas...), y de las funciones didácticas del museo con métodos confrontantes *(video-tape,* modelos, dioramas, reconstituciones de maquetas...), que entran en el dominio de la Electrónica.

Y, ante esta perspectiva que aparenta la sustitución del hombre por la máquina, la Museología se define en unos planteamientos que atienden sustancialmente a la economía de tiempo y a la eficacia de la actividad museológica, conseguidas por la útil ayuda de estas ciencias siempre que ellas no impidan el objeto esencial del museo: la visión y contemplación del objeto artístico-cultural. Pero un puntal imprescindible se impone en la labor museológica: la autocrítica. Si todas las ciencias humanas necesitan replantearse permanentemente sus postulados básicos ya que están conformados en función de la actividad humana, sujeta al cambio, la Museología, receptora sutil de los cambios histórico-sociales, está abocada necesariamente a activar sus planteamientos, haciendo una reflexión profunda de la situación real de cada museo; y en esa autorreflexión progresará a sucesivas transformaciones que posibilitarán la permanencia de su carácter esencial: ser ciencia viva. Un paso importante ha dado en este sentido: poner al hombre como sujeto en el centro del museo y servirle como autor, cooperador y espectador de los objetos museísticos.

En resumen, la Museología es la ciencia que trata del museo (esencia) y su meta primordial es hacer accesible a todo el mundo (sujeto) el testimonio conservado de la humanidad (objeto) valiéndose del estudio científico (medios auxiliares) y de la selección razonada de las obras (sentido estético y educativo).

El fenómeno museográfico

Si de ciencia museológica no se puede hablar hasta el siglo XX en que nace el interés público por el museo y la necesidad de planificarlo, el fenómeno museográfico, en cambio, se ofrece desde la época más antigua del coleccionismo —acentuado a partir del renacimiento europeo—, desde que el hombre, aunque a un nivel privado, organiza sus colecciones.

Desde un punto de vista amplio que desborda los límites estrictamente museológicos, se puede hablar, y más aún en nuestra civilización, de un fenómeno museográfico que trasciende la ortodoxia de la ciencia. En este sentido, el auge del coleccionismo en la sociedad de consumo, la creciente tendencia a la compra de objetos artísticos de masas como instrumentos decorativos de casas particulares e incluso la audacia artística en los escaparates de los grandes almacenes y *boutiques* han colaborado a la ampliación del concepto y modalidades del fenómeno museográfico. Esto es obvio y característico en una sociedad de masas que ha permutado las valoraciones artísticas debido a factores tan poderosos como el cambio social, acusable en más amplios sectores de poder adquisitivo, en el abaratamiento de los productos culturales, en la industrialización y producción masiva de los objetos, en el desarrollo de los medios de re/producción, transportes, en la desmitificación progresiva de la "obra-maestra-única" en favor de la obra reproducida o del objeto de doble utilidad como funcional y "museable" y en la ascendente densificación de objetos[24].

Así pues, el concepto de museográfico en la actualidad abarca desde la colección del cartel taurino y fotografías con *glamour* hasta Berrocales y Sauras; desde el adorno del salón entelado o empapelado con la reproducción del Guernica hasta la impactante instalación de luz indirecta a un cuadro "de firma"; desde el vaciado de un David de Miguel Ángel que desde un escaparate anuncia la fragancia varonil de una loción masculina hasta la Mona Lisa, recomendando pelucas y *eye liner* o la caída lánguida de una seda italiana sobre un ánfora rota. En este sentido, todos los objetos de nuestra civili-

[24] Ramírez, J. A., *Medios de masas e historia del arte*, Madrid, Cuadernos Arte Cátedra, 1976. El estudio científico que el autor realiza de los medios de masas supone un paso de largo alcance en el análisis del arte ya que, situados por el autor «en la antesala de la cultura», manifiestan una progresiva admisión oficial por la crítica e historia del arte, lo que implica su consagración entre los objetos «museables».

zación son museables y mientras no acceden a la entidad museística manifiestan un comportamiento museográfico. Y ello es lógico puesto que como fenómeno variable y cambiante según las épocas, gustos, modas y *hobbies* de cada periodo histórico, lo museográfico tiende a explicitar la noción estética de unas ideas vigentes en un determinado momento.

Pero también la Museografía es un fenómeno implícito en el concepto museológico en cuanto que se presenta como una operación organizada de la estructura interna y sistematización del museo. Si como norma general a lo largo de la historia de la Museografía, ésta se muestra como portavoz expresivo de las tendencias ideológicas y artísticas determinadas, resulta lógico que en medio siglo se sucediesen, contrarrestasen, radicalizasen y opusiesen las más variadas tendencias museográficas.

a

El final del siglo XIX, preocupado esencialmente por la Historia y cuyo paradigma más genuino se da en Taine, concibe la-obra-de-arte-en-el-museo como un factor de época, preponderando esta idea sobre la forma artística. A tal fin, la Museografía establece un medio museístico en el que se pretende fundamentalmente encontrar el

b

c

Objetos industrializados y coleccionables en la actualidad con referencias a la cultura artística museificada.

a) Productos kitsch standarizados y típicos.
b) Postal de cartón resistente, para enmarcar o colgar, con escenas y motivos románticos y "nostálgicos", como titula la industria holandesa esta colección de postales.
c) Bandeja de pasta con reproducción del cartel *Jane Avril. Jardín de París,* de Tolouse-Lautrec.
d) Objetos de uso con estampaciones conmemorativas del centenario de Goethe.

d

contexto histórico, la evocación de ese momento o la reconstitución del entorno cultural en el que nace la obra. Más adelante, tras los excesos de exposición historicista, surge como reacción un replanteamiento ideológico que conduce a la creación de los "museos de estilo", afanados más en el signo estético, infravalorado anteriormente, aunque a caballo entre la presentación artística e histórica. Este sistema supone una cierta distracción del objeto primordial —apreciación del objeto— y aparece un nuevo sistema expositivo que en su afán radicalista rompe definitivamente con los patrones anteriores. Y así surge la exposición aséptica, despojada de todo elemento que no sea intrínsecamente artístico.

Nuevas modas y consecuentes cambios: la supervaloración de la obra artística condujo a unos modelos expositivos que acentuaban el purismo excesivo de la etapa precedente, lo que abocó al aislamiento total de la pieza y a superfluas decantaciones. Y, consecuentemente, como reacción al purismo, un nuevo giro: la tendencia a la ambientación y a los enmarcamientos de época que acogían el cuadro decimonónico, el mueble isabelino, el revestimiento de zócalos y las sillas "de estilo" como piezas expresivas de una atmósfera de época.

Este es el campo de acción de la Museografía, creadora de una ambientación, mobiliario, material de muros, distribución de espacios, instalación lumínica..., necesidades museísticas varias y símbolo externo de las corrientes ideológicas y estéticas de cada ciclo histórico. Así pues, existió una museografía romana, renacentista, romántica, racionalista o naturalista, portadora de las connotaciones expuestas. Es, por tanto, una actividad pragmática y descriptiva en cuanto concretiza las ideas de una época, tamizadas por la disciplina museológica, y en cuanto expositora de signos plásticos, técnicos y estéticos característicos de su contexto histórico.

No obstante, su valor descriptivo desde la entrada en el campo científico de la Museología no hace referencia sólo a la lectura narrativa de cada museo —hecho que encuadraría mejor en la historia de la evolución museográfica— sino a la sistematización y aplicación de los principios museológicos. Su actividad radica en la asimilación de los postulados teóricos que estructura y desarrolla en las diversas funciones del edificio, del museo como entidad cultural compleja y en su contenido. Y, siendo la Museografía aplicación museológica, se puede decir que no se obtienen satisfactorios resultados en la actividad museográfica sin unos estrictos conocimientos museológicos. Por una parte, es su tarea estructurar y ordenar el material científico cedido por la ciencia museológica y ello no ya en un plano fáctico y real de aplicaciones concretas sino en niveles de confrontaciones y experimentaciones mentales y teoréticas que, a menudo, entran en contradicciones palpables con la teoría museológica. Por otra parte, la Museología, que postula científicamente las bases a las que la Museografía ha de dar cuerpo real sobre una primera base de estructuración ideal, no ejerce una acción de automatismo matemático sobre la aplicación de la normativa museológica, por lo que nuevas dimensiones se enfrentan entre ambas, ya que la Museografía depura mentalmente a partir de las concreciones obtenidas. Y en este proceso de depuración la práctica puede divergir de la idea museológica.

Por esto, un valor metodológico de la Museografía es su carácter experimental, técnico y filtrador en cuanto que modifica o desaplica normas impuestas en pro de exigencias que requieren casos concretos. Se puede afirmar que la Museografía es operación y actuación, que se mueve entre el ámbito teórico concreto y que actúa sobre el terreno eligiendo los métodos más eficaces, anulando teoremas inadaptables a situaciones concretas y seleccionando el material científicamente avalado por la Museología. No hay dudas respecto a la frecuente asincronía de ambas disciplinas, aunque cabe la búsqueda de un campo de encuentro neutro que canalice armónicamente los teoremas y las concreciones.

Como disciplina, el objetivo de la Museografía es el estudio sistemático, la clasificación ordenada y seleccionada y la exposición clara y precisa de los fondos del museo, adaptando el edificio a las necesidades museográficas e introduciendo métodos eficaces para su comprensión. Tomada en su dimensión artística, ofrece uno de los puntos más esenciales para la estética, el arte, la sensibilidad y la Museología. Cualificada como arte desde el momento en que no sólo manipula sobre el campo artístico sino que sus objetivos más primarios tienden a la inspiración, a la creación interpretativa, a la educación de la sensibilidad, a la promoción de nuevas vivencias y emociones a través de unos métodos expositivos concernientes a tales fines. La vivencia artística de la armonía, el gusto, el descanso, la evocación, ritmo, variedad, asimetría..., se expresan museográficamente con valores gestálticos (colores, distancias, dimensiones, entonaciones, notas musicales o ambientaciones estéticas). Y, en este sentido, la Museografía sigue un proceso más humanizado y somático al nivel del espectador, puesto que comporta la sutileza experimental para acceder a una concreta viabilidad estética.

Se ha dicho que la Museografía es el arte de ordenar el arte y, si como agudamente Le Corbusier expresó "el arte empieza donde acaba el cálculo", entonces el valor realmente artístico de la Museografía sería la improvisación, lo espontáneo, la sorpresa, el deleite, el agrado visual y la creación intuitiva de felices resultados.

PRINCIPIOS MUSEOLÓGICOS

El postulado fundamental de la Museología radica en la rigurosa planificación de las funciones museísticas y la metódica ordenación de los fondos, regulándolo conforme a unos teoremas razonados para los fines perseguidos y atentos a las innumerables actividades creadoras del hombre y a sus diversas preferencias; todo ello exige de la ciencia museológica unos principios de estructuración sistemática para analizar, seleccionar y poner en valor todas las manifestaciones creadoras del hombre en concordancia con los niveles socioculturales e intelectuales que integran el museo.

La tendencia a la clasificación que caracteriza a todo quehacer científico se agudiza en el campo del museo, necesitado de una catalogación y esquematización de tendencias estilísticas, cada vez más dinámicas y cambiables, lo que ha llevado al museo a una revisión de sus principios estructurales y a nuevas concepciones en la planificación. Y ello debido a un fenómeno que venimos constatando: la primacía del público respecto del objeto museístico. Así pues, el análisis se centra en dos coordenadas esenciales y a menudo incompatibles del museo: público y contenido.

En primer lugar, los cambios en los planteamientos teóricos obedecen a una interacción recíproca de los dos elementos sustanciales, estando siempre sus peculiares comportamientos sometidos al cambio, cambio debido no sólo a sus diferentes naturalezas sino al hecho de soportar una expresividad heteróclita, cuando no contradictoria. De todas formas, sujeto y objeto museístico actúan directamente en la conformación del museo y sus interrelaciones inherentes son causa de mutaciones trascendentales.

Por una parte, el pluralismo que afecta tanto al público (densificación, masificación...), como al objeto (universalismo, exposición global de manifestaciones diversas...), exige un reflexivo planteamiento de las bases teóricas del museo y, por otra parte, el permanente dinamismo social y cultural ha desembocado en una tendencia a la especialización (sujeto-objeto) que requiere de la disciplina museística el establecimiento de clasificaciones rigurosas y flexibles al tiempo, que solventen las dificultades de los fenómenos expuestos en favor de una aplicación museográfica válida.

De hecho, la modificación del sentido conceptual que ha sufrido la "obra de arte" ha conducido a nuevas exigencias y tipos de museos que satisfagan las necesidades humanas. Antes, los valores narrativos o expositivos del objeto artístico primaban sobre cualquier otra visión de la obra en el museo. No extraña en este sentido que Delacroix, tan familiarizado con el museo del Louvre, no apuntase en sus notas la fatalidad del alto montaje de los cuadros, lo que negaba la visión adecuada para el espectador. Hoy, sin embargo, " el desarrollo del sentido estético necesita de la posibilidad de examinar y analizar el cuadro en todas sus partes"[25], lo que ha conducido al

[25] Bazin, G., *Muséologie*, Cours XII, pág. 1. Estos cursos de Museo-

aislamiento tanto de la obra "maestra" como, en sentido más amplio, a la especialización de los museos. Hay que insistir, además, en otro factor que colabora a la clasificación museológica: "la sicología nacional impone desde un principio su tipo y carácter"[26] museológico, adaptando su tradición museística a las innovaciones y renovaciones actuales, pero conservando al tiempo el sedimento originario. Frente al universalismo al que propende la ciencia museológica este factor "localista" pierde fuerza a la hora de enunciados y programas teóricos, pero, de hecho, condicionan prácticamente el carácter del museo.

La tendencia general en las investigaciones museológicas que tienden a una codificación museística ha sido establecer grupos de museos ateniéndose preferentemente, cuando no de forma exclusiva, al contenido. Salerno[27] distingue, por una parte, los museos de antigua formación que, a su vez, acogen museos mixtos y museos públicos estatales y, por otra, los museos de nueva planta, atendiendo primordialmente a la estructura arquitectónica de estos centros y a las posibilidades de funciones que cada uno comporta. En cuanto al contenido, ofrece dos tipos —los documentales y los de arte— basando las diferencias conceptuales en que los primeros acogen cualquier rama de la investigación histórica como base para la formación de un museo documental mientras que para los segundos reduce las actividades a las puramente artísticas. La delimitación establecida resulta conflictiva puesto que cabe preguntarse hasta qué punto un museo de arte no manipula con "documentos" —las mismas obras lo son desde múltiples puntos de vista— o un museo "documental" no comporta connotaciones artísticas tanto objetiva como subjetivamente consideradas. Los museos documentales son para el autor los históricos, militares,

logía, realizados en la Escuela del Museo del Louvre y publicados sólo para el centro francés bajo la dirección de G. H. Rivière y G. Bazin, han llegado a mí, gracias a la generosa oferta de Bonet Correa, a quien quiero agradecer el haber podido acceder a estos cursos planteados bajo ángulos históricos, teóricos y museográficos, de gran validez para los estudios museológicos y desconocidos en nuestro país.

[26] Benoist, L., *Musées et Muséologie*, París, P.U.F., 1971, pág. 117.

[27] Salermo, L., *op. cit.*

geográficos, etnográficos, de cera, de ciencias, de la técnica, de las ideas..., mientras que los de arte son los tradicionalmente considerados por la historia del arte desde la prehistoria hasta la época contemporánea. En ellos se subdividen las materias de cada ciclo histórico, dejando el arte clásico para el museo de Arqueología, el arte medieval y moderno para el museo de Bellas Artes y el arte actual para el Museo Contemporáneo. En España, pese a la ausencia de estudios museológicos, un análisis sobre el tema[28] se limita a clasificarles en históricos y científicos, artísticos y populares, generales y monográficos, considerando susceptibles subdivisiones, pero sin sistematizar unas tipologías rectoras en orden a una clasificación sistemática.

Entre los programas más recientes del Comité del Icom[29] se expone la política a seguir en los museos enumerando su clasificación, lo que nos sirve para analizarlos con un carácter indicativo; engloba en ellos a los museos de Ciencias y de técnicas, museos de Historia Natural, museos de Arqueología e Historia, museos de Etnografía, museos de Artes aplicadas, museos de Arte Moderno, museos Regionales y museos Especializados (museos y colecciones de instrumentos musicales, museos de armas y museos de Historia militar).

Pese a los esfuerzos por sistematizar una ciencia museológica, las directrices de las investigaciones han seguido unos criterios excesivamente restrictivos y, a menudo, deslabazados, que no han respondido a la situación real de los museos en la actualidad. Así pues, el pluralismo, universalidad, polimorfismo, especialización y dinamismo del público-objeto exigen la estructuración de unas tipologías museológicas que atiendan tanto a la normativa disciplinaria, a la densificación objetual, al carácter de independencia del museo respecto de organismos estatales o privados, a la funcionalidad que asumen en relación con su denominación de localidad así como a los niveles socioculturales e intelectuales que inciden en

---

[28] Herrera, M. L., *El Museo en la educación*, Madrid-Barcelona, Index, 1971, págs. 165-168.

[29] *ICOM. Programme 1975-77*, París, Maison de l'Unesco, págs. 6-7.

las categorías museológicas. Hay que aclarar desde un principio que el intento de estructuración atendiendo a las diversas divisiones tipológicas no se puede analizar correctamente ateniéndose al estudio de conceptos aislados. Propiedad, contenido, localización, público o nivel cultural no se manifiestan abstractamente; se rigen por unas normas básicas y específicas pero con interferencias, antinomias o afinidades que se infiltran en el mosaico museológico. Por ejemplo, a veces, la propiedad de un museo se asimila al contenido (museo catedralicio continente de arte sacro); otras veces, se amalgaman conceptos en principio considerados en diferentes tipologías (identificación de un museo de estilo con contenido monográfico); también caben subdivisiones que afectan a conceptos diferentes (un museo especializado puede conformarse a disciplinas de diversa naturaleza).

Tipologías museológicas según la disciplina

El rasgo que más propiamente define a un museo es la hetero/homogeneidad de su contenido. Entendiendo por disciplina una actividad humana que presenta un cuerpo de doctrina en sus reglas y métodos operados con una instrucción artística, histórica, científica o técnica, se pueden obtener cinco grupos de materias museables según las orientaciones vayan dirigidas al Arte, la Historia, la Ciencia, la Tecnología y la Etnología. Aunque en todas las nociones predomine una nota común —conservar y vitalizar la actividad humana—, las divergencias museológicas aparecen desde el momento de la especificidad (creación y ubicación) de una actividad, aunque lo que más diferencia estas cinco categorías del museo entre sí no es la propia disciplina, puesto que todas ellas concurren en el campo de la Historia, sino la *intencionalidad* y *funcionalidad* implícita que cada una comporta. (Véase Gráfico 1.)

Al presentar objetos como museables, es decir, como dignos de ser presentados para la utilidad pública en el museo, aparecen dotados mediata o inmediatamente, implícita o explícitamente de un valor estético-cultural considerable. Valor cultural reconocido por ser expresivo

GRÁFICO 1

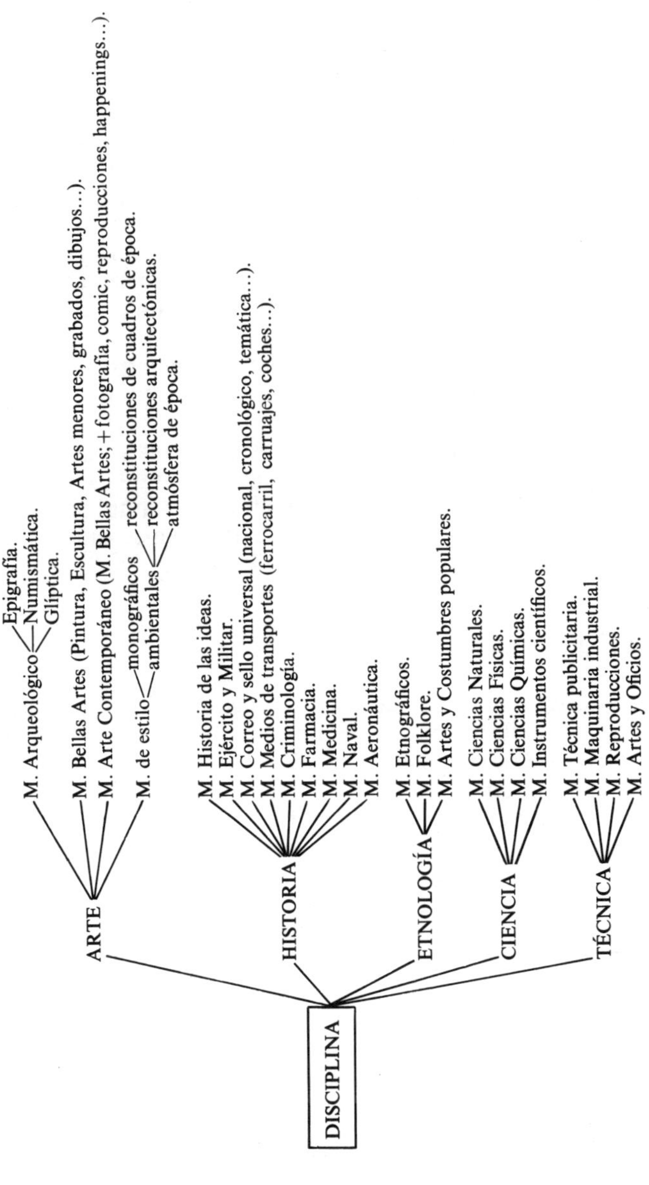

DISCIPLINA
ARTE
M. Arqueológico
Epigrafía.
Numismática.
Glíptica.
M. Bellas Artes (Pintura, Escultura, Artes menores, grabados, dibujos...).
M. Arte Contemporáneo (M. Bellas Artes; + fotografía, comic, reproducciones, happenings...).
M. de estilo
monográficos
ambientales
reconstituciones de cuadros de época.
reconstituciones arquitectónicas.
atmósfera de época.
HISTORIA
M. Historia de las ideas.
M. Ejército y Militar.
M. Correo y sello universal (nacional, cronológico, temática...).
M. Medios de transportes (ferrocarril, carruajes, coches...).
M. Criminología.
M. Farmacia.
M. Medicina.
M. Naval.
M. Aeronáutica.
ETNOLOGÍA
M. Etnográficos.
M. Folklore.
M. Artes y Costumbres populares.
CIENCIA
M. Ciencias Naturales.
M. Ciencias Físicas.
M. Ciencias Químicas.
M. Instrumentos científicos.
TÉCNICA
M. Técnica publicitaria.
M. Maquinaria industrial.
M. Reproducciones.
M. Artes y Oficios.

de un nivel de la civilización y valor estético conferido, sin necesidad de atenerse a la voluntad interna del autor por hacer algo bello y útil, por su presentación adecuada, por el grado de emoción, afectividad, percepción y sensibilidad que produce en el espectador que lo contempla. Cualquier objeto que hable de una religión, costumbre, forma de ser de un pueblo..., posee esa cualidad estética, aunque por su finalidad pertenezca al campo de una disciplina no propiamente artística. La artesanía, la obra de arte mayor, el artilugio, un instrumento de ingeniería, un lienzo del siglo XVII, la grúa, un traje típico de la época de los zares, un tejido azteca o una partitura musical abarcan hoy día el campo de lo museable.

La complicación de la sistematización museológica a nivel disciplinar surge con la necesidad de limitar lo más rigurosamente posible el campo de una disciplina, deslindándola de otros quehaceres humanos ya que en el campo de la cultura las aproximaciones, implicaciones y matices de unas materias con otras son ambiguas. En principio, hay que establecer la división entre museos de Arte, Historia, Ciencia, Técnica y Etnología.

A) *Los museos de Arte*

Acogen las piezas de las civilizaciones dotadas implícita y cualitativamente de un valor artístico, conferido por la intencionalidad interna del autor, por el reconocimiento progresivo de la Historia y crítica artística y por su pertenencia al campo del arte, sin olvidar que éste es actividad que cobra su naturaleza y dinamismo dentro de la Historia. En realidad —se trata de realizar una nomenclatura flexible, pero en el marco de la ciencia museológica—, el museo de Arte forma una categoría independiente, regido por unos principios museísticos que difieren de la estructuración de los museos históricos propiamente dichos. Ramas integrantes del Arte son la pintura, escultura, arquitectura, poesía, música, artes dramáticas, artes gráficas, artes industriales y artes menores. Pero este grupo de artes tradicionales hay que ampliarlo con actuales expresiones artísticas —fotografía, *comics,* cine...—, aunque de naturaleza extra-artística (dicen) y suscitadoras de grandes polémicas en amplios sectores de la intelectualidad y cultura contemporáneas. Pero la realidad se impone y se evidencia la entrada de los *comics,* la organización de exposiciones fotográficas o ciclos cinematográficos en los museos de arte contemporáneo así como la proliferación de ensayos sobre la "trayectoria estilística" de Bergman, el "surrealismo" de Buñuel, el "esteticismo decadente" de Visconti o el "lenguaje ideológico de signos simbólicos" de Passolini.

Pero volviendo a las clasificaciones cronológicas tradicionales del arte, de las tres etapas —clásica, medieval, moderna y contemporánea—, la época perteneciente a la Antigüedad se reserva a los museos Arqueológicos, la perteneciente al mundo medieval y moderno es la que engrosa los fondos de los llamados museos de Bellas Artes y la etapa actual conforma el museo de Arte Contemporáneo.

B) *Los museos arqueológicos*

Tienen un amplio campo de acción tanto en lo que concierne al gran legado que la Antigüedad ha suministrado como a los permanentes descubrimientos de las excavaciones, lo que dota a este tipo de museo de una renovación y enriquecimiento permanente. La Arqueología como actividad práctica y ciencia subsidiaria de la Historia define a sus obras como artísticas y sigue los principios de conservación y exposición propios de los postulados museológicos. Pero también poseen un valor historico y documental ya que en estos museos, si no están separadas las disciplinas en museos especializados, se albergan las colecciones de Epigrafía y Numismática. La Epigrafía, por ejemplo, ejercida como caligrafía, es también documento escrito de la Historia y puede incluirse en ambas tipologías museológicas, siendo lo común su pertenencia a los museos artísticos de Arqueología. Igual sucede con la Numismática que forma una sección dentro de los museos Arqueológicos y, sin embargo, los objetos que la conforman no están tan concebidos para la educación artística ni su funcionalidad entra tanto en el campo del arte como en el ámbito de la historia de las religiones, de la mitología o economía política.

Dada la escasez de museos especializados en esta materia, la Museología ha manifestado un relativo interés por la valoración y exposición de estas obras. Ciertamente, la pieza monetaria enraiza más en lo económico que en lo artístico como prueba el corto período de esplendor que alcanzó Grecia en monedas artísticas. De hecho, San Isidoro de Sevilla, al establecer la categoría de la pieza numismática, dice[30] que en ella se requieren tres factores: metal, tipo y peso y que, si faltase alguno de ellos, adolecería de su entidad numismática. Pero del metal (o material, en general), tipo y peso, para la Historia del Arte basta con la calidad del tipo y la ejecución técnica. Se distingue, además, el valor de la pieza según si reside en un museo general dentro del cual ocupa una sección, y en tal caso el interés que reporta es la calificación artística, o bien en un museo numismático especializado, en el que las cuestiones de derecho público, economía política y valor histórico superan la valoración artística. De todas formas, participa de la dinámica de la Historia del Arte tanto en lo que atañe a sus motivos iconográficos (reproducciones de edificios, emblemas, bustos de emperadores, joyas...), como en la presentación en las vitrinas que pueden ayudar a explicar otras piezas artísticas.

Los museos Arqueológicos ocupan un lugar preeminente en los museos artísticos. A veces, los límites entre Arqueología y Arte son precisos, pero otras resulta difícil señalar la separación entre ambas disciplinas. Más conveniente sería hablar de museos de Arte Clásico —entre la obra antigua conocida a través de una larga tradición y la obra antigua-recién-descubierta—, pero ello también es colaboración para el desarrollo de los conocimientos de fenómenos artísticos. Y lo prueba la

[30] Isidoro de Sevilla, *De originibus*, XVI, 18. 12. El texto latino dice: *in nomismate tria quaerentur: metallun, figura et pondus. Si ex his aliquid defuerit, nomisma non erit.*

nueva dirección estética en el siglo XVI con el descubrimiento del Laocoonte o la visión clasicista en el siglo XVIII con los descubrimientos de Winckelmann.

La Museología trata de encontrar soluciones a los museos Arqueológicos, en permanente crecimiento, con una orgánica ampliación espacial para ubicar las nuevas piezas. Pero el desequilibrio entre espacio habitable y objeto exponible es índice de no pocos problemas, entre los cuales está el amontonamiento de las piezas en almacenes inadaptados, antes de ser estudiadas y sometidas a progresivas degradaciones. Para ello, se debe ofrecer una técnica especializada al servicio de la conservación y montaje de las piezas y una organización sistemática por medio de ordenadores, inventarios y catálogos en los que se proceda a la expedición de la historia completa de la obra, desde el momento de su descubrimiento hasta la fase final de presentación en la sala, pasando por laboratorios de análisis que acrediten el adecuado estado de la pieza para ser expuesta científicamente y siguiendo un orden topográfico, cronológico, iconográfico o técnico en la exposición.

Se considera objeto arqueológico todo aquel que ofrezca una antigüedad probada y cuyo valor para la Historia, el Arte y la Cultura sea considerable. Así, engrosan los fondos de estos museos las más diversas piezas —desde el útil prehistórico y la pieza de cosmética romana hasta una estatua, mosaico, resto de capitel visigodo o relieve gótico extraído del conjunto arquitectónico— que abarcan, siguiendo los esquemas cronológicos tradicionales, desde la Prehistoria hasta el declive de la Edad Media.

El hecho de no ubicar piezas posteriores al siglo XV en los museos Arqueológicos obedece a un concepto generalizado que otorga a la obra de arte posterior al Renacimiento un valor de arte industrial, arte menor, artesanía o un valor preciosista que encuadra mejor en otras categorías museológicas.

C) *Los museos de Bellas Artes*

Albergan tradicionalmente obras escultóricas, pictóricas, artes menores, grabados y dibujos. Son, por lo general, monumentales edificios de vieja fábrica, aprovechados para fines museológicos y con un contenido heredado de las grandes colecciones reales y principescas, de expropiaciones de conventos e iglesias y engrosados con legados y donaciones, de problemática ubicación. En estos museos prevalece el criterio estético y la tradicional división cronológica por épocas históricas, predominando una organización decimonónica, remozada a veces por las nuevas concepciones museísticas. En este tipo de museo las tareas sustanciales son la conservación, documentación y educación, exponentes de la necesidad de la obra de ser vigilada, estudiada en su contexto histórico-artístico e instrumento de aprendizaje para el público.

La diversidad de manifestaciones artísticas en estos museos en los que las posibilidades de exposición son múltiples, aconseja un serio análisis de las colecciones y un criterio coherente para la organización de cada museo. A menudo, cada técnica o arte aparece configurada aisladamente en las salas de exposición, mientras que en otras las salas de pintura se animan con esculturas u otras artes. Este criterio, que ofrece mayor variedad y dinamismo a la ambientación de la sala, puede ser negativo a efectos técnicos y climatológicos. Lo más pedagógico en los principios de organización de estos museos es que las obras se ordenen con un criterio rector, ya se elija el sistema tradicional de épocas cronológicas y escuelas estilísticas o tendencias más actuales que atiendan a los factores iconológicos e iconográficos. De cualquier forma, los excesos rigurosos de ordenación cronológica o estilística conducen a una visión estrecha y a una atención excesiva a estos factores por parte del espectador, considerándose más viable una flexibilidad estético-crítica en la exposición de las obras: que éstas hablen por sí mismas, que sugieran relaciones, confrontaciones o referencias estilísticas, que manifiesten en su exposición orgánica una espontaneidad más implícita que la impuesta por los principios que se rige.

Las obras pictóricas son las más numerosas y los criterios generales atienden sustancialmente al valor estético de la obra-de-arte-en la-sala y al relieve cualitativo que el lienzo o la tabla implica. La Museología va logrando métodos sicológicos, que analizaremos en la praxis museológica, para que la obra de arte conserve su valor estético, pese a la pérdida de su valor originario[31]. Obviamente, la obra de arte no se manifiesta por sí misma sino que se endosa a la estructura arquitectónica que puede enriquecer o negar el mundo estético de la pieza al presentarse como un conjunto de planos y volúmenes, siendo el color, el carácter del soporte murario..., motivos importantes de comunicación e intencionalidad artística.

La organización de obras escultóricas requiere un análisis particular ya que peculiar es su carácter tridimensional en el espacio y la variedad de materiales utilizados, factores que reportan problemas de tipo plástico-arquitectónico, lumínicos y espaciales. Ello exige de la arquitectura de la sala una articulación adaptada a la forma plástica quien, a su vez, está condicionada a la espacialidad arquitectónica, factor determinante del valor cualitativo de la pieza escultórica. La espacialidad y tridimensionalidad de la escultura está determinada por elementos arquitectónicos (encuadres, cornisas, nichos...) y recursos lumínicos (incidencia de la luz, carácter natural o artificial, iluminación dirigida, mixta...). En este aspecto, la normativa básica radica en el conocimiento de la dependencia de la escultura a la arquitectura puesto que un factor implícito en la obra plástica es su ubicación arquitectónica completa, operándose entre ambas artes espaciales lo que Quatremere de Quincy calificó certeramente de "sustancial analogía operativa".

Las artes menores, los grabados y dibujos pueden estar, por una parte, conformados en el museo como secciones o gabinetes específicos, como componentes de series, colecciones y legados. Y, en ese caso, los principios que regulan su organización siguen las pautas generales indicadas para la generalidad de los museos de Bellas

---

[31] Conviene consultar dos artículos de G.C. Argan referentes a las diversas intencionalidades, cualidades y funciones de la obra pictórica: «Arte figurativa», en *Enciclopedia Universale dell'arte*, t. I, págs. 751-802 y «Pittura», en *ídem*, t. X, págs. 622 y ss.

Generaciones ante obras vanguardistas.

La incomprensión público-arte contemporáneo es inevitable cuando existen disonancias vitales y artísticas y cuando el gusto del público está basado en unos valores ausentes en las obras actuales. (a) Los vacíos contrastados con las masas en las esculturas contemporáneas no sorprenden, en cambio, a un público actual (b) e infantil (c). Cabe preguntarse si estos últimos no asumirán mañana la actitud resignada y pasiva de la primera fotografía.

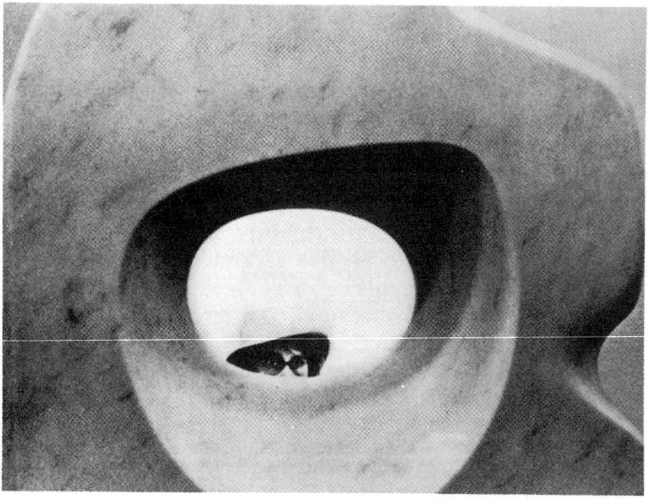

Artes. No obstante, dada la naturaleza diferente de estas piezas, sus técnicas específicas de conservación y su ofrecimiento expositivo con sistemas peculiares de presentación, preferimos autonomizarlos de dichos museos y ofrecerles una categoría independiente en *museos de Artes Gráficas,* máxime en la actualidad cuando prolifera la tendencia a la industrialización y mecanización de las técnicas de reproducción. Cabe, por tanto, establecer una categoría museológica de Artes Gráficas que abarque todos los periodos históricos. De hecho, los dibujos, apuntes, grabados, diseños, proyectos, miniaturas, códices miniados, documentos, planos urbanísticos, portulanos e incluso, ampliando el campo que incidiría en el museo de la Técnica de la Reproducción, las serigrafías, reproducciones de originales, carteles, estampas..., conforman este tipo de museo.

Sus dimensiones peculiares y su carácter de obras no "monumentales" no han proporcionado una grave problemática en la organización museológica ya que la estructuración del material sigue por lo general idéntica ordenación que en las pinacotecas, atendiéndose a concepciones de escuela, estilo o iconografía. Sin embargo, los medios de presentación son diferentes al exponerse en vitrinas o armarios acristalados ya que sus exigencias de conservación difieren de las piezas pictóricas y escultóricas, dada su naturaleza frágil y delicada respecto a la luz, microorganismos y manipulación humana.

La errónea e injusta idea de la Historia del Arte, al considerarlas artes "menores", ha conducido a una desatención museológica por estas obras que ofrecen un campo de investigación y educación insospechado, incrementado por la posibilidad de utilizar unos medios técnicos de reproducción que harían enriquecer el original, valorar justamente la copia y crear unos sistemas de cualificación, comparación y confrontación de las obras así como instalar talleres y salas públicas para el aprendizaje teórico y manual de las técnicas.

D) *Los museos de Arte Contemporáneo*

Por su intrínseca naturaleza, son los más sutiles exponentes del estado que caracteriza a los niveles socioculturales de la civilización actual. Referirse a un museo de Arte Contemporáneo y sintonizar con conceptos como ideologías, vanguardia, compromiso, polémica, libertad, audacia, innovación o tradición así como con actitudes clasificadas más o menos estereotipadamente de "progres", detractores, anatemistas, conservadores, reaccionarios, libertarios, académicos..., es un fenómeno social prendido a la cultura contemporánea. Todos los elementos que conforman la sociedad y la cultura actual confluyen a esta situación real del museo de Arte Contemporáneo. Situación real que oscila entre el caos y la urgencia de encontrar unas soluciones viables al problema de estos centros, afectados de inevitables conflictos. Y el primero que por lo general surge de inmediato es el intento de actuar sobre la marcha, sin unas directrices previas y sin una auténtica política museológica, conflicto implícito en el momento histórico que vivimos los conformantes de una civilización, inmersos en ella pero faltos de una perspectiva histórica necesaria para la valoración del quehacer humano, lo que desde un punto de vista puramente artístico se corrobora al analizar manifestaciones vanguardistas que aún no han cobrado carta de naturaleza en lo que respecta a valoraciones objetivas, reflexionadas dialécticamente y en vías de desarrollo para ser planteadas. Valoraciones objetivas independientes de otros factores externos —que sí "cualifican" a la obra de arte contemporánea —incidentes y condicionantes de las apreciaciones artísticas, tal como la dependencia del arte actual de las galerías de exposiciones, la sumisión de éste a aleatorios veredictos del mercado artístico, la falta de in/formación y preparación del público para enjuiciar el arte de hoy... También, esa falta de estabilidad se concreta en el carácter de doble transitoriedad:

a) Acoger objetos actuales, entre lo *efímero* y lo *consolidable.*

b) La anarquía planificadora a la hora de su creación.

Otro conflicto surge de la tradicional supervaloración concedida a la consagración de artistas y al hecho de permanentizar tendencias estilísticas antepuestas en el museo a su función primordial como portavoz directo de la vida cultural contemporánea, lo que crea la grave contradicción entre las metas que persigue y las realidades que actualiza. De hecho, las fricciones se suceden cuando analizamos su tendencia a la educación del gran público, desfamiliarizado de un lenguaje y código artístico que sólo conoce una minoría. Por otra parte, la idea a la que la Museología propende por seleccionar las obras (no sólo a nivel de exposición en la sala sino en niveles de mercado de arte) se opone a una realidad que caracteriza tanto al museo como al artista actual: la adquisición masiva de piezas y la superproducción cada vez más densa de productos artísticos.

En el fondo, los profundos debates que acosan al museo de Arte Contemporáneo proceden de mentalidades y actitudes ideológicas enfrentadas: los defensores de una cultura democrática, no selectiva y restrictiva sino de ampliación de la acción cultural, y los reductos elitistas y conservadores que niegan el valor (algunos, incluso la existencia) del arte contemporáneo al que se pretende frecuentemente hacer patrimonio exclusivo de una minoritaria capacidad intelectiva.

Contradicciones múltiples que afectan desde la base el ser coherente del museo Contemporáneo. Una de las razones más íntimas que confirman su conflictividad interna radica en la oposición existente entre su razón de ser (deber ser) exponente de la sociedad, como polo opuesto al sistema establecido, y el estar sometido e instrumentalizado, al tiempo, por las reglas impuestas del *establishment.* Así, un centro cultural concebido para la libertad, la niega desde el momento en que se accede a él. Un grupo de museólogos sobresalientes y directores de los museos más ejemplares de la actualidad[32], al estudiar la auténtica función del museo y su profunda significación ética, concluyeron aguda y certeramente que "el museo que cumplimentara el mejor trabajo sería el que las autoridades cerrarían" puesto que las manifestaciones artísticas contemporáneas —como las de toda época— son inseparables de experiencias vitales activadas por la sociedad en que se forja la obra pero, aún más allá de las interrelaciones entre obra y público, la progresiva inconciliabilidad entre la aventura artística y el ser real de la obra conduce irreparablemente —si es que se pretende un museo vivo— a nuevas actividades que, aunque aparentemente reñidas con el Arte, serían las más auténticas expresiones de la creatividad humana. Y, de hecho, algunos museos han acometido estas actividades, a pesar de la férrea voluntad por permanentizar la colección, dotando a ésta de un dinamismo interno sólo

[32] Gaudibert, P. y otros, *op. cit.* pág. 6.

asumible cuando el público actúa en permanente vivencia con la obra de arte.

Uno de los factores en los que más ha insistido acertadamente la Museología respecto a este tipo de museo es la atención prestada al análisis de las funciones de los directivos del centro museístico. Una tarea muy consecuente con el principio de no hacer del museo una entidad autoritaria sino lo más ampliamente democrática radica en dos postulados:

1.º Que la dirección del centro camine progresivamente de la descentralización del papel de un director hasta la formación de un equipo competente en la organización museológica y, posteriormente, a la cooperación del público en las actividades del museo.

2.º La preparación de un nuevo cuerpo organizador —los " animadores" del museo— que superen la idea monolítica de conservación y posesión museística haciendo del museo un centro realmente productor, del que se extraigan eficaces relaciones intelectuales, artísticas y afectivas ejercidas en un diálogo profundo y una participación fructífera entre artistas y público.

No son postulados inamovibles los que rigen la actividad del museo contemporáneo; su hacerse día a día aconseja, desde una perspectiva actual, una autocrítica que enriquezca su sentido y una reflexión objetiva que indague, sin posturas esnobistas, artificiales y efímeras, en los resultados obtenidos por las últimas experiencias y en las metas que más sólidamente pueden llevarse a cabo. No caben otros principios teóricos en un quehacer que se gesta en la cotidianeidad.

Los enunciados anteriores son necesariamente orientadores para el intento de una sistematización de los museos de Arte Contemporáneo y, a este fin, hay que puntualizar desde ahora el desfase que sufren las manifestaciones artísticas contemporáneas respecto de los seudovalores institucionalizados y de la apreciación del público. En primer lugar, el vertiginoso ritmo artístico ha conducido a una ruptura entre la obra "consumada" y la que está haciéndose en la actualidad, a un enfrentamiento entre el valor de permanencia y el de transitoriedad o, desde el punto de vista del público, a la conciencia de sacralización (en el sentido que Cezanne decía a M. Denis "hacer algo sólido como la pintura de los museos") frente a la conciencia-presencia aleatoria y cooperadora. No nos referimos ya a aquellos vanguardistas del impresionismo, fauvismo o cubismo que en su momento recibieron las más acerbas críticas y hoy se ofrecen como las Venus de Milo y los Apolos de Belvedere del arte contemporáneo; ni siquiera a aquel demoledor e iconoclasta Dadá –¡anatematizado por la confesión "Dadá no es nada"!– al que hoy la crítica de arte institucionaliza con un repertorio bibliográfico innumerable y celebrando su cincuentenario con efemérides de sus promotores sino a los más recientes "ismos" y "neos" que, al hacer su entrada oficial en el museo, desvirtúan su significado artístico y se oponen a la obra-en-vías-de-realización, sujeta al cambio social en cuanto sigan la trayectoria museística de sus antecesores. Por otra parte, la heterogeneidad del material artístico contemporáneo –constatable al analizar simplemente la variedad de técnicas pictóricas– dificulta la elaboración de unos principios museológicos. ¿Qué criterio puede resultar el más adecuado contando con los caracteres expuestos: aunar en el mismo edificio el contenido permanente, las exposiciones temporales y las diversas actividades culturales o, por el contrario, deslindar los campos y desbrozar actividades? En el campo museológico las colisiones son frecuentes, las polémicas permanentes y los esfuerzos por armonizar y contrarrestar las tensiones propenden a una coherente organización que resulte de un edificio con una estructura espacial asequible y flexible en el que puedan exhibirse de forma selectiva obras y tendencias institucionalizadas que provoquen enfrentamientos creativos con muestras artísticas de actualidad, que muevan a una participación directa, a un diálogo vivo y sólo realizable en la experiencia cotidiana del museo. Por eso, todo está aún por hacer en este museo de la actualidad.

Sólo caben, a modo de directrices teóricas, dos visiones del museo de Arte Contemporáneo que se va forjando día a día: "un dinámico centro de información cultural,

Arte y vida en los museos de arte contemporáneo.

El director de Stedelijk Museum de Amsterdam anima a la creación artística ofreciendo la fachada del museo para la ejecución de manifestaciones pictóricas. El artista durante la elaboración del trabajo *(arriba)* y la obra terminada *(abajo),* expuesta a la opinión pública.

con respecto al sistema complejo que se desarrolla en el museo; las colecciones serán sólo una parte intransferible, aunque no la más importante de la entidad del museo... El museo de Arte Moderno, en una civilización verdaderamente moderna, no será sólo un factor complementario, sino un elemento funcional del sistema global de la cultura"[33] o, por el contrario, que el museo siga manifestándose como "institución burguesa, que se ha desarrollado en el siglo XIX, y continúa existiendo en el XX, intentando adaptarse: un lugar de dominación ideológica de clase (segregación, neutralización, recuperación, represión), que no basta con querer abrirla al pueblo, para cambiar su naturaleza y su función de clase"[34]. Dualidad museológica entre la utopía y la realidad, pero hay que elegir —y la elección afecta a todos— y la Museología se ha definido objetiva y científicamente analizando la situación real de estos museos y alentando su transformación porque la utopía es una función necesaria en la sociedad actual.

Otra categoría dentro de los museos de arte la forma el *museo de estilo,* a caballo entre el museo artístico e histórico (niveles disciplinares) y el museo especializado (nivel de densificación objetual). El auge de este tipo de museo se debe a la consideración de la obra de arte en su doble faceta histórico-artística, destacando en su ambientación orgánica y homogénea un estilo determinado (Barokmuseum de Viena, las salas de estilo colonial del Metropolitan Museum de Nueva York...). En ellos, aunque la entidad estilística queda claramente perfilada y las obras que acogen están en perfecta consonancia con el marco general de época, los inconvenientes de tipo técnico y espacial se multiplican al presentar problemas de circulación, iluminación o ampliación de fondos, difíciles de resolver sin romper con la armonía estilística. Obedece a que este tipo de museo nace a un solo impulso

---

[33] Bucarelli, P., Colaboración en *Futuribili*, Roma, núm. 42-43, enero-febrero, 1972, pág. 71. Este conservador de las Galerías de Roma II ha colaborado intensamente en la elaboración de un museo eficaz de arte contemporáneo.

[34] Gaudibert, P., «Musée d'art moderne, animation et contestation», en *La Pensée*, *Azione culturale*, Milan, Feltrinelli, 1973. Director del museo de la Ville de Paris, su proyección en la Museología es importantísima no solo a niveles prácticos (promotor de la experiencia A.R.C. [Animation-Recherche-Confrontation] fundada en 1966 y abolida en 1972 por problemas ideológicos, políticos y administrativos) sino en el campo teórico en el que, aparte la bibliografía citada, conviene añadir su «Sociologia dell'arte», en Arte 2/II, en Enciclopedia Feltrinelli Fischer, Milan, 1971.

y la concepción forjada en el momento de su creación es la que prevalece a lo largo de su historia, contando con escasas posibilidades de ampliaciones o reformas.

Su carácter más positivo radica en la precisa captación de la atmósfera de época y, como contrapunto, su perfeccionismo purista y decantado lleva a un anquilosamiento no lejano al "no la toques ya más, que así es la rosa". No obstante, aparte el sentido estetizante y estético de estos museos, la labor de instrucción y evocación queda expresivamente manifiesta en la forma lúcida de ordenación y presentación del material —material objetual y museográfico al aunar el valor de las piezas con factores sugestivos, evocadores, educativos...—, por lo que la lección concluyente de estos centros estilísticos es completa.

En estos museos caben modalidades como subcategorías intermediarias entre el museo de Arte e Historia: el

Las reconstrucciones en el museo.

Los monumentos helenísticos de Pérgamo y Mileto en el Staatliche Museum de Berlín ponen de manifiesto en su presentación la descontextualización que la obra (arquitectónica, en estos casos) sufre fuera de su primitiva ubicación geográfica, urbanística, espacial, funcional y étnica.

museo de estilo en cuanto al contenido específico de un momento artístico y el museo de estilo dotado de una ornamentación y ambientación consonantes con el contenido. El primer tipo puede considerarse como un museo especializado, que veremos más adelante, en el sentido de que todas las piezas pertenecientes a él tienen un eje central (el estilo) en torno al cual se desarrollan. El segundo tipo ofrece variantes:

a) El que adapta el marco arquitectónico y ornamental al contenido museístico, llamado "museo de reconstituciones de cuadros de época" que nace para sugerirla.

b) El "museo de reconstituciones arquitectónicas" que evocan, a veces de forma imaginaria, un momento histórico o actividad artística determinada y requieren de sus promotores, aparte de conocimientos científicos, intuición, audacia y genialidad, a menudo malinterpretadas en impactantes y espectaculares escenografías. A este respecto, la opinión pública mundial calificó de "vandálico" este exilio forzoso de obras como los frontones de Egina en la Gliptoteca de Munich, el altar de Pérgamo en el Museum-Insel de Berlín o los claustros medievales europeos transportados al Metropolitan Museum de Nueva York.

c) Las atmósferas de época, muy en boga en las secciones de escultura de museos europeos que más o menos sistemáticamente se ha pretendido contextualizar a la obra (departamento de antigüedades egipcias del museo del Louvre, el sistema arquitectónico de cruz griega en el museo Bizantino de Atenas...)[35].

E) *Los museos de Historia*

Se definen esencialmente por la exposición del material ideológico, narrativo y discursivo de los hechos y

---

[35] Bazin, G., *op. cit.* Clasifica los Museos de estilo dentro de los museos de arte, pero prefiere incluir las subdivisiones que he establecido en una presentación histórica. He creído más conveniente agruparlas dentro del museo de estilo ya que, aunque inciden lógicamente en momentos históricos, los objetos expuestos pertenecen a la disciplina artística.

cambios sociales que han afectado a la historia de las civilizaciones. Dos directrices divergentes han guiado la concepción de estos museos en el siglo XIX (y en los residuos decimonónicos de la primera mitad del siglo actual) y en la actualidad. A las metas de evocación nostálgica de un pasado histórico en el siglo XIX se superpone en la actualidad la enseñanza que de la Historia se puede extraer, fundamentalmente por la validez científica de un método dialéctico para el análisis marxista de la Historia, instrumento de conocimiento que ha transformado la concepción del museo histórico en ciertos aspectos. Decimos en ciertos aspectos —metodológicos fundamentalmente— porque la concepción general del museo histórico suele seguir en la línea de Taine al considerar la obra humana como expresión de un medio histórico.

En ellos se exige la colaboración activa del espectador actual, como elemento sustancial en el desarrollo de la historia, vapuleada a veces por trayectorias ilógicas pero también por unas leyes internas que, analizadas histórica, lógica y críticamente, ponen de manifiesto situaciones reales objetivas, relaciones e interrelaciones humanas. La meta fundamental en ellos es "acoger al visitante en su calidad de elemento constitutivo del pueblo y ciudadano del Estado, con el permanente deseo de establecer una sólida correspondencia con el presente"[36].

Dada la complejidad de la actividad histórica de la humanidad resulta imposible establecer categorías definitorias de museos históricos. Bazin[37] encuadra en éstos a los museos de Historia regional (a los que hemos preferido incluirlos en el nivel de áreas urbanísticas y geográficas), los museos biográficos (que entendemos como exponentes del contexto histórico de un científico, político, historiador..., en contraposición al museo monográfico que encuadramos en la sección de densificación objetual), museos etnológicos (consideramos que para una tipología museológica esta disciplina actúa con un

---

[36] Klersch, J., «Un nouveau type de Musée. La Maison du Pays Rhenan», *Mouseion*, núm. 35-36, París, 1936.

[37] Bazin, G., *op. cit.* Cours III, pág. 1.

sistema doctrinario y métodos autónomos así como la consolidación que en estos museos se ha operado les dota de una independencia museológica, fundamentalmente en lo que atañe a los materiales que utiliza), los museos de Etnografía, Artes y tradiciones populares y museos de folklore (conforman subdivisiones específicas dentro de nuestra clasificación de los museos etnológicos), los museos al aire libre (a los que también hemos preferido ubicar en el nivel geográfico y urbanístico), museos de Numismática (ya apuntamos su carácter mixto histórico-artístico, en el caso de no constituir por sí mismo un museo especializado), museos tipográficos (que incluimos en el nivel disciplinar del museo de la Tecnología), museos de la navegación, museos militares, museos de medios de transportes y museos especiales (asociaciones, religiones...).

Por nuestra parte, sin tratar de hacer exhaustiva la enumeración y contando con los que admitimos en la disciplina histórica propuesta por Bazin, consideramos otros quehaceres históricos museables que han tomado cuerpo en la disciplina museológica, pese al desinterés museográfico que estos centros históricos ofrecen. No obstante, cabe una clasificación que atienda a la actividad histórica.

a) Natural.
b) Filosófica.
c) Narrativa.
d) De actividades políticas y militares.
e) De evolución de un quehacer humano.
f) De una actividad burocrática o civil.

En ellas entrarían un museo de Historia de las ideas, de la Historia del correo y del sello universal, de Criminología, de Farmacia, del Ferrocarril, de la Marina, de la Historia de la Medicina, un museo del Ejército, de Aeronáutica... Estos museos requieren en primer lugar que el contenido se exprese claramente y en su propia personalidad sin lugar a confusiones que desfigurarían el sentido de su razón de ser y exposición; por otra parte, deben buscar primordialmente la instrucción histórica del público y los métodos adecuados para hacerle tomar conciencia, como entes conformantes del mundo que contemplan, de su capacidad creativa e interpretativa.

Ello supone, aparte de las muestras históricas que el museo le ofrece, una política informativa a base de textos, interpretaciones, copias, gráficas, estadísticas, cuadros cronológicos, geográficos y sinópticos, reproducciones fotográficas y todo el material auxiliar necesario para que se explicite y complete la comprensión total del museo.

F) *Los museos de Etnología*

Son complejos, porque amplios son los límites de la ciencia etnológica en la actualidad, y polémicos por los conceptos que atienden a las funciones que necesitan realizar. G. H. Riviere, director del Museo de Artes y Tradiciones Populares de París, los considera "por definición, museos científicos" porque en ellos se estudian las civilizaciones materiales, las primitivas y las más desarrolladas, y los fenómenos de supervivencia caracterizados por las artes y oficios populares[38]. Y, en este sentido, coincidimos con el autor ya que el matiz científico que le confiere atañe esencialmente al análisis y metodología peculiar empleada para la materia etnológica, no porque en una sistematización disciplinaria cuadren con los materiales de los museos científicos propiamente dichos. Ciertamente, el etnólogo analiza con idéntico interés científico el objeto "mediocre" que el "excepcional" porque los primeros proporcionan los caracteres medios, generales y esenciales de una civilización concreta y los segundos son testimonios fehacientes de hechos insólitos o, al menos, desusados. Los criterios del etnólogo no atienden tanto al valor "cualitativo" de la pieza como al "testimonio" que ella ofrece de los usos, costumbres, idiomas, escritura, folklore y demás caracteres distintivos de razas en general o en particular. Por

[38] Rivière, G. H., «Musée des Beaux-Arts ou Musée d'Etnographie?», en *Cahiers...*, París, s. a., pág. 278.

ello, se pueden establecer subgrupos museológicos según expongan el material de las razas salvajes o civilizadas (museos etnográficos), las piezas primitivas o evolucionadas de razas ya desarrolladas (museos de Folklore) o testimonios costumbristas y artesanales de una civilización concreta (museos de Artes y costumbres populares). A niveles internacionales, corresponden estos últimos a los museos del *terroir* franceses que expresan la personalidad peculiar de una región, grupo o pueblo concreto en relación con los caracteres generales del país y a los *Heimatmuseum* alemanes que hay que distinguir de los *Landesmuseum* ya que las piezas de los primeros son productos etnográficos y las de los segundos complejas muestras (arqueológicas, artísticas, artesanales...), de una región, aunque ambos se centran en la fisonomía peculiar de un área geográfica determinada.

Los sistemas de ordenación difieren según la concepción museológica del centro concreto o según el tipo de contenido que concentra, pero la regla general es que la sistematización siga normas rigurosas y científicas en la exposición y catalogación de las piezas. El criterio expositivo a adoptar es electivo a partir de unas consideraciones básicas sobre el material a presentar. Según la densidad de objetos, la variedad de técnicas, funciones y usos puede adoptarse un criterio topográfico, histórico, por escuelas, regiones, técnicas, valoración artística, estratificaciones socio-demográficas (áreas urbanas, suburbanas, regionales, comarcales...), y otras tantas tipologías como amplitud cultural ofrezcan los objetos.

Una vitalidad permanente le viene conferida a estos museos por dos motivos implícitos a la ciencia etnológica: en primer lugar, que ella no sólo recoge objetos "táctiles" sino también los audiovisuales —testimonios de expresiones populares, vocablos en desuso, canciones y tonadillas en trance de desaparecer así como "documentales-testimonios" de las costumbres, ritos, expresiones gestuales, danzas de razas étnicas...—, por lo que la pieza museística amplía su función no sólo al campo de lo audiovisual sino que requiere una presentación adecuada a los fines que persigue (salas de proyección con materiales reales para completar la vi-

a

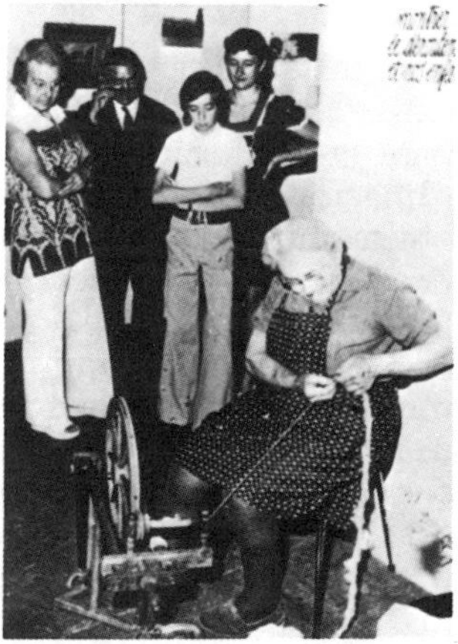

b

Los trabajos manuales en el museo.

Éstos pueden ser realizados tanto por el público *(a* y *c)* como por un personal contratado y especializado en el oficio que realiza para que pueda verlo el espectador *(b).*

a) En una exposición del Nova Scotia Museum, Halifax (Canadá), sobre “La artesanía en tiempos de los pioneros” se le facilita a un niño el aprendizaje del cardado de la lana.

b) El Ecomuseo de la Comunidad Le Creusot-Montceau-Les Mines contrata a artesanos expertos (en este caso, una hilandera) que realizan ante el espectador los oficios típicos de la zona, cuyos productos se exponen en el museo.

c) El Museo Nacional de Técnicas de París, dispone de un taller de aeromodelismo donde los aficionados aprenden con placer el oficio y la técnica.

c

sión, instalaciones acústicas que totalicen y complementen la acción audiovisual, equipos y archivos preparados para la catalogación de las *casettes,* de los *video-tape* y filmaciones...). En segundo lugar, la densificación de objetos primitivos o actuales viene dada por la permanente actividad de recolectar de la civilización todo material que pueda dar luz sobre la cultura popular. Ello supone un criterio adquisitivo amplio puesto que, a menudo, no es la calidad excepcional o el carácter único de la pieza lo que interesa sino su manifestación anónima como expresión popular. El criterio de adquisición ha sido muy debatido y presenta contradicciones notables: por una parte, el creciente grado de estandarización de los productos etnográficos, populares y folklóricos es reflejo de la sensibilidad, producción, modus vivendi, industrialización o artesanía de una raza o pueblo que trabaja anónimamente siguiendo una tradición artesanal como expresión artística de la colectividad, lo que, por otra parte, puede conducir al museo etnológico y derivantes a un amontonamiento acientífico que priva del valor expresivo a la pieza. Esto es producto de la toma de conciencia de la Etnología y los museos que la albergan por recolectar todo un material popular para impedir que la tradición desaparezca de sus contextos originarios y, al menos, darles vida en el museo.

El auge que viven estos museos es explicable a partir de las consideraciones expuestas; piénsese que ellos —sobre todo los museos de Folklore— acogen obras que el espectador ha vivido y manipulado, aumentando al valor etnográfico de la obra la experiencia particular. Es muy importante que estos museos, exponentes culturales de áreas geográficas limitadas (regionales, comarcales...), sepan aunar la acción didáctica con la museográfica. Los caracteres geográficos, antropológicos, estadísticos, demográficos, socioculturales o artísticos que peculiarizan al centro museístico son de fundamental interés para la captación global del contenido del museo. Al público que se le ofrece unos aperos de labranza de un medio rural no le satisface simplemente la visión y caracteres físicos del objeto; ante la pieza, máxime si está adecuadamente ilustrada, le surgen cuestiones que enriquecen sus conocimientos: ¿para qué sirven?, ¿cómo se manejan?, ¿por qué ofrece tal característica?, ¿desde cuándo y por qué cayó en desuso?... Cuestiones que el museo debe resolver con una documentación detallada, sin inútiles e incomprensibles datos eruditos, que atienda a un conocimiento práctico del objeto.

El material explicativo —cuadros de repartición de productos, áreas geográficas, carteles explicativos del uso y funcionamiento de la pieza, dibujos, facsímiles, maquetas, fotografías...—, debe ir acompañado de una actividad fáctica sobre los objetos, ya sea mediante demostraciones de oficios tradicionales, que pueden ser vendidas al visitante en el propio museo, o bien mediante la actuación directa del público para familiarizarse más con los productos expuestos.

Otra consideración hay que tener presente: la heterogeneidad del público que abarca desde el turista, desconocedor de la cultura etnográfica que le ofrece el museo, hasta el gran público que capta con agudo olfato el mundo de las obras, a las que hay que enriquecer con nuevos conocimientos, y un público culto, especialista, formado por etnólogos, científicos, profesores, universitarios... Ante esta diversidad, en estos museos se impone la división en dos secciones: una, abierta al mayor número de personas, que ofrezca una selección de los objetos corrientes, pero bien caracterizados, y las piezas "únicas" que siempre atraen la curiosidad del visitante. Y otra sección para los especialistas en la que se almacenen científica y sistemáticamente los duplicados de las piezas etnográficas. Así pues, la lección de los museos etnológicos puede ser amplísima y para una mayor sistematización de los museos de artes y costumbres populares ofrecemos el resumen de un apéndice del museo Etnológico[39] que plantea los postulados básicos atendiendo a la instrucción general o a los prototipos especializados que suministran los materiales de estos museos.

1.º Hogar-familia: tipo especializado de vivienda: barraca valenciana, pallaza gallega...

[39] Alomar, Hoyos y Roselló, G., *Museos locales de Artes y Costumbres populares*, Madrid, Dirección General de Bellas Artes.

2.º Indumentaria: museos mixtos de la vivienda y el traje regional. (Museo Alto Aragón de Zaragoza.)
3.º Agricultura en general[40].
4.º Agricultura de la huerta.
5.º Viticultura y enología: tonelería, vinos... (Museo de Villafranca de Panadés.)
6.º Oleicultura: la almazara y sus complementos.
7.º Industrias agrícolas caseras (quesería, apicultura...).
8.º Ganadería y vida pastoril.
9.º Oficios:

9.1. Tejidos: bordados, pasamanerías...
9.2. Carpintería.
9.3. Herrería: trabajo de la forja.
9.4. Cestería.
9.5. Alfarería.

10.º Arte de la piel y del cuero: zapatería, tenería, repujado popular.
11.º Transportes terrestres.
12.º Armería y caza.
13.º Mar, navegación y pesca.(Museo de Combarro.)
14.º Fiestas y juegos: música, instrumentos populares... (zambombas, caireles, gaitas, panderetas...).
15.º Creencias y supersticiones: relicarios, exvotos, estampas...
16.º Pesas y medidas.
17.º Ciencia y técnica primitivas: farmacia y medicina.
18.º Literatura y arte del grabado popular: aleluyas, gozos, estampas, impresos para juegos...

Hay que resaltar en esta clasificación el desdoblamiento de funciones museográficas y museológicas, según se atienda a una exposición didáctica o a la elaboración de museos especializados. En el primer caso, hay que alentar la propuesta de los autores ya que los planteamientos museográficos se concretarían en salas-

[40] La revista *Museum* dedica el número 3 del año 1972 a los museos de agricultura.

secciones específicas que atenderían ordenadamente las actividades citadas. En cuanto a la derivación de estos quehaceres en museos especializados, caben matices si la confrontamos con nuestras tipologías. Si estos museos etnológicos son definitivamente de carácter local pueden conformarse en categoría de "especializados" tanto por el marco histórico-etnologico y geográfico que acotan como por la homogeneidad de los productos expuestos, pero si su entidad desborda los límites locales (por ejemplo, un museo del vino en general) conforman una subtipología compleja que atiende al nivel disciplinar (Etnología) y al nivel de densificación objetual que no sólo polariza la actividad de los materiales específicos sino las interferencias y diversos comportamientos de las piezas en relación con otros de diversas áreas culturales.

G) *Los museos de Ciencias*

En la actualidad se configuran por la necesidad de recoger, estructurar y analizar piezas de carácter científico, y su interés preponderante radica en el estudio de la evolución de los objetos naturales, transformados, conservados en su naturaleza originaria o incorporados por la sociedad al mundo de la ciencia más que en ser instrumentos poderosos de los condicionamientos, logros y progresos humanos.

Englobamos en esta tipología a todas las materias que han obtenido resultados "científicos" mediante unos conocimientos ordenados, sistematizados y basados en hechos ciertos y concretos. Las aparentes contradicciones que tradicionalmente han afectado al concepto de arte y ciencia y que han colaborado a demarcaciones y antagonismos radicales entre una y otra actividad humana han ido progresivamente acentuando la incomunicación creciente entre ambos, imposibilitando por el fenómeno de la especialización un campo de encuentro en el que fuese posible cooperar a una comprensión del mundo basada en unos sistemas válidos de conocimientos que condujeran a la significación, significación entendida desde un punto de vista artístico como expresión y en sentido científico como conocimiento. Y, en este sentido, la comunicación científica y artística atienden a un mismo fin: la utilidad que reporta a la humanidad; lo que las diferencia es la in/mediatez de los logros finales, los métodos operativos, las formulaciones que cada disciplina sigue y el grado de acercamiento a la realidad que comportan. La fórmula científica es cuantitativa mientras que el postulado artístico es cualitativo, de lo que se desprende que la disciplina artística actúa en un campo de abstracción mayor que la ciencia, si bien se vale de actividades básicas de conocimiento (análisis, síntesis, y reducción práctica) que "reduce" su carácter abstracto al someter la teoría a una comprobación práctica.

Los museos de Ciencias tienen un origen tan lejano como los de arte, puesto que científicos eran aquellos gabinetes renacentistas y manieristas destinados a ilustrar piezas y fenómenos de las ciencias naturales, zoológicas y mineralógicas. Pero también ellos estaban sometidos al cambio histórico y han sufrido una revolución de importancia a partir de la concepción hegeliana de la Historia, desmitificadora de tesis dogmáticas inamovibles y decididamente abocada a la afirmación de que "la verdad residía en el proceso mismo del conocer, en la larga trayectoria histórica de la ciencia, que, desde las etapas inferiores, se remonta a fases cada vez más altas de conocimiento, pero sin llegar jamás, por el descubrimiento de una llamada verdad absoluta, a un punto en que ya no pueda seguir avanzando, en que sólo le reste cruzarse de brazos y sentarse a admirar la verdad absoluta conquistada"[41]. Así pues, la tarea de la ciencia se basa concretamente en la explicación del cómo se operan los cambios científicos según los condicionantes históricos.

Estos son los postulados previos para una acción museológica que en un nivel teórico coincide con los enunciados expuestos, si bien la práctica es expresiva del estadio anquilosado en que se muestran los museos

---

[41] Marx, K. y Engels, F., *Ludwig Feuerbach y el fin de la filosofía clásica alemana*, Obras Escogidas de Marx y Engels, Madrid, Fundamentos, t. II, 1975, pág. 381.

científicos. Veamos en primer lugar las divisiones que pueden obtenerse de estos museos:

1.º *Los museos de Ciencias Naturales* acogen piezas, restos y objetos que suministra la Botánica (la flora), la Zoología (fauna terrestre y marítima: parques zoológicos, acuarium...), la Mineralogía, Petrología, Geología, Paleontología (vertebrados e invertebrados).
2.º *Los museos de Ciencias Físicas* ilustran las propiedades de los cuerpos, la naturaleza de los agentes naturales, los fenómenos y comportamientos que les caracterizan.
3.º *Los museos de Ciencias Químicas* recogen objetos modificados en su naturaleza primigenia y los métodos que operan las interrelaciones y cambios entre ellos.
4.º *Los museos de instrumentos científicos,* ya afecten a la materia científica en general o a una rama concreta de ella. También pueden ampliarse estas categorías a museos mixtos que reúnan materiales procedentes de las diversas clases expuestas, ciertas actividades de la Tecnología, intermediarias entre los datos científicos y su aplicación concreta.

El acceso a estos museos se dificulta por varias razones: por una parte, la errónea idea de distinguir radicalmente entre humanidades y ciencia, al considerar impropio o "pesado" de un museo el mostrar las actividades científicas del hombre; por otra parte, y producto de la anterior, la malformación intelectual de la civilización occidental educada en la idea de que "la cultura" es literatura, arte, historia, algo de cine o teatro y, como mucho, música clásica, descartándose otras muchas facetas "humanistas" y relegando las científicas para sabios, intelectuales de alto nivel y, sobre todo, para los "nobeles". Una tercera razón avala la indiferencia e incluso repulsa hacia estos centros: la desatención de la disciplina museológica por los museos de ciencias. En este sentido, la Museología ha concentrado todos sus esfuerzos "científicos" en la elaboración de una doctrina museística (que paradójicamente poco afecta a estos museos) y a la aplicación de métodos extraídos de las ciencias para conseguir sus fines museológicos "extra-científicos" . En el fondo, ello obedece lamentablemente a la consideración de que la ciencia humana no es "museable" en el sentido evocador, artístico, perceptivo y educativo que caracteriza al museo. Ciertamente, la teoría de la relatividad de Einstein es menos asequible "museográficamente" que la ideación de una plasmación pictórica de *El cuarteto de Alejandría* de Durrell, por ejemplo. Sin embargo, ambos productos intentan establecer una comunicación entre el espectador y el autor y, pese a que sus fines mediatos y el lenguaje expresivo difieran en una y otra actividad, ambas exponen idénticos mundos de renuncia a lo absoluto y una impositiva multiplicidad de perspectivas.

Las resistencias que afectan al arte y a la ciencia las ha ejemplarizado claramente Cassidy al exponer la actitud del científico y el artista ante un mismo hecho: Newton comunica su teoría de la gravedad concisamente; por el contrario, Francis Thompson nos habla del mismo fenómeno en la forma siguiente: "cuando para la nueva mirada tuya / todas las cosas por inmortal poder / próximas o lejanas, / ocultamente / unas a otras encadenadas están / de modo que no puedes perturbar una flor / sin trastornar una estrella"[42]. Llevemos este ejemplo al museo y de antemano conocemos los resultados. En realidad, a la ciencia museológica le falta encontrar un código lingüístico propio, didáctico y expresivo que sincronice con el científico. Si las leyes impuestas que rigen la naturaleza y la ciencia no pueden cambiar, sí, en cambio, ofrecen perspectivas múltiples las formas de presentación de esos hechos científicos, instrumentos poderosísimos para la comprensión del mundo.

El museo científico no puede fijarse la meta de de/mostrar hechos científicamente comprobados ni su labor esencial radica en una cerrada investigación científica ni la ausencia del concepto de "obra maestra" puede impedir el desarrollo activo del centro científico. Si es museo realmente, tiene que activar sus funciones.

[42] Cassidy, H. G., *Las ciencias y las artes*, Madrid, Taurus, 1964, página 21.

Newton, Copérnico, una reacción química o cualquier conformante de la fauna marina son perfectamente explicables museológicamente puesto que son productos integrantes de la humanidad, manifestantes de un estado de cosas, de un grado de desarrollo humano que puede ser interpretado y comprendido por la mente humana.

Iniciar a la educación científica, como parte integrante de la cultura, es tarea que la Museología tiene que afrontar en relación con los centros de enseñanza. Y, posteriormente, preparar al público desde el museo para la comprensión asequible de realidades científicas no es hacerles especialistas en materias a las que sólo acceden por interés, curiosidad y formación.

La necesidad de sintetizar y simplificar la realidad ha llevado a la Museología a la creación de los modelos, cuya utilización "reposa esencialmente en el principio de analogía", definidos como puente entre la teoría y la práctica, entre lo concreto y lo abstracto[43] puesto que se evidencia que si de dos objetos (el modelo y el objeto concreto) uno ofrece más facilidades de análisis, conociendo sus analogías reales y objetivas, éstas deben verter más luz sobre el objeto concreto, más complicado de comprensión y menos conocido. La función del modelo es tan importante hoy que no sólo se ha introducido en el campo del comercio, propaganda, publicidad o industria sino en las ciencias exactas, ciencias naturales, sociales, históricas, artísticas y, máxime, en las ciencias aplicadas, debido al progreso técnico. El modelo, atendiendo a la relación entre la materia y conciencia humana, se divide en material y conceptual. Su carácter abstracto, teorético o matemático se ha incrementado (sobre todo los dos últimos) gracias a la entrada en el mundo de la ciencia de la Cibernética, fundamental motor de la revolución científica y técnica actual. Los modelos, además, han

[43] Czére, B., «Importance scientifique et culturelle des modèles dans le monde d'aujourd'hui», *Museum*, vol. XXIII, núm. 4, 1970-71, páginas 232-235. Ha estudiado las funciones específicas de los modelos en el mundo actual, analizando desde un punto de vista filosófico, antropológico y técnico la necesidad de ellos. También Rivière, G. H., «Le modèle et le concret», *Museum*, vol. XXIII, núm. 4, 1970-71; páginas 231-233.

hecho posible la comprensión de fenómenos humanos que atañen a los museos de ciencias y técnicas[44].

Se trata de que la comprensión de todos los fenómenos científicos abarque a los niveles intelectuales diversos y para ello el museo tiene que decidirse por una discriminación expositiva y de contenido intelectual que deje al descubierto y de forma aleccionadora las cualidades esenciales del fenómeno que ilustra, relevando un desempeño pedagógico ilustrado con cuadros demostra-

---

[44] Petrick, O., «Les modèles dans les musées des sciences et des tèchniques», *Museum*, vol. XXIII, núm. 4, 1970-71, págs. 243-248. Considero las clasificaciones obtenidas por el autor —consultar los cuadros esquemáticos en el mismo artículo— de tal validez científica para la sistematización y utilización de los modelos en los Museos de Ciencias y Técnicas que las expongo resumidamente así como la definición de la terminología.

Clasificación en orden al carácter del objeto: a) esencial (propiedades internas y funcionales) y b) secundario (propiedades externas y formales).

La clasificación natural alude a caracteres internos.

La clasificación artificial alude a signos secundarios (coste, dimensiones, orden alfabético, topografía...)

Clasificación de modelos según su naturaleza:

a) conceptuales: abstractos, concretos y matemáticos. Representan inmaterialmente un fenómeno físico.
b) materiales: se caracterizan por ser realmente tangibles.

Principio o modo de representación:

MODELOS

Parecidos → Geométricos. *Parecidos* → Físicos.
Análogos. → Matemáticos. *Análogos.* → Físicos.

Terminología.

«Modelo»: por primera vez es utilizado por Vitrubio como «módulo» (unidad de medida). Carácter peculiar del módulo: similitud. A partir de la Edad Media aparece en términos de «proporción».

«Construcción principal»: se usa para modelos experimentales (aero dinámicos e hidrodinámicos). También se usan los términos «original» o «prototipo».

tivos, maquetas explicativas, objetos-tipos que reproduzcan científicamente la idea del original, que puedan ser manipulados por el público, concediendo una utilidad práctica a las obras-reproducciones para que éste pueda acceder mental y prácticamente al mundo científico que desconocía.

H) *Los museos de Tecnología*

Los reservamos para el último análisis de las tipologías museísticas disciplinarias ya que ellos están conformados

---

«Maqueta»: proyecto a escala reducida. A veces, poca exactitud respecto al original, pero suelen tener calidad artística. Si los modelos aparecen en dioramas se les llama maquetas. Se consiguen magníficos juegos de perspectiva.
«Diorama»: iluminación de una imagen por detrás. Inventada por Daguerre en 1822. En exposiciones es la representación que asocia un primer plano en tres dimensiones y un fondo formado por un cuadro pintado; da impresión de vida.
«Modelo de demostración»: grupo de modelos que en su desarrollo expresan un proceso. Gran didactismo.
«Reconstitución»: objetos originales o imitaciones que explican la historia de la técnica expuesta.

Modelos técnicos en el museo: tienen un papel ilustrativo y didáctico.

- ilustración: no presenta fidelidad técnica. Representaciones en tres dimensiones.
- didáctica: ilustran la estructura o la función de una instalación.

Condiciones de los modelos en los museos.

1) Base auténtica: estudio científico y sustento en documentación de fuentes reconocidas.
2) Representación exacta: reproducción del original en su totalidad.
3) Exactitud dimensional: tomar la escala adoptada.

Función del modelo:

- medio de difusión cultural,
- formación de la retina y
- preparación visual.

por artes, materiales, objetos y métodos de los que hemos hablado anteriormente. Es preciso puntualizar, por tanto, que la técnica se define tanto por su materia o disciplina artística, histórica o científica como por la fabricación, producción o reproducción de las disciplinas expuestas. Es por ello una actividad operativa en amplios campos, pero en el Arte, Historia y Ciencia acciona de forma concreta. Pero hay un factor de fondo que nos obliga a plantearnos estos museos con una autonomía que le confiere su entidad disciplinar dentro del campo de la cultura.

Producción y reproducción. Creación y recreación. Fabricación e imitación. Originalidad e industrialización. Obra "única" y "múltiple". Todos ellos son alternativas dialécticas que hay que replantearse en la cultura actual, tras haber superado las ideas platónicas y clásicas sobre la imitación, el ideal, lo bello, lo único... Nuestra intención no pretende ir más allá de los límites del tema, con lo que no entraremos en un análisis detenido sobre la naturaleza de la obra única y la reproducción, pero sí, y porque es exigencia metódica para razonar la independencia de los museos de la técnica, conferirle al fenómeno artístico de lo múltiple una autonomía "que tiene como propio, no sólo la falta de referencia a un original, sino además la abolición de la idea de que pueda haber original, pues dado que cada ejemplar comporta, en su singularidad, una referencia a los demás ejemplares, unicidad y multiplicidad dejan de oponerse, del mismo modo que "creación" y "reproducción" dejan de ser antinómicas. La alternativa original-reproducción ya no es exclusiva; ha mudado en ambigüedad dialéctica cuyos términos operan mediante sucesivos desacoplamientos creando progresivamente un nuevo campo de operaciones"[45].

Este es el campo concreto en el que se mueven los museos de la técnica en los que podemos incluir actividades humanas realizadas en orden al arte o la ciencia, aplicando métodos técnicos e industriales y con base en

---

[45] Berger, R., *Arte y comunicación*, Barcelona, Gustavo Gili, Colección Punto y Línea, 1976, págs. 17-18.

una idea generadora y creativa. (El museo de la Imprenta, por ejemplo, que ofreciera libros de distintas épocas, galeradas de diferentes tipografías, el material industrial empleado en cada momento histórico...) Pueden sistematizarse atendiendo a tantas técnicas como comportan las múltiples actividades humanas; campo que, por su obviedad y multiplicidad de perspectivas, no abordaremos, exponiendo sólo a nivel indicativo algunos paradigmas que clarifican la cuestión.

Un *Museo de la Técnica Publicitaria,* por ejemplo, se impone en una sociedad abocada al consumismo mediatizado por el aparato propagandístico que conlleva. Sería de gran importancia la creación de un museo de este tipo que manifestaría una faceta típica de la civilización contemporánea. Los elementos fundamentales radicarían en los objetos reales —sería interesante la experiencia de ver consagrados en el museo objetos que todavía forman parte del museo práctico y cotidiano del hombre actual— y en los instrumentos de persuación utilizados para el consumo. Los carteles publicitarios, su proceso de realización, los negativos, *sketch,* el código lingüístico de la publicidad, las fotografías de paisajes, mobiliario, interiores..., los cuadros estadísticos de gran tirada, el porcentaje de adquisición de los productos anunciados, los objetos seudoartísticos de los que se vale para impactar más directamente y, en fin, todo el material que ilustrase un fenómeno socioeconómico y cultural del mundo de hoy. Sería, además, un museo eminentemente educativo y ético pues, por una parte, pondría al hombre frente a un objeto que sólo conoce desde una dimensión utilitaria y al que podría acceder aunando conocimiento y experiencia, relacionando contenidos mentales y funciones reales y, consecuentemente, por otra parte, tomaría una nueva actitud ante sí mismo y ante el objeto, actitud concretizada en una disminución de confort práctico que le haría rechazar otro más nefasto: el confort intelectual y la mecanización de sus actitudes.

El *Museo de la Maquinaria Industrial* ofrece también un fuerte carácter pedagógico al exponer las fabricaciones del hombre, dotadas implícita o explícitamente de un contenido y uso concreto. En este museo hay que distinguir entre el objeto real industrializado y los medios educativos que expliquen el proceso de producción, la necesidad de su creación, los usos cambiables a los que ha sido sometido a lo largo de la Historia. Desde el diseño más audaz del último modelo Olivetti hasta el producto, ya ancestral, que hizo su "sensacional *boom*" a comienzos de siglo, toda la maquinaria fabricada por el hombre cobra su sentido museológico en estos centros. En ellos las piezas deben exponerse sistemática y pedagógicamente, atendiendo a un patrón-guía que explicite la intencionalidad de la obra. En una sala, por ejemplo, dedicada a la máquina de escribir, desde la antigua Remington hasta el último grito de la máquina eléctrica, deben confrontarse las peculiaridades de las piezas ilustrándolas no sólo con su presencia física sino con los resultados que de ellas se han obtenido (indicando tipografías, modelos de letras, formas diferentes de redacción entre la escritura "industrial" y manual...). Además, el valor de estas piezas debe quedar de relieve puesto que el dinamismo histórico implica mutaciones sustanciales de los objetos. Hoy, la máquina de escribir antigua no está tan cualificada por la utilidad que reportó en su momento como por ser un "trasto" más de nuestra sociedad de consumo o, por el contrario, un objeto reverente y digno de admiración museable. Por tanto, relevar el desplazamiento y los desajustes operados sobre la maquinaria que, a medida que progresa la industrialización, va cobrando significados diferentes respecto a sus usos anteriores.

Estos museos se basan en el principio fundamental de la información y comunicación de los productos. Igual sucede en el *Museo de la Reproducción* en el que los constantes progresos industriales, densificación de los objetos y pluralidad de cometidos imposibilitan la enumeración y análisis de todas las materias que acoge. La copia, la reproducción, el múltiple, la serie, la tirada masiva de grabados, estampas, carteles, fotografías, sellos, postales, alfombras, tapices, pañuelos con estampaciones artísticas, maquetas arquitectónicas de diversas escalas son un claro exponente del polimorfismo de estos museos. En ellos debe atenderse a la sistematización de las materias y de las técnicas de reproducción. El contenido cultural de las reproducciones varía según la intencionalidad, las "fuentes", el contenido, la idea que el público tiene de la obra reproducida o el uso más o menos densificado que se le confiere. Igualmente, hay que distinguir en el mercado entre el objeto mecanizado dirigido al turista, al gran público y a un público minoritario que compra la serigrafía de alto precio porque en él va implícita la idea peyorativa que el comprador tiene del objeto adquirido, el poder adquisitivo que supone la compra de la obra y el relieve social que se desprende de esa elección, aparte la firma del artista y el corto porcentaje de la tirada.

Esencial en estos museos es que tengan una noción clara sobre la "entidad" autónoma o dependiente del original del objeto que conservan. De la elección de una de estas alternativas depende la validez creativa y pedagógica del museo. En realidad, si el museo alienta la idea eminentemente valorativa de la obra original y maestra, bien podría permutar la titulación del museo de las Reproducciones por la de museo del Plagio y del Servilismo artístico, lo que ni favorecería un público necesitado de innovaciones creadoras ni le aportaría más idea que una desalentadora evocación del "original". Y, desde luego, infravaloraría una apreciable calcografía de *La Melancolía* de Durero al no poder contemplar el original en el V Centenario del artista o en la colección particular de Otto Schäfer. Por el contrario, un museo que entiende la obra reproducida, emancipada de la esclavitud al ideal concreto, ofrece un campo de acción inagotable en lo que respecta al análisis cualitativo, técnico, científico de la obra así como a la comunicación expresiva que conlleva el objeto al ser realizado en la situación de libertad que toda la creación artística requiere. Vista así, la naturaleza autónoma de la obra lleva consigo misma los gérmenes y el desarrollo de su libertad; libertad que se manifiesta en el reconocimiento público de su entidad y en ser obra viva, capacitada para comunicar conocimientos y vivencias artísticas, posibilitada para suscitar relaciones, transferencias, confrontaciones, dicotomías, antinomias o analogías con otras expresiones y, en definitiva, para ser asumida como fuente original del enriquecimiento cultural del hombre.

En esta tipología de la disciplina tecnológica hemos preferido incluir los *Museos de Artes y Oficios* que parcialmente podrían formar parte de los museos de arte por la disciplina específica que desarrollan, si bien la fabricación y manipulación real a la que están sometidas estas artes-oficios nos induce a "tecnificarlas" con vistas a la utilización práctica y al ejercicio que el arte les confiere como artes mecánicas. Sus postulados difieren en poco para los citados museos de la técnica . Requieren estos centros varios niveles museológicos que atiendan, por una parte, a la exposición de objetos artísticos básicos para el aprendizaje de las técnicas a realizar (nivel teórico del museo), expuestas metódicamente para contemplación del público (nivel práctico) y, por otra parte, el montaje adecuado de talleres y exposición de útiles de trabajo (nivel material). Tres niveles como centro teórico, de aprendizaje y ubicación técnica para los oficios que el museo tiene que aunar en la presentación al público. Ello le dota de un activismo pedagógico válido no sólo por enseñar a los visitantes las piezas-modelo sino por educarles en la visión directa de la manualización e industrialización artística. Esto suscita en el espectador la curiosidad de interrogar a los artistas —los más adecuados "guías" de estos museos— sobre el proceso de gestación de la obra y la espontaneidad en la abolición de las fronteras impuestas entre público y artista. Son postulados propuestos científicamente por la Museología que, para hacerlos viables a un nivel práctico, tiene que someter a una detenida reflexión la necesidad de dinamizar las disciplinas museológicas para conseguir una vida activa y fructífera en el museo.

Tipologías museológicas según la densificación objetual

Hemos venido exponiendo que el contenido del museo define el comportamiento museístico; pero de forma más definitiva aún, su grado de generalización o especialización objetual condiciona más agudamente las metas y funciones que pueda acometer el centro cultural. La fórmula no es en ningún modo absoluta; es decir, que a mayor densificación del contenido no se sucede necesaria y automáticamente un polimorfismo funcional como tampoco una especificidad de objetos decrece sus actividades. Esta relatividad teórica es producto de la experiencia museística y, sin adelantarnos a una explicitación de la praxis, podemos confirmar con la Museología la necesidad de dosificar cualitativa y cuantitativamente el objeto museístico. Esta tendencia a la especialización que caracteriza al mundo actual ha sido recogida por la ciencia museológica ofreciendo a las demandas culturales del hombre unos principios sistemáticos que se basan en la división de museos generales y especializados. Para completar la tipología estudiaremos también otra categoría producto de la fusión de las tipologías expuestas. Así pues, museos generales, especializados y mixtos en relación al grado de densificación de los objetos ubicados en cada museo. (Véase Gráfico 2.)

En principio, una norma objetiva se deduce de una realidad histórica: todo museo —aunque sea de tipo general— está desde su origen 'especializado' "por su formación, por el gusto de su fundador, por el país en el que está situado, por las sucesivas directrices que ha pasado y por el edificio en el que encontró refugio"[46]. Esta idea general y válida sobre la especialización primaria de cada museo no obedece tanto a la voluntad y miras de la organización museológica como a una tradición impuesta que exige la manutención de museos abastecidos con antiguas colecciones dotadas en número y calidad de diversidad de obras.

Las diferencias entre los museos generales y especializados son obvias desde el momento que definen el carácter y cantidad del contenido, lo que reporta una intencionalidad diversa en los principios museológicos. La falta de compenetración entre ambas concepciones es profunda ya que uno tiende a la visión "universal" y

[46] Benoist, L., *op. cit.* pág. 116.

GRÁFICO 2

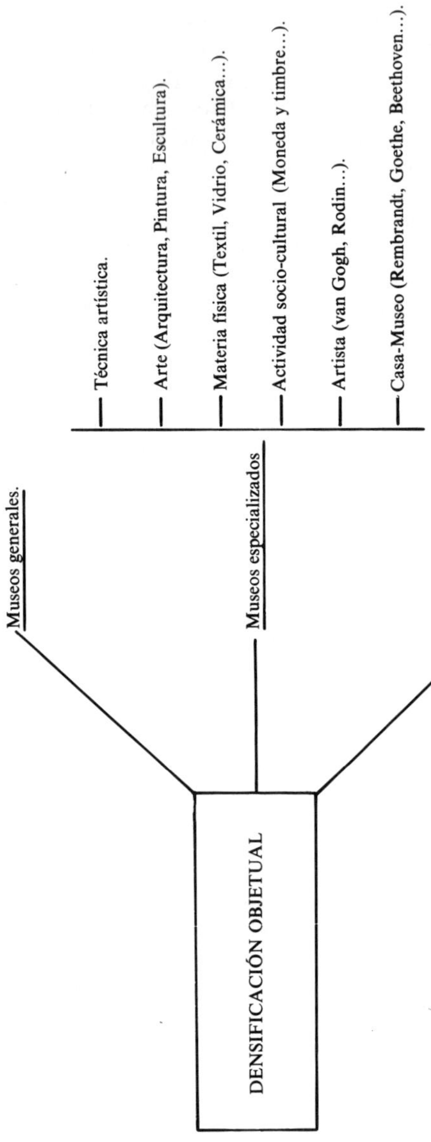
DENSIFICACIÓN OBJETUAL
Museos generales.
Museos especializados
Museos mixtos.
Técnica artística.
Arte (Arquitectura, Pintura, Escultura).
Materia física (Textil, Vidrio, Cerámica...).
Actividad socio-cultural (Moneda y timbre...).
Artista (van Gogh, Rodin...).
Casa-Museo (Rembrandt, Goethe, Beethoven...).

el otro a una manifestación determinada, inserta en el panorama general de la cultura, pero dotado de una autonomía propia. El contenido múltiple y heterogéneo del museo general se opone de raíz a la unicidad y homogeneidad del museo especializado ya que a los primeros les guía una voluntad narrativa, un criterio (pretendido o desatendido a menudo) cronológico que, para privarle de una rigidez excesiva, frecuentemente incide en una "flexibilidad" acientífica y asistemática, y una presentación de piezas que, para evocar obras inexistentes en el museo y presentarlas mentalmente al espectador, resulta ambigua y antipedagógica. En el museo general, la síntesis se interpreta como mezcla incoherente y deslabazada de fenómenos artísticos diversos. Por el contrario, en el museo especializado la intención es más explicativa e ilustrativa y sus métodos de exposición son más flexibles dado el universo "único" que acoge y debido también a que la exposición analítica y discursiva conduce a una precisa síntesis del mundo peculiar que se pretende relevar.

A) *Los museos generales*

En ellos predomina la idea de Arte Absoluto Universal y allí se dan cita las más amplias actividades artísticas que se han producido en sucesivas etapas cronológicas, áreas geográficas diversas, técnicas ejecutivas múltiples y tendencias estilísticas heterogéneas. El Gran Museo Imaginario Mundial de Malraux donde se ubican y ¿expresan? las más contrastantes civilizaciones.

La concepción de estos museos tiende, por tanto, a la acaparación del arte mundial, tratando de sugerir en la mente e imaginación del espectador que lo contempla toda una serie de referencias y relaciones a otras obras que no conoce visualmente, pero que tiene que imaginar en relación con las obras que el museo general le ofrece.

Estos museos están formados por una fundación antigua incrementada con colecciones reales, de conventos, organismos eclesiásticos, donaciones y legados, ubicados en edificio de fábrica antigua. Las dificultades de tipo arquitectónico, técnico, artístico y educativo que presentan son de difícil solución pues, a estos problemas de base, se unen otros que hablan de una falta de planificación total (adquisición permanente de obras sin lugar físico ni museográfico para ser colocadas, la falta de criterio en las compras...). La adaptación de un espacio (gótico, barroco, romántico..., según la cronología del edificio y la finalidad para la que estaba concebido) en museable, funcional museológicamente, la selección en la presentación de las obras sin criterios razonados de su admisión o rechazo en las salas de exposición, las cuestiones técnicas de envejecimiento progresivo de muros y suelos, causas de la degradación de las obras, la falta de estudios serios sobre la iluminación adecuada en las salas... predisponen a un contexto expositivo e instructivo deficiente.

Predominan los principios de exposición estética al presentar las "obras completas" y series totales ordenadas conforme a unos patrones cronológicos o estilísticos. La masificación de obras pertenecientes al amplio panorama del arte occidental no ha atendido a acentuar la personalidad de una sección, escuela estilística o actividad artística de un momento histórico preciso pues parece que en estos museos una confabulación fantasmal ha tendido a poner las metas fundamentales para embrollar la mente, desvirtuar la sensibilidad y hacer sentir repulsa museística al público. Y, pese a esa vorágine, vuelven al museo y hay que intentar ofrecerles unas perspectivas más amplias.

Salvando siempre el punto y aparte que supone la obra maestra, Malraux[47] hace ya años decía que "la obra significativa sustituye a menudo a la obra maestra, y el placer de conocer al de admirar". Hoy día esta actitud ante el arte se ha acentuado y los principios museológicos tienden a facilitar esta acertada visión del arte: obras significativas y placer de conocer.

En primer lugar, habría que descentralizar estos museos generales, estableciendo secciones, gabinetes y salas específicas que reducirían el campo de acción al llevar a

[47] Malraux, A., *op. cit.* pág. 15.

otros edificios, departamentos que se definan en su contenido por sí mismos, aunque formen parte de la entidad general. Esto, en el caso de que la arquitectura del edificio no ofrezca posibilidades de independizar unas manifestaciones artísticas de distinta naturaleza, mediante circuitos claros y flexibles que posibiliten la elección de uno u otro departamento sin que se vea obligado el público a recorrer todo el museo para llegar al objeto que le interesa.

En segundo lugar, la selección de las piezas se impone conforme a unos criterios artísticos y didácticos. En un museo activo este criterio no debería quedar confinado a la voluntad de directores y conservadores sino a una voluntad del público que se manifestase a través de los organismos de difusión que el museo debe poseer. Pero aceptemos las realidades y consideremos la viabilidad de la selección de las obras realizada por los dirigentes del centro. Selección cualitativa y cuantitativa que no sólo afecta a la precisa delimitación de las materias artísticas sino a la dosis que el espectador puede digerir. Por tanto, la división de las salas debería ser en orden a las materias que expone (pintura, escultura, cerámica, artes menores...), y, dentro de cada actividad artística, precisar las obras de riguroso interés para el público. La experiencia en los museos —hasta para los especialistas— demuestra que veinte Zurbaranes no enriquecen el valor esencial del arte zurbaranesco. Y con esto no apuntamos a "cumplir con el arte" mostrando la pieza "obligada" de cada artista. De lo que fundamentalmente se trata es de puntualizar un número de obras esenciales que explicitan suficientemente el contexto del artista. Y otro punto: que ese contexto no se reduzca al puramente artístico, lo que empequeñece y desvirtúa el mundo en que se forja la obra. Por eso, contextualizarla sólo cronológicamente presenta serias mutilaciones de visión global. Se puede conseguir una coherencia cronológica presentando las de relieve iconológico; es decir, mostrando los diversos temas (religiosos, profanos, mitológicos, simbólicos, escenas de género...), a los que el artista se enfrenta, lo cual implica conocer al tiempo la trayectoria estilística, sus evoluciones y retrocesos formales y técnicos, sus preferencias temáticas e incluso su visión del mundo, siempre latente en la forma de abordar la naturaleza y el paisaje, la complicación o simplicidad de una alegoría, su actitud mística, realista o libre ante un tema religioso, su identificación con el hombre...

Todo ello puede enriquecerse con un material auxiliar preciso: textos sobre arte o juicios sobre tal obra del propio artista, opiniones de sus contemporáneos, cuadros sinópticos con los encargos que realiza, a quién va dirigida la demanda, una paleta con los colores preferidos del pintor, su huella y constatación en pintores de actualidad... Estos principios son válidos para las salas que acogen obras monográficas de artistas. Para las salas-*cocktail* habría que atender en principio a una delimitación rigurosamente histórica; es decir, definir la sala en una coordenada temporal y vivificarla con muestras de ese ciclo cronológico. Así, una sala de pintura holandesa del siglo XVII no necesita explicarse con tres Vermeer, cuatro Rembrandt e innumerables pintores de marinas, paisajes, bodegones y escenas de género. La sistematización de este tipo de salas radica en una coordinación ideológica que no excluye la variedad. Se trata de resaltar las cotas adquiridas en una cultura determinada expresándola con muestras artísticas testimoniales. Y el mundo burgués, protestante, antilatino, subjetivo e intimista del barroco holandés se expresa con una selectiva muestra de cuadros que hablen sobre la vida y objetos cotidianos, su apego a la naturaleza o sus peculiares interpretaciones bíblicas.

En tercer lugar, la obra de arte en un museo general necesita presentar el mayor despliegue de posibilidades interpretativas puesto que cada pieza juega un papel de primer orden no sólo por explicarse a sí misma sino porque de ella puede adquirir un valor mayor a medida que su vida se afirma o debate en la crítica artística. Y éste es un principio sustancial que el museo debe ofrecer al público, no conformándose con la pura exposición ni incluso con ingredientes educativos; el museo tiene que *decirlo todo* sobre las piezas que conserva y la mejor forma de reactivar la obra es definirla en sus vicisitudes, éxitos o alteraciones y someterla a un permanente ejercicio crítico, arriesgándola a mutaciones funcionales, artísticas y sociales, como expresión concreta de su constante devenir.

B) *Los museos especializados*

Su concepción diferente de los museos generales y su creciente auge en los últimos años es exponente de las actuales tendencias museológicas. Especializar un museo es dotarle de un material completo, no acabado en sí mismo, que se exprese como "centro de información o de investigación irreemplazable para un país, un hombre o un arte"[48], definición que en términos generales sintetiza el papel insustituible que estos centros desarrollan dentro de una actividad concreta.

Las categorías que pueden establecerse responden a conceptos diversos:

a) Una técnica artística.
b) Un arte (arquitectura, escultura, pintura, cerámica...) que, a su vez, puede periodificarse en subcategorías que atiendan a periodos estilísticos, cronológicos...
c) Un material físico (textil, vidrio, loza...).
d) Una actividad sociocultural (museo de la Moneda y del Timbre).
e) Un artista (Museo Van Gogh, Rodin...).
f) Casa-museo.

La tendencia a una faceta monográfica radica en varios factores. Uno de ellos obedece a la personalidad de una colección, dotada por sí misma del contenido suficiente para conformar un museo. La cantidad de obras escultóricas, dibujos y apuntes de Rodin, repartidos por diversos museos y colecciones particulares así como la dotación al Estado por parte del escultor de una serie de obras para reunirlas en un museo dio lugar a la creación del museo Rodin en París, centro artístico-

[48] Benoist, L., *op. cit.* pág. 116.

cultural de la información monográfica sobre el artista, su vida, su obra, su pensamiento y relación con su época, como instrumento de estudio insustituible de primera mano.

Otro factor que ha colaborado a la especialización del museo responde a la necesidad de individualizar una faceta determinada del arte que en un museo general formaría parte del contenido global y en estos centros

Estructura interna del Museo Van Gogh, de Rietveld, Van Dillen y Van Trich (1963-73). Estructura cúbica que permite la visión permanente de todos los pisos. La distribución de éstos es racional: en el sótano, las salas de proyección, de conferencias y servicios; en la planta baja, la entrada, sala de exposiciones temporales, biblioteca y restaurante (interior y terraza). De las tres plantas restantes, la central se ha reservado para la exposición de obra gráfica (luz artificial), ya que ésta no puede someterse a la luz natural, mientras que las otras dos exhiben la obra pictórica del artista y representativas muestras de sus contemporáneos.

monográficos cobran una entidad peculiar. Es fundamental hacer hincapié sobre la trascendental mutación que sufre la obra según se la destine a un museo general o a otro que le dé vida propia. La cerámica se expresa con un carácter "decorativista", como detalle de conjunto, a menudo no valorado, si pertenece a la sala de un museo general, mientras que el Museo Internacional de la Cerámica de Faenza dota a cada pieza de un valor intrínseco y cualitativo al ubicarla en un lugar concebido para su desarrollo, destinado exclusivamente a extraerle sus más íntimas cualidades y en el que todas las piezas se interrelacionan entre sí, ofreciendo familiaridades o contrastes estilísticos, formas, tipologías y usos diversos, sometiéndolas a estudios científicos sobre el lacado, la policromía y las técnicas que manifiestan. A ello, hay que añadir la tradición ancestral de la zona en la fabricación de piezas de porcelana, cerámica o loza, lo que refuerza la faceta expositiva del museo con la aplicación y estudio de los conocimientos técnicos (procesos de elaboración, cochura...), y artísticos (estudios de los gremios, artesanos, ceramistas...), expuestas al público para una interpretación global del tema.

Un tercer factor que ha acelerado la especialización del museo ha sido el exceso cuantitativo de obras de un determinado artista, expuestas —o almacenadas por falta de espacio museable— de forma monótona y sin criterio artístico y educativo en un museo general. Esto no sólo es frecuente en artistas contemporáneos cuya producción es excesivamente numerosa sino también en artistas del pasado de quienes, gracias al progreso de la investigación artística, se van conociendo más obras por confrontación de documentos, análisis técnicos y estilísticos.

Otros museos con tendencia a la ilustración no sólo de la faceta artística sino del *status* social del artista son las llamadas "casas-museos" (la casa de Rembrandt en Amsterdam, el taller de Delacroix en París, la futura casa-museo de Murillo en Sevilla...), que, centradas en los valores humanos, socioeconómicos y artísticos del personaje, funden orgánicamente —a menudo la organicidad tiende a la ambientación un tanto imaginaria, al impacto que causa en el turista...—, los factores histórico-artísticos, costumbristas y ambientales en torno a la personalidad del artista. Este tipo de "casa-museo", pese a haber nacido en gran parte por las demandas del turismo nacional e internacional, deben dar una visión científica sobre la personalidad monográfica, ayudándose para su puesta a punto y buen funcionamiento de un estudio sistemático de las fuentes de información, documentos y una bibliografía exhaustiva y al día. Y ello porque desarrollan la primordial tarea de información y enseñanza sobre el tema.

Finalmente, el museo especializado ha surgido por imperiosas necesidades museológicas, por sistematizar la conjunción y homogeneidad de las obras conforme a unos principios de organización museística asequibles. De hecho, la concepción de un museo basado en unas directrices homogéneas es más viable teórica y prácticamente que la organización de un museo en el que se integran diversas técnicas e intenciones artísticas que complican las operaciones expositivas y educativas. Y ello se debe a que el museo especializado nace mediante un plan orgánico, un esquema teórico previo a la acción museográfica y siguiendo una línea coherente que implica el contenido que alberga.

De todas formas, los requisitos museológicos que se imponen en el museo especializado no difieren por lo general de los expuestos en los museos generales. La selección de piezas es un principio indispensable en estos museos cuya misión científica y educativa se desdobla en las salas que se ofrecen al público y las reservadas para la investigación. Por otra parte, el material auxiliar, a efectos instructivos, debe ser por sus demarcaciones precisas lo más exhaustivo posible, sin concesiones a un raquitismo informativo que podría deformarle ateniéndose a la especificidad del contenido. El contenido específico de estos museos no presupone una estrechez de miras cara a la educación pública. En ellos se corre el riesgo de tecnificar de forma polarizada los conceptos y expresiones que le peculiarizan, pudiéndose, por el contrario, activar en ellos una política museológica de mayor amplitud de onda que acoja todas las expresiones culturales que rodean al tema monográfico, desarrollando actividades culturales diversas que enriquezcan y completen el mundo que ofrece el museo.

C) *El museo mixto*

Es producto de la simbiosis entre los museos generales y los especializados. De los primeros toman la heterogeneidad de contenido en lo que concierne a la diversidad de técnicas artísticas, contrarrestadas con los caracteres que peculiarizan a los museos especializados que atienden a la expresión de un universo concreto. Así pues, los esquemas básicos de estos museos forman un conglomerado de postulados que afectan a los de los generales y especializados; los conflictos y dificultades, así como sus ventajas, están afectados por la mixtificación de que son objeto pero, sin embargo, ofrecen una cualidad característica que es la armonización entre lo homogéneo y heterogéneo. Homogeneidad en las ideas y heterogeneidad en la forma de expresarlas, lo cual les lleva a una coherente conjunción de teorías básicas y métodos museográficos. No se pueden confundir con los museos de estilo que englobamos en los museos de arte atendiendo a la disciplina. En primer lugar, porque en éstos la disciplina expuesta no afecta de forma total a los requisitos de los otros museos, pese a que gran parte de su contenido pueda calificarse de artístico, histórico, científico o etnológico y, además, porque la directriz de aquéllos —la evocación o sugerencia de estilos determinados— difiere de la de éstos, que se centra sustancialmente en la plasmación museográfica de una actividad mixta, a caballo disciplinar y objetualmente entre una y otra categoría.

Tomemos, por ejemplo, para delimitar la personalidad de estos centros dos tipos de museos que los engloban: el museo del Teatro y el museo Taurino. En ambos, la programación atiende fundamentalmente a relevar esas actividades concretas valiéndose de un repertorio formal complejo. El material básico de ambos museos procede del campo artístico, histórico, científico y etnológico (en sentido amplio) como lo prueban las muestras que exponen; en el primero: telones pintados, diseños de vestuarios, trajes de época, textos literarios, material escenográfico, artefactos técnicos, grabaciones de obras teatrales, y en el segundo: cuadros, acuarelas, dibujos, retratos o esculturas de toreros o de temas taurinos, vestuario característico (a menudo, de no existir un museo taurino estos objetos forman una sección de los museos de artes y costumbres populares), diseños y dibujos de bordados, técnicas manuales para la realización de los trajes, carteles de época, trofeos, reseñas periodísticas, loas y coplillas, grabados de plazas de toros, documentos y textos taurinos.

El contenido de estos museos sigue los principios básicos de conservación y exposición de otros centros ya estudiados; lo que hay que resaltar en ellos es que su sistematización tiene que atender, como en cualquier centro cultural, a la documentación, exposición y educación del público. Por formar parte de actividades que se consideran lúdicas, se desatienden erróneamente en ellos funciones científicas y culturales que deberían desarrollar; ese factor lúdico, necesario a la cultura, ahonda en raíces más profundas cuando se le somete a un análisis reflexivo de su razón de ser en la Historia; entonces, lo superfluo y la banalidad que parecían explicitar, sufren una transformación profunda al constatar que hasta la inutilidad puede volverse útil cuando la diversión y el placer alcanzan un nivel profundo de eficacia cultural y vital.

Tipologías museológicas según la propiedad

La configuración de un museo depende sustancialmente de la entidad a la que pertenece. Museos públicos y privados son las dos tipologías básicas que analizamos, haciendo constar desde un principio que el hecho de estudiarlos desde el punto de vista de la propiedad atañe esencialmente a las fuentes de financiación, si bien, como consecuencia de ellas, se desprenden concepciones museológicas diversas. Además, las diferencias que se establecen entre ellos no afectan al uso público que en ambas entidades se llevan a cabo, aunque sí es importante distinguir entre "museo" y "colección privada" ya que ésta puede estar condicionada por la utilidad restrictiva o amplia que su propietario quiera conferirle mientras que el museo privado es "público" socialmente.

A) *Los museos públicos*

Forman parte del Patrimonio Nacional y están financiados por el Estado, municipios o instituciones ligadas en algún modo a organismos estatales y ministeriales. Las subcategorías que se presentan son en algunos casos aleatorias ya que no responden al principio totalizador de la propiedad pública y están sujetas a situaciones transitorias o inciertas o a pactos legislativos que perfilan el grado de concepto de propiedad. En estas subcategorías se reúnen los museos dependientes de entidades estatales o instituciones culturales y religiosas, como son los museos municipales (diputación, ayuntamiento...), los eclesiásticos (diocesanos, catedralicios...), y los museos de instituciones culturales diversas (colecciones de departamentos universitarios, academias...)[49].

El museo público, generalizado en Europa, presenta un grave inconveniente de tipo económico: la falta de presupuesto suficiente —a menudo deficiente— para afrontar sus propias, y a veces elementales, actividades. También a alguno de ellos —como los eclesiásticos— les caracteriza la conjunción entre propiedad y contenido museológico, lo que define de forma precisa los cometidos que puede llevar a cabo. (Véase Gráfico 3)

B) *Los museos privados*

Por el contrario, éstos se abastecen de fuentes de ingresos suministradas por una fundación de tipo priva-

[49] Estas cuestiones aplicadas a la situación de los museos españoles pueden consultarse en el capítulo correspondiente al análisis crítico de la legislación española de museos.

GRÁFICO 3

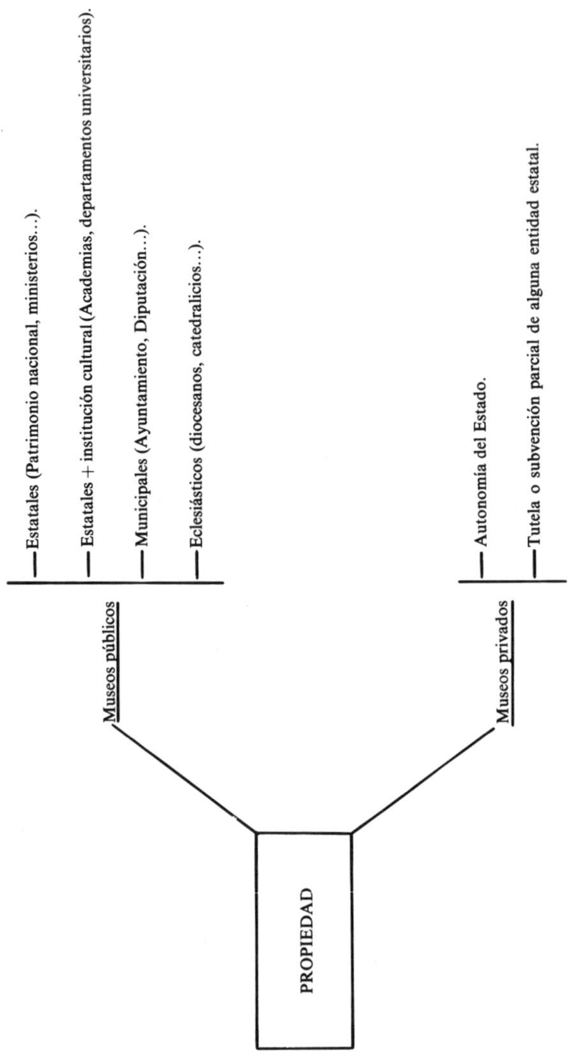
PROPIEDAD
Museos públicos
Estatales (Patrimonio nacional, ministerios...).
Estatales + institución cultural (Academias, departamentos universitarios).
Municipales (Ayuntamiento, Diputación...).
Eclesiásticos (diocesanos, catedralicios...).
Museos privados
Autonomía del Estado.
Tutela o subvención parcial de alguna entidad estatal.

do, ya sea familiar, personal o institucional. Se hallan muy generalizados en Estados Unidos y cuentan con un factor del que carecen los museos públicos: están concebidos como auténticos complejos industriales, con amplios presupuestos que son manejados en el campo de las finanzas y del mundo artístico, gestionándose promociones y propaganda que suministran al centro una base sustancial de desarrollo.

Un factor que ha contribuido a la creación de estos museos privados es la aportación que rinden al Estado por la utilidad que supone la apertura de sus centros culturales al público. (Un caso europeo lo ofrece la Gliptoteca Ny Calsberg qe contrarresta las ganancias de la famosa marca de cerveza con el convenio estatal de ofrecer la colección a la utilidad pública.)

Perfilados en sus caracteres esenciales los museos públicos y privados, podemos analizar las repercusiones que del concepto de la propiedad se deriva en cada caso, repercusiones evidentes a un doble nivel:

a) Vitalidad museológica.
b) Papel del personal oficial en el desarrollo del museo.

La vitalidad museológica en un centro público, por paradójico que resulte, es mucho más consistente, desde un punto de vista teórico, que la del museo privado. Y ello por razones fundamentales de tipo sociológico y sicológico: el museo público-estatal acoge a un público heterogéneo que encuentra las fronteras y cortapisas típicas que caracterizan intrínsecamente al concepto de museo como entidad cerrada, pero no como institución privada, mientras que en el otro tipo, y por las mismas razones expuestas, se acentúan achicando y seleccionando —¿hasta qué punto no es fenómeno implícito?— el público consumidor de arte. El componente más decisivo de esta masificación /selectividad del público lo forma la personalidad del contenido (su origen), evidentemente más amplio en un museo público que en el privado.

Pero aún existe otro factor de tipo cultural que diferencia las actividades museológicas en uno y otro centro evidenciándose primordialmente en los museos de arte contemporáneo: los museos públicos atienden más o, al menos, tratan de encauzar sus funciones hacia múltiples experiencias vitales contemporáneas mientras que en los centros privados el interés se centra en la consolidación y consagración de un "Arte-Instrumento" de valoraciones económicas y que sirva más de confrontación para inversiones en la activa política del mercado artístico que como herramienta de una dinámica educación pública. Un contra-argumento peligroso —y peligroso por la sutileza de comportamiento que explicita o implica— puede salir al encuentro de las bases que exponemos: valorar la proyección cultural de un museo privado (por ejemplo, el Museo Guggenheim) con las conferencias ofrecidas por prestigiosos y "consagrados", como Toymbee o Marcuse y relevantes personalidades de la cultura, o por la audacia vanguardista que ofrece la estructura arquitectónica del edificio. Con ello no rechazamos el dinamismo del centro museológico neoyorquino que tuvo su momento concreto de expansionamiento cultural; el peligro que radica en ello es que, consolidando esos valores ya históricos, permanezca anquilosado en el proceso del arte actual y se incapacite para ejercer una auténtica autocrítica museológica frente a la situación concreta que atraviesa la cultura contemporánea.

Por el contrario, en el museo de Arte Contemporáneo de Estocolmo (museo público) se llevó a cabo en 1968 una experiencia artística-vital que corrobora la idea que venimos exponiendo. Se trataba de una exposición —y ya es expresivo el título: "Poetry must made by all: Transform the world!" (La poesía debe ser obra de todos: ¡Transforme el mundo!)— que abarcaba desde las plasmaciones artísticas del surrealismo utópico hasta los acontecimientos políticos y socioculturales del mayo francés del 68 con sus fotografías, documentales, textos, *grafiti...*, pasando por *stands* con bibliografía de una ideología izquierdista y paramentos móviles con exposiciones temporales de actualidad.

Las divergentes concepciones, metas y actividades de los museos públicos y privados son resultantes del segundo nivel que exponíamos anteriormente: el papel que desempeña el equipo en el desarrollo del museo. El equipo, condicionado por la financiación del centro y por los factores expuestos, manifiesta intereses opuestos en uno y otro museo. En el privado, hay que diferenciar las intervenciones del personal "de peso" —miembros del consejo de administración, asesores, economistas, gerentes, directivos, propietarios...— y del equipo especializado en arte y museología —conservadores, restauradores, técnicos...—, puesto que mientras los primeros manipulan en las cuestiones que afectan al desarrollo del museo moviéndose en actividades extramuseísticas, como el prestigio, consolidación o deferencias sociales, el personal especializado actúa sometido a directrices impuestas o asimilado a la ideología de los altos cargos administrativos y sociales, lo que reduce al centro a una intervención personal de los poseedores ajena a los fines artísticos, culturales y educativos del museo y, consecuentemente, a un desplazamiento sociocultural del equipo especializado. Contrariamente a esta organización, los museos públicos cuentan con un personal más homogéneo en sus finalidades, pese a las notables insuficiencias y deficiencias en la gestión, administración, conservación, educación e información del museo, que facilitan la aglutinación de intereses artísticos, culturales y educativos. También estos museos se mueven a niveles ideológicos y políticos contrastantes, aunque de complejo análisis por la variedad de matices que implica la situación real de cada museo a escala nacional e internacional.

En lo que afecta al ámbito nacional hay que distinguir áreas geográficas y urbanísticas que afectan a la propiedad del suelo estatal en relación con la intervención de organismos e instituciones diversas, como sucede en los museos regionales, locales, provinciales, nacionales, parques zoológicos, ecomuseos y museos al aire libre. Estos últimos ofrecen hoy día un campo de actividad notable (hay que distinguir el concepto de museo "al aire libre" a niveles internacionales: en los países daneses y escandinavos, por ejemplo, predomina el principio de "recreación" del ambiente de la vida popular, reuniendo originales de la vida contemporánea; en España, un intento excepcional que se ha llevado a cabo en este campo (museo de Escultura Contemporánea del Paseo de la Castellana de Madrid) ha expresado las nuevas tendencias bajo una forma peculiar de presentación: un contenido homogéneo (escultura abstracta) ubicado en un espacio abierto, integrado en el urbanismo de la ciudad, en el que se pueden contemplar, sin necesidad de "ir al museo", obras artísticas fundidas con las actividades cotidianas de la vida moderna, lo cual es sintomático de una directriz educativa que busca el cultivo de la delectación pública sin imposiciones, en una zona que orgánicamente fusiona actividades artísticas y cívicas de la ciudad...

Desde esta misma perspectiva se da un hecho cierto y es que el museo privado es tradicional y conservador en sus principios ideológicos ya que está al abrigo de toda injerencia política por parte del poder[50], mientras que el museo público, estatal, está capacitado para ejercer una acción doble: contestar o asimilarse a las acciones estatales. De todo ello se deduce, en concordancia con los resultados obtenidos por Kustow, que, paradójicamente, la libertad de acción en relación con las actividades artístico-vitales del museo, es más viable en un museo regido por subvenciones estatales que en museos de financiación privada.

Niveles socioculturales e intelectuales

Hemos visto en el análisis realizado hasta ahora cómo diversos aspectos teóricos del museo implicaban necesariamente conexiones público-contenido, mediatizadas por un elemento que asume la función de un vaso comunicante: el museo, instrumento mediador entre ofertas (obras museísticas) y demandas (público). Analizar las relaciones entre el público del museo y las obras

[50] Kustow, M., «Situation et problèmes de certaines musées d'art contemporaine», *Museum*, vol. XXIV, núm. 1, 1972, págs. 33-57. Trata parcialmente este aspecto, si bien el concepto que el autor expresa anteriormente a la nota que cito puede entenderse como a) no injerencia por parte del poder y b) instrumentos básicos del poder y manipulados por él.

que allí se le presentan requiere una primera reflexión global sobre las relaciones existentes entre la sociedad y la cultura y un segundo análisis concreto que atienda a los comportamientos socioculturales y a los niveles intelectuales que de este fenómeno se desprenden.

Ello plantea serios problemas que se centran no sólo en el estudio de la estructura social y de la idea que esta sociedad ha tenido y tiene de la cultura y del arte, sino en la conflictividad intrínseca que comporta el maridaje sociedad-cultura y la consiguiente dificultad científica para establecer unos principios básicos que regulen las interrelaciones socioculturales. Dificultad, ciertamente, basada en las leyes que rigen la ciencia museológica (diversidad de clases sociales, enfrentamientos ideológicos derivantes, cambio social permanente, repercusiones de esa dinámica en la Historia...) y los postulados y métodos que reclama el análisis artístico. Por ello, trataremos de llevar la investigación a un campo analítico de visión flexible como requiere el estudio de fenómenos esencialmente sometidos al cambio y a los condicionamientos históricos, que de ser afrontados dogmáticamente, carecerían de objetividad y validez científica.

Así pues, partimos de unos principios generales de validez histórica que nos permitirán acceder al estudio concreto de los niveles socioculturales e intelectuales que hoy conforman el museo.

En primer lugar, la idea que la sociedad ha tenido de la cultura ha sido un fenómeno cambiable a lo largo de la Historia, debido a las transformaciones sociales que acarrean automáticamente mutaciones culturales operadas en el seno de la misma sociedad y llevadas a cabo consciente o inconscientemente por todos los individuos que hacen la Historia. En segundo lugar, la necesidad cultural aparece como producto consecuente y paralelo al proceso educacional (social) que se desarrolla en diversas y progresivas escalas de valores, desde el primer movimiento cultural humano —la curiosidad— y los consecuentes factores que benefician su desarrollo —deseo de aprender, información, educación del gusto y de la sensibilidad, aprendizaje a niveles perceptivos y somáticos...—, hasta las cimas superiores del conocimiento

—comprensión intelectiva, crítica, enjuiciamientos, confrontaciones y relaciones intelectuales, autocrítica, acción intelectual, posiciones científicas determinadas...

Desmembrando la segunda parte del enunciado anterior, obtenemos en tercer lugar un principio que atiende a la diversidad de niveles intelectuales; diversidad que se expresa conflictivamente, ya que su heteroclitidad no responde al principio "único" del enfoque socioeducacional; es decir, que a un mayor nivel educacional (social) no se corresponde necesariamente una superior capacidad intelectual. En este punto hay que matizar algunos conceptos que entran ya en el campo de análisis del estudio artístico y museológico. Por una parte, hay que diferenciar entre capacidad intelectual y erudición, a menudo, cuando no siempre, incompatibles porque precisamente derivan de campos diferentes; la capacidad intelectual es un fenómeno mucho más biológico y genético que la erudición, esencialmente integrada en un proceso social y educacional, lo cual no quiere decir que el grado de intelectividad venga determinado radicalmente por la configuración biológica del individuo ya que el des/interés por la autoeducación intelectual es un factor electivo y social. Añadamos a esto que el grado intelectivo es un rasgo cualitativo mientras que la erudición es un fenómeno de densificación cuantificada facilitada por el uso de unos medios-recursos de apropiación cultural. Por el contrario, en la intelección, la fabricación de un código artístico e ideológico no viene dado por los medios de apropiación cultural sino por actividades de la mente —interpretación, reflexión, valoración, asimilación...— que transforman los medios de apropiación en medios de utilización eficaz.

Aparte de estos matices que establecemos entre dos niveles de conocimiento que se dan en el público del museo y que, al hacerlos contrapuestos, divergen de la teoría expuesta por Bourdieu y Darbel[51], no obstante concordamos con los autores citados en un nivel de análisis global: los elementos necesarios para el acceso

[51] Bourdieu, P. y Darbel, A., *L'amour de l'art. (Les musées d'art européen et son public)*, París, Minuit, 1969.

intelectual, artístico y perceptivo están acotados por una clase culta y minoritaria que posee las claves para la interpretación de los fenómenos culturales, de donde resulta, como concluyen los autores, que las instituciones culturales —y, en este caso, el museo— favorecen y contribuyen a estos desequiparamientos de clases y desniveles culturales o, al menos, no salen enérgicamente al encuentro de esta situación —pese a los reiterados esfuerzos de la Museología por abolir las fronteras creadas no sólo entre el museo y el público sino en la misma sociedad—, situación que acentúa su conflictividad y permanente contradicción al proponer unos postulados de total aceptación en teoría, asfixiados por la práctica museográfica.

Es un hecho claro que el acceso al museo queda facilitado cuando no existen disonancias cognoscitivas, es decir, cuando el visitante posee una articulación en sus interpretaciones artístico-culturales[52]. Y es un hecho constatable con el estudio estadístico realizado por

---

[52] Einsenbeis, M., «Éléments pour une sociologie des Musées», *Museum*, vol. XXIV, núm. 2, 1972. De la página 110 a la 119 enfoca el autor el problema sociológico en los museos desde una doble perspectiva práctico-teórica.

De las tablas estadísticas que da el autor, dos ofrecen un interés particular pues manifiestan el porcentaje de frecuencia del público a los museos y sus preferencias culturales. Ofrecemos los dos cuadros.

Cuadro 1.º

Contestaciones	*Conjunto de personas encuestadas*	*Tienen bachillerato o formación universitaria*
	%	%
— No he ido nunca al museo.	9	2
— Mientras estaba en el colegio.	23	9
— 1 ó 2 veces, después del colegio.	18	12
— Cuando se presenta la ocasión.	30	41
— Cada vez que puedo, voy al museo.	8	25
— Regularmente, lo más que puedo.	2	7
— Sin respuestas.	4	2
Base: 100 %	1917	121

Bourdieu y Darbel desde un punto de vista cualitativo (posición social, nivel cultural e intelectual) y cuantitativo (número de visitantes). Exponemos los porcentajes resultantes porque los consideramos indicativos de la idea expuesta. Piénsese que la encuesta ha recogido la situación de cuatro países europeos de peculiaridades socioculturales diversas (Francia, Polonia, Holanda y Grecia), si bien los niveles generales (categorías socioprofesionales) avalan, como datos sintomáticos, las constancias socioculturales. El público que asiste al museo desde el punto de vista social y profesional arroja las siguientes cifras: agricultores, 1%; obreros en general, 4%; comerciantes, 5%; empleados de una clase media, 23%, y clases superiores, 45%. Según el nivel de instrucción intelectual: 31%, visitantes con bachillerato; 24%, licenciados en carreras universitarias y niveles superiores (sintomático de la falta de investigación en los museos); 11%, visitantes de bachiller medio, y 9% sin ninguna titulación. Pero también esta encuesta presenta un carácter reversible en orden a la consideración que el público tiene del museo; y en este sentido, los porcentajes hablan en coherencia con los anteriores niveles referenciales: 79% de las clases populares, 49% de las clases medias y 35% de las clases

Cuadro 2.º

Actividades	*Jamás*	*Raramente*	*A veces*	*Bastante a menudo*	*A menudo*	*Muy a menudo*
— ir al museo.	45	29	17	6	2	1
— ir al cine.	38	30	19	9	4	1
— ir al teatro.	45	32	15	5	2	1
— ir al concierto.	59	21	12	5	2	1
— ir a una exposición o galerías.	57	24	11	5	2	1
— ir a otras exposiciones.	39	27	24	7	2	1
— ir al jardín zoológico o botánico.	19	35	31	9	3	2
— ir a una fiesta folklórica.	20	25	29	17	6	3
— ir de curiosidades	18	28	34	14	5	1

Base: 100 % = 1917.

superiores piensan que el museo es un lugar inaccesible y sagrado[53]. La encuesta está centrada en los museos de arte clásico y moderno, no contemporáneos, lo cual nos induce a otra consideración: la infravaloración que el público actual tiene del arte del pasado. Ello se debe en gran parte a una actitud —bastante difundida— demoledora e iconoclasta defendida por círculos de "entendidos", seudocientíficos y acientíficos en sus argumentos que juegan con éstos para poner de relieve una ideología (falsa) de vanguardistas o pertenecientes a una mal interpretada contracultura contestataria que niegan a Rembrandt o El Escorial para poder sobrevalorar el arte de hoy y porque en el fondo "desprecian lo que ignoran".

Y a éstos les salen al encuentro sólidas teorías sociológicas sobre arte[54]: "Cuanto más profundo sea nuestro conocimiento de la historia antigua de las civilizaciones y, simultáneamente, nuestra atención más se dirija a las obras de arte del pasado, más nos daremos cuenta de que la significación que ellas han tenido en su origen para sus creadores y para su medio se nos escapa... Uno de los fines de una sociología auténtica del arte debe ser, precisamente, *atribuir una importancia igual a las obras de épocas relativamente cercanas a nosotros y a las obras más antiguas y alejadas, gracias a las cuales ha sido posible a menudo rescatar del olvido aspectos esenciales de las civilizaciones.*"

Pero también confluyen a esta visión depreciada del arte del pasado otros factores, algunos justificadísimos, de índole social, artística y museológica que nos introducen en el estudio concreto de los niveles socioculturales del museo de la actualidad. Desde el punto de vista social y artístico, Bazin afirma que la evolución progresiva del museo ha conducido a la sociedad moderna a "una extensión considerable de su campo de actividad al

[53] Para el análisis sociológico y situación actual de los museos españoles es muy útil la consulta del trabajo de Arandilla Navajo, M., «Informe sobre los museos españoles». Suplemento del Boletín del Colegio Oficial de Doctores y Licenciados en Filosofía y Letras y en Ciencias, Madrid, abril, 1977.

[54] Francastel, P., *Sociología del arte*, Madrid, Alianza, 1975; páginas 25-26. Los subrayados son míos.

mismo tiempo que a un decrecimiento de la calidad preciosa de sus objetos"[55], lo cual, de ser textualmente cierto, diría bastante en favor de una sociedad que busca nuevas respuestas de la obra artística a costa de su "depreciación" preciosista (en el sentido de rara, inútil, incomunicativa), innecesaria para su valoración cualitativa y sólo válida para una élite minoritaria degustadora de objetos inasequibles al gran público. Pero no creemos que la infravaloración de la obra haya sobrevenido por su carácter preciosista, secundario a su naturaleza, sino por su más real cualificación. Esta es, a nuestro modo de ver, la verdadera crisis por la que atraviesa el arte en general y el del pasado en particular: negar o despreciar valores intrínsecamente esenciales al ser de la obra, no a sus contingencias. Como contrapunto, la situación crítica del arte es causa y consecuencia de la desmitificación de la obra-artística-inaccesible en favor de la obra de arte-realizada-por-y-para-el-hombre, lo que ha supuesto una mayor democratización del arte y de la cultura, evidentemente.

Esta ampliación del campo de actividad se debe a la divulgación de los conocimientos humanos, a la más amplia participación pública en el proceso artístico y al alza cultural de los museos. Museológicamente, el concepto de presentación de las obras varía radicalmente según se atienda a un público culto, preparado sensible e intelectualmente, poseedor de un código artístico articulado que requiere unos modos expositivos menos explicativos que el gran público, necesitado de un vocabulario artístico asequible y de unos métodos de presentación productivos en los que predomine la faceta educativa. Esta es una de las graves contradicciones que se operan en la Museología, consciente de que el gran público es el elemento indispensable para el dinamismo del museo y, sin embargo, el museo aún no responde a las necesidades populares sino a una minoría que ya tiene incorporado mental y perceptivamente su código artístico.

Indudablemente, al interesarse la Museología —frecuentemente, sólo de forma teórica— por todo tipo de

[55] Bazin, G., *op. cit.* Cours X, pág. 5.

público y por romper las fronteras establecidas entre éste y el museo, ha colaborado con las estructuras tradicionales en marcar una impronta decisiva en el desarrollo social del museo. Benoist ha establecido tres categorías museológicas que atienden a conformaciones nacionales y dos niveles diferentes de instrucción en los centros museísticos[56]: la galería de arte europea, el museo-club americano y el museo-escuela soviético.

1.° El museo-salón (galería de arte europea): elitista y aristocrático en su origen, con un acentuado carácter estético basado en los valores absolutos de Belleza, Armonía y Gusto, acoge hoy a un amplio público que involuntariamente tiene que aceptar la permanencia de concepciones extraídas de patrones decimonónicos guiados por criterios esteticistas que son considerados como culmen de las posibilidades museísticas. En él se propende más a la defensa y protección de un pasado memorable, digno de ser bellamente presentado, que a la amplia proyección educativa que requiere el variado público que accede al museo. Estas galerías de arte, aunque no están conformadas por naturaleza, origen y tradición a los nuevos planteamientos museológicos, tienen conciencia no sólo del papel que deben realizar en la cultura actual sino de las dificultades que para ello se les plantean, tratando de encontrar nuevos conocimientos que revitalicen sus objetivos primordiales.

2.° El museo-club americano: formado por fundaciones privadas en las que la meta esencial, atraer al mayor número de personas, está encaminada a la labor educativa y pedagógica, basa más su organización en la faceta social que en la puramente artística y conservadora.

3.° El museo-escuela: muy desarrollado en la U.R.S.S. y países comunistas, tiende sustancialmente a la educación de las masas valiéndose de unos métodos pedagógicos que convenzan al individuo de su papel en el engranaje histórico. Esta visión tan unilateral que se dio a partir

[56] Benoist, L., *op. cit.*, págs. 117-120. Las tipologías-conceptos están extraídas del autor, pero he considerado de interés ampliar sus conceptos para delimitar más sus funciones.

de la Revolución rusa provocó una reacción lógica al comprobar que tomar el arte sólo como instrumento de místicas políticas infravaloraba la calidad intrínseca de las piezas, siendo en la actualidad estos museos modelo de conjunción entre los valores artísticos y sociales de las obras, ambientadas en el marco histórico-socio-político en que fueron creadas. Es notable el crecimiento y auge de los museos en la U.R.S.S.[57], en los que se evidencia el interés de un pueblo por realizar una auténtica política museológica basada en llevar la cultura, la formación humanística e histórica a toda la sociedad.

En este tipo de museo, además, el concepto de obra de arte no expresa una idea absoluta del arte por el arte o de éste creado por la acción individual de un artista, sino que los valores que le caracterizan responden esencialmente a una sociedad que manifiesta en colectividad sus ideas, aspiraciones y preferencias artísticas[58]. Sus principios museológicos no se basan en aspectos triunfalistas y apoteósicos sino en factores de utilidad y eficacia que del museo —instrumento de propaganda y difusión político-cultural— se deben extraer para demostrar los procesos históricos por medios accesibles al pueblo. En ellos no se muestran las "cosas" sino al hombre-autor de esas obras y la finalidad para las que fueron creadas. E incluso, los edificios palaciegos se han museificado a efectos de hacerles perder ese aura triunfal para que el público pueda compenetrarse de forma natural en esa atmósfera[59].

Así pues, galería de arte europea: basada en la erudición, público elitista y progresivamente extensivo, conservación de las obras del pasado por encima de cualquier otra meta museística; museo pedagógico ame-

---

[57] Benoist, L., *op. cit.*, pág. 119. El autor da cifras significativas: en 1917 Rusia tenía aproximadamente 180 museos y en la actualidad cerca de 1.000 (la 1.ª edición del libro es de 1960).

[58] Nos referimos a la visión actual del arte del pasado. Respecto a la situación artística contemporanea, las disidencias y polémicas sobre arte-sociedad son muy complejas y salen del campo de nuestro trabajo.

[59] Schmit, T., «Les musées en U.R.S.S.», *Cahiers*..., págs. 206-221.

ricano: en consonancia con la vida moderna (organización eficaz y empresarial, praxiología...), y museo-escuela soviético: arte no-absoluto dirigido a la educación popular. Pero por encima de categorías nacionales, Benoist considera más acertado un museo actual que atienda a la instrucción a un doble nivel:

a) Para investigadores (museo-laboratorio).
b) Para el gran público (museo-atracción).

Estas divisiones explicitan caracteres tan obviamente demarcados que no nos detendremos a analizar. Sí, en cambio, ofrecemos a continuación la elaboración de unos niveles socioculturales e intelectuales que consideramos eficaces para una más coherente sistematización museológica, adaptada a la realidad del museo en la actualidad. De este análisis hemos obtenido los siguientes resultados:

1.º Que existen tantas tipologías museológicas como grados de nivel intelectual y sociocultural en los visitantes, quienes exigen que el museo les ofrezca respuestas convincentes a sus formulaciones científicas y culturales.
2.º Que los valores cualitativos que caracterizan al público (nivel intelectual y nivel sociocultural) se interrelacionan generalmente de forma tipificada, excepto en el nivel intelectual que llamamos "público especializado" que no presupone necesariamente una situación social prefijada.
3.º Que a cada nivel intelectual y sociocultural corresponde un específico tipo de museo que
4.º se comporta de forma peculiar, según el nivel intelectual, en lo que respecta a lo social (contactos con personal del museo...), y a los medios de instrucción.
5.º Que las categorías que establecemos no están aisladas entre sí sino que constituyen funciones globales y regulan, aunque no aparentemente, las leyes internas de la dinámica del museo. Así pues, tres niveles intelectuales conformados por el público especializado, público culto y gran público que analizamos a continuación en sus comportamientos museológicos. (Véase Gráfico 4)

GRÁFICO 4

1 NIVEL INTELECTUAL	2 NIVEL SOCIO-CULTURAL	3 CONTACTOS CON PERSONAL	4 TIPO DE MUSEO	5 MEDIOS EDUCATIVOS
PÚBLICO ESPECIALIZADO	— Investigadores. — Eruditos. — Becarios. — Licenciados. Prácticas profesionales. — Artistas (copistas, reproductores...) — Críticos de arte.	Dirigentes y técnicos especializados { Director, Subdirector, Conservadores, Restauradores, Bibliotecarios, Administrativos	MUSEO LABORATORIO (Biblioteca, archivos, fototecas, almacenes, salas de reserva.) Circuito libre.	Especializados en investigación. Frecuentemente de propiedad particular.
PÚBLICO CULTO	— Estudiantes universitarios. — Profesionales. Título universitario. — Clases superiores sin título.	...... Profesores universitarios. ...... sin contactos. ...... sin contactos o con instituciones ajenas al museo.	MUSEO EDUCATIVO Salas de exposición permanentes. Salas de exposición temporales. Salas para oficios manuales. Salas de lectura. Salas de proyecciones. Cursos de arte y oficios artísticos. Museobús. Cafetería, sala de fumar, restaurante... Circuito obligado o libre.	Investigación y los del gran público.
GRAN PÚBLICO	— Trabajadores: nivel básico / nivel superior — Escolares: nivel básico (niños) / nivel superior / universidad laboral — Profesionales de título medio o/y técnico. — Población.	...... { sin contactos. ...... { Profesorado de los centros de enseñanza. ...... { sin contactos o esporádicos (bedeles, guías...).		Rótulos, diagramas, planos. Carteles explicativos, video-tape. Guías orales Guías escritas.

1.º *El público especializado,* cuantitativamente escaso, está conformado por varios estratos que abarcan:

a) Investigadores y científicos.
b) Eruditos.
c) Becarios.
d) Licenciados universitarios que realizan prácticas profesionales de museos o estudios de investigación.
e) Artistas (asimilando en este concepto a copistas y reproductores).
f) Críticos de arte.

Para éstos, el museo se les ofrece como un centro de investigación (museo-laboratorio) en el que la meta es el estudio científico, global y especializado, valiéndose de un análisis metódico de las piezas y de cuantos medios históricos, técnicos y auxiliares sean pertinentes. El museo-laboratorio debe ofrecer las obras que no sean las "típicas" u obras maestras sino las que ofrezcan aspectos que pasan desapercibidos o que son desconocidos o innecesarios para el gran público. Estas piezas deben ser analizadas en confrontación con otras, valiéndose de un material fotográfico adecuado, documentos, bibliografía selecta y puesta al día, un catálogo científico y actualizado en el que se especifiquen la descripción, origen e historia de la obra (estado de conservacion, etapas de restauración confrontables con fotografías que expliciten el proceso) y, en definitiva, la vida total de la obra para que pueda clarificar el panorama más profundo para su estudio. Esto requiere salas adaptadas a las finalidades expuestas, salas que difieren de las que se ofrecen al gran público. Indispensables en el museo de investigadores son la biblioteca, archivos, fototecas, fonotecas, almacenes y salas de obras en reserva. En estas últimas, el material debe distribuirse con un criterio científico, sistemático y funcional no sólo por razones de ganancia de tiempo y para que el trabajo avance lo más rápidamente posible sino por la disciplina que presupone para el estudioso encontrar el material deseado organizado metódicamente.

El circuito de este museo difiere de los otros niveles intelectuales. En realidad no se trata de un circuitorecorrido sino de un núcleo arquitectónico que acoja orgánicamente el espacio habitable del público especializado. Los contactos que se establecen entre este público y el personal del museo se centran en relaciones con los dirigentes y técnicos especializados (directores, conservadores de diversas secciones, restauradores, bibliotecarios, archiveros y administrativos), sobre todo en los estudiosos cuyos trabajos dependen directamente del centro museístico (becarios, universitarios en periodo de prácticas profesionales...), mientras que investigadores, eruditos o críticos, independientes en su labor científica, mantienen relaciones sociales o de prestigio con los dirigentes del museo.

2.º *El público culto,* minoritario cuantitativamente pero complejo cualitativamente en el nivel sociocultural, está formado por:

a) Estudiantes universitarios (fundamentalmente del campo humanístico).
b) Profesionales de titulación universitaria (médicos, abogados, arquitectos...).
c) Una clase social alta, pero sin titulación profesional.

Este tercer nivel sociocultural del público culto es ambiguo y puede considerarse a caballo entre la categoría intelectual que analizamos y la correspondiente al gran público puesto que por una parte, es un sector de relieve social (lo que le facilita los medios para acceder a un nivel de consideración cultural) y, por otra, la falta de formación y de criterios objetivos (poseen los tradicionales de "gusto", "moda" o los valores ficticios incorporados mecánicamente a su sensibilidad) para asimilar el museo, recomienda incluirlos en el museo educativo preparado para la gran masa.

A pesar de la complejidad de matices que supone este nivel intelectual, existe un punto común que hace confluir a los dos niveles expuestos: la falta de especialización y el deseo de acceder a una comprensión más inmediata de las imágenes presentadas. Por otra parte, es un público que tiene desarrolladas en mayor o menor grado la capacidad intelectiva y la sensibilidad por lo que, en un principio, pensamos atribuirles un tipo de "museo estético", cualificado como concepto aislado e incluso contrapuesto al "museo educativo", que veremos para el gran público; pero en una segunda reflexión consideramos que los valores estéticos están implicados en los planteamientos educativos y que aquellos no conseguirían más que acentuar socioculturalmente las fronteras entre los dos niveles; fronteras que en realidad existen, pero que pueden paliarse e incluso abolirse en un museo educativo, válido para los dos niveles y amplio para responder a las diversas peticiones del público.

Así pues, el museo educativo engloba a los dos niveles intelectuales, siempre que canalice a través de su didactismo peculiaridades culturales afectantes a uno y otro nivel. Para el público culto, el museo educativo mostrará una imagen sintética y concreta para evitar el cansancio y una presentación de obras seleccionadas que comporten con la elocuencia directa de las obras el máximo de enseñanza. De todas formas, pese a que este público accede al museo con una in/formación suficiente, desea encontrar resaltados los mejores momentos histórico-artísticos, complementados con piezas de interés que sirvan a su imaginación, sensibilidad y capacidad mental como motivos de confrontaciones, relaciones, divergencias o paralelismos estéticos.

Dos móviles llevan a este público al museo: la búsqueda del placer (ya sea de orden intelectual y estético o por motivos de descanso, cambio y evasión) y el profundizar en sus conocimientos. Hacer admirar e instruir dejando vías amplias y sugerentes de acceso libre a esa comprensión e instrucción de las obras son por una parte las metas específicas de este museo educativo para el público culto que, por otra parte, pueden conjuntarse con los fines estrictamente educativos, formativos e informativos del museo para el gran público.

Las conexiones de este público con el personal del museo son escasas, cuando no inexistentes. A ello contribuye no sólo la autosuficiencia —tristemente real— que le caracteriza sino las preferencias, que de aquélla se derivan, por enfrentarse individual y silenciosamente a las obras. En este sentido, este público es el más reacio a una auténtica política educativa basada en medios didácticos para la colectividad. Lo demuestra el hecho de que el estrato configurado por estudiantes universitarios recibe la educación a través de los profesores universitarios o de forma independiente, desconectados del equipo del museo al igual que esta desconexión se da en los profesionales de títulos universitarios o en las clases altas sin titulación, si bien es frecuente que este tercer sector esté respaldado por intelectuales de instituciones culturales, ajenas al museo.

3.º *El gran público,* mayoritario cuantitativamente y minoritario cualitativamente, lo integran:

a) Los trabajadores (obreros, agricultores..., en dos nivelaciones socioculturales progresivas: nivel básico y superior).

b) Los escolares estratificados en tres niveles (enseñanza primaria, media y universitaria laboral).

c) Profesionales de titulación media y técnica (artesanos, comerciantes, peritos...).

En el grado de atención prestada a este público es donde el museo manifiesta su auténtico sentido y proyección. A mayor dinamismo museológico, mayor afluencia de personas, mejores medios y servicios educativos, más investigaciones para el desarrollo ascendente del museo, más profunda ampliación e interconexión de los diversos niveles socioculturales e intelectuales.

Hay un rasgo que peculiariza a este público y es que, siendo el menos preparado intelectualmente para comprender las muestras de las civilizaciones que el museo le ofrece, está capacitado para distinguir lo verdaderamente esencial de los objetos que se le presentan puesto que la civilización actual ha erigido la imagen a un nivel somático y aprehensible tal, que la mirada, no sólo física sino crítica, está mucho más desarrollada, gracias a esos fenómenos culturales incorporados mecánicamente en el hombre, como el cine, la televisión, la fotografía, los *comics*, los anuncios publicitarios o los rótulos comerciales.

El tipo de museo que se impone a este público, como ya hemos apuntado, es un museo educativo que no crea cumplidas sus funciones en las salas de exposiciones al uso sino en salas de lectura, de proyecciones, de exposiciones temporales, fumaderos, cafeterías, restaurante, museobús, salas y talleres para ejercicios manuales y cursos sistemáticos sobre la historia del arte y de los oficios artísticos.

Los cursos que el museo debe organizar forman un insustituible factor de la tarea educativa. En cuanto a los escolares que reciben las clases en los centros de enseñanza, el problema se centra en la idoneidad del profesorado encargado para enseñar adecuadamente el museo. Para escolares de nivel elemental, los Children Museum ofrecen un futuro extraordinario, capacitando y favoreciendo en el niño, desde pequeño, la inclinación al arte tanto manual como intelectualmente y haciéndoles que verifiquen versiones personales de las obras que han contemplado en el museo[60]. La cuestión radica en quién es el profesor más preparado para la enseñanza museística infantil: ¿el profesor del colegio o el personal especializado del museo? Por una parte, el profesor que imparte el curso a los escolares es el mejor conocedor del sistema que utiliza en la enseñanza y de la forma metodológica de enfrentar directamente al alumno con la obra de arte, pero, por otra parte, el profesor no suele conocer la organización que rige al museo y surgen conflictos de adecuación teórico-práctica. Los conservadores y equipo del museo, inversamente, conocen el museo, pero no lo que puede ser más atractivo y fructífero para el alumno; parece ser que la Museología busca una vía útil de enseñanza escolar por medio de pedagogos especializados en museos, los cuales coordinarían sus programas explicativos con la teoría impartida por los profesores.

En los restantes niveles los cursos que el museo debe impartir se imponen por la necesidad de enfrentar al

[60] Para este tema, consultar Friedlander, R., «Découverte du musée par la création», *Museum*, núm. 1, 1976.

hombre con un universo de imágenes que previamente o al unísono deben ser teorizadas con la imagen. El problema acuciante de todo museo —la falta de recursos económicos y de personal— acentúa la conflictividad de la enseñanza teórica. Ciertamente, en la actualidad y en la mayoría de los museos no existe un personal especializado para la docencia de las obras que el museo guarda, pero sí existen conservadores, también insuficientes o inexistentes[61], que podrían empezar a plantearse el desarrollo de su cargo desde el punto de vista didáctico, lo que, al tiempo, ayudaría a borrar el concepto estricto de "conservador" como protector de las obras.

Sin este paso previo de enseñanza teórica, el visitante accede a las salas deseoso de encontrar respuestas a su curiosidad intelectual y de ampliar los límites que le marca el desarrollo de su vida cotidiana, pero falto de unas ideas básicas que el museo debía suministrar. Hoy día, los cursos se suplen con *video-tape, casettes* explicativas, auriculares individuales —sistema didáctico muy caro— o con cuadros sinópticos, analíticos y explicativos que informen— de forma general, pero sin acentuar la atención en datos de tipo erudito que actúan inoperantemente en detrimento de la comprensión del objeto —de la temática o actividad que se va a contemplar ayudando al visitante a prepararse mentalmente con unas ideas sucintas del momento histórico, actividad estética, personalidad biográfica (concebida en sentido amplio, no anecdótico), ideas políticas, religiosas, artísticas y filosóficas del personaje y de las costumbres y formas de vida de la época en que se sitúa la obra. Todo ello es un complemento esencial para la comprensión de la visión directa de las piezas, complemento que puede sintetizarse en una guía sucinta en la que el visitante comprueba y enriquece su visión directa de la obra.

---

[61] Especialmente esto es atribuible a los museos españoles. Las ideas que siguen sobre los recursos educativos se refieren a los museos extranjeros; la realidad de los museos españoles no ha alcanzado aún ni un nivel ínfimo de proyección educativa al público debido a la falta de una auténtica política museológica, a la deficiente asignación de presupuestos para los museos, a la ausencia de equipos y a innumerables factores que se desprenden de los anteriores.

Un principio museológico indispensable en este museo educativo es sacrificar la cantidad en favor de la calidad, claridad y sencillez expositivas; es decir, hacer una selección rigurosa de obras para proteger del cansancio y la ofuscación la sensibilidad del público, facilitándole un recorrido —de por sí fatigante, entre otros motivos por la obligatoriedad con que se impone el circuito— y sin complicarle con innumerables objetos que desconoce y que, además, no enriquecen sus conocimientos. Obras maestras o significativas, clasificadas de forma clara —elemento de reposo por excelencia— son las que este público necesita encontrar para ser estudiadas y admiradas en su técnica de ejecución, juego de luces y colores, distribución de figuras y espacios, volúmenes o temática que son los primeros factores que causan una impresión más directa y efectiva tanto sensorial como reflexivamente.

Otro factor eficaz para la educación pública es el servicio de información que el museo debe poseer a la entrada y a un doble nivel informativo: *a*) como orientación para informar al público que lo desee de la ubicación de una sala precisa, del tema que se trata en una exposición temporal, del tipo de guía o publicaciones más interesantes para el visitante, de los actos culturales y horarios en que se llevan a cabo, y *b*) unos paneles explicativos de las actividades diarias del museo así como una información selecta y esencial de la actualidad artística, cultural, literaria y teatral que trasciende el mundo concreto del centro museístico, pero que se inserta en el engranaje de la cultura al que el museo, en definitiva, pertenece.

Las relaciones del gran público[62] con el personal del museo, habiendo visto ya la ausencia de cursos docentes, son inexistentes y, de existir, nefastas puesto que el público tiene que someterse a tópicas y peregrinas

[62] Al público turista no lo he especificado pues tanto el internacional como el nacional se engloban en las categorías expuestas, si bien para el público extranjero habría que ampliar o constreñir las categorías señaladas, atendiendo a las situaciones específicas de sus niveles socioculturales.

explicaciones de bedeles y guías turísticos que poco colaboran a la atracción del museo o malforman la visión e interpretación de las obras.

Además, ese distanciamiento entre público y personal del museo predispone sicológicamente a un alejamiento progresivo por parte del visitante que advierte en la falta de relación humana y afectiva un desinterés por sus demandas artísticas y culturales, necesitadas de un proceso de humanización que debía caracterizar al museo.

Capítulo III

La praxis del museo

Concretizar fácticamente la teoría museológica es la tarea que llevamos a cabo en este capítulo. El primer problema que aparece para hacer coherente un cuerpo de doctrina con las acciones concretas radica en el análisis del comportamiento de esas acciones, en la función conjuntiva teoría-praxis, en el grado de adaptación objetiva del hecho realizado al teorema que le rige, en la eficacia que reporta la acción o la compenetración entre los niveles pensamiento-acción.

"El problema de si al pensamiento humano se le puede atribuir una verdad objetiva, no es un problema teórico, sino un problema práctico. Es en la práctica donde el hombre tiene que demostrar la verdad, es decir, la realidad, el poderío, la terrenalidad de su pensamiento"[1]. La praxis del museo es, por tanto, la respuesta concreta al pensamiento objetivo de la ciencia museológica. Los elementos constitutivos del museo, las tipologías siste-

[1] Marx, K., *Tesis sobre Feuerbach*, obras escogidas de Marx y Engels, t. II, pág. 426, Madrid, Fundamentos, 1975. Marx reclama para el concepto «práctica» el mismo contenido que designo como «praxis»: acción fecunda basada en la dialéctica entre teoría y realización fáctica. Distingo, por tanto, entre praxis y práctica (acción eficaz o no, según el nivel crítico de confrontación), fundamentando esencialmente la distinción en el método científico, que requiere para la praxis compromiso real entre pensamiento y acción mientras que la práctica sólo exige realismo que, a veces, puede ser utilitario. Visto desde una perspectiva ética, la praxis ayuda a transformar la realidad y la práctica explicita los hechos que pueden ser transformados.

matizadas atendiendo a diferentes conceptos, y los diversos factores socioculturales cobran una entidad fáctica, real, en la arquitectura del museo, en la sociología del público y del objeto y en una ética y política museológica que atiende correctamente a los comportamientos humanos y a sus interrelaciones con los objetos y funciones museológicas.

Una segunda cuestión hay que aclarar para no desvirtuar el contenido de "praxis" y "práctica"[2]: praxis es acción coherente con el pensamiento, mientras que la práctica es "lo museográfico", la empiria, el fenómeno, que no sintoniza necesariamente con la teoría del museo; por ello, la praxis, siempre que el contenido ideológico conlleve planteamientos científicos, es complemento sustancial de la teoría mientras que la práctica museográfica queda a un nivel de experiencia desconectado, a menudo, del campo de la doctrina.

URBANISMO Y ARQUITECTURA

Elección del espacio urbano

Es un hecho comprobado el papel que el museo juega en la vida del individuo y en la civilización actual. Por ello, la reflexión sobre los objetivos globales que el museo pretende y, consecuentemente, el análisis de la elección del terreno para ubicar el centro cultural son los dos requisitos más urgentes que en un principio demanda la praxis museológica. (Véase Gráfico 5)

Los objetivos de un museo atienden a funciones internas (conservación e interpretación de los fondos) y externas (mostrar el contenido de forma educativa y difundir la actividad del centro museístico) que pueden cobrar una entidad más definida (intelectualidad, democratización cultural, enriquecimiento de los fondos

---

[2] Aparte la nota anterior, consultar el apartado *Ciencia y empiria del Museo* (cap. II).

GRÁFICO 5

Objetivos generales a considerar para la determinación del emplazamiento de un Museo. MAMFRED LEHMBRUCK, *op. cit.*,

Exterior e interior del Museo Guggenheim de Nueva York (Wright, 1959). La audaz solución del arquitecto en esta planta museística reside no sólo en la originalidad del proyecto, de forma helicoidal, sino en partir de un elemento tradicional del museo —la galería—, concebido en rampa ascendente, lo que dota al interior de una continuidad espacial sorprendente.

con una eficaz política de excavaciones...), según la determinación urbanística del museo. El plan de ubicación urbanística, ya ocupe un macro o microespacio, se basa fundamentalmente en la fuente de financiación, en las gestiones burocráticas, en la capacidad interna del centro para mantenerlo económicamente en las actividades que se tengan planteadas, en el conocimiento (cuantitativo y cualitativo) del público que va a dar vida al museo, en la personalidad del contenido que acoge y en el despliegue de posibilidades socioculturales y educativas que pueda desarrollar; en definitiva, el urbanismo es "el signo de las relaciones sociales integradas", como lo define Lewis Mumford en su *Cultura de las ciudades.*

Un museo puede ser emplazado urbanísticamente en el lugar de una excavación arqueológica, en una ciudad o en el campo; existen por tanto:

a) Museos de sitio.
b) Museos rurales.
c) Museos urbanos. (Véase Gráfico 6)

El museo de sitio

Es una tendencia actual de ubicación museística muy acertada. En primer lugar, gracias a su orgánico emplazamiento, se pueden apreciar los objetos, por regla general, extraídos de excavaciones, zonas próximas o configurados por la fisonomía peculiar de una región (agricultura, minería, caza, pesca...), en su contexto real. En segundo lugar y debido al carácter anterior, esa ubicación precisa, dota a las obras de un aire de naturalidad que el visitante capta, reaccionando de forma espontánea ante un fenómeno cultural "auténtico", rasgo difícil de encontrar en nuestra cultura contemporánea, tan manipulada. Además, la armonización entre urbanismo y objeto museístico suscita en la imaginación impresiones que pueden ser completadas con la vivencia directa del entorno y la visión de las obras situadas en su contexto. Con todo ello, el visitante se siente atraído no sólo por razones de orden cultural sino

EMPLAZAMIENTOS URBANÍSTICOS Y RURALES DEL MUSEO

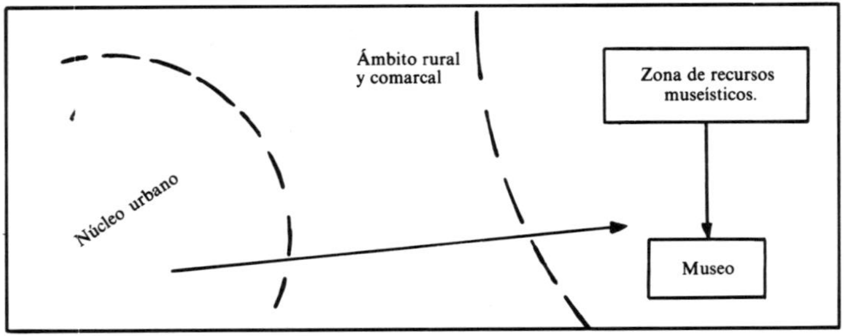

Ubicación del museo de sitio.

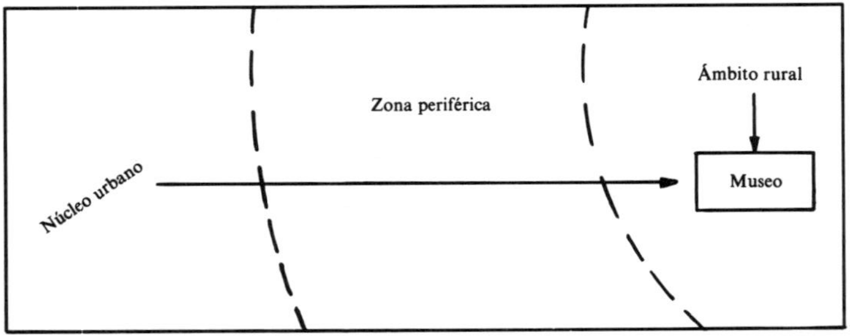

Ubicación del museo rural.

GRÁFICO 6 (b)

Museo a): Periférico.
Museo b): Centro de ciudad.
Museo c): Barrio urbano o suburbano.
Museo d): Complejo urbanístico
opcional: d[1]: centro
d[2]: barrio
d[3]: periférico.

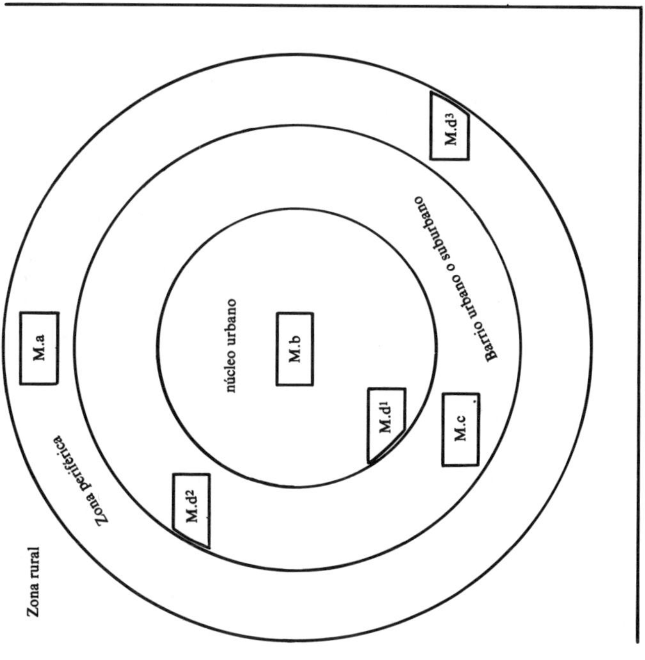

vital: el silencio del campo, la ausencia de aglomeraciones humanas y efectos consecuentes del ritmo de vida urbana o el respirar aire puro favorecen la elección de un público que puede tomar el museo como descanso contrapuesto a la vorágine cotidiana así como excitar su sensibilidad y deseo de ampliar su cultura al ofrecerle una actividad que armoniza el placer de la naturaleza con la sabiduría que los hombres han sabido extraer de ella.

Las desventajas que surgen lógicamente (la pereza por la distancia, los inconvenientes de la vuelta a la ciudad, ya que estos museos acogen mayor afluencia de público los días festivos...), hay que contrarrestarlos con alicientes y atractivos en los que el público encuentre compensaciones a su desplazamiento. Por eso, estos museos deben promocionar transportes públicos que conduzcan al lugar, que éste ofrezca buenas combinaciones de carreteras y accesos al centro museístico, que a su alrededor se ofrezcan restaurante, parques infantiles, tiendas con objetos turísticos y ejemplares reproducidos mecánica y fotográficamente de las piezas del museo, tiendas de artesanía con trabajos manuales especializados en la materia o en otras actividades de la región..., para obtener una visión más completa de las obras, alrededores paisajísticos de descanso y de ocio..., factores que ayudarán al museo a ofrecer un campo de experiencias más ricas que la pura y exclusiva contemplación de las obras.

Los museos en el campo

Para su puesta a punto, los objetivos esenciales corren parejos a los expuestos en los museos de sitio (a excepción del contenido, procedente en los primeros de diversos factores que les conforman y en los segundos, originarios del mismo lugar donde están ubicados). Son cada día más frecuentes (por lo general, subvencionados por instituciones particulares o familiares del personaje al que se dedica el museo) y responden al deseo de armonizar al hombre-protagonista del museo con su vida en la naturaleza. Es frecuente que estos museos nazcan para ilustrar el *modus vivendi* de un pintor, músico o personaje de relieve cultural y científico retirado a su casa de campo, donde compuso tal obra, donde el paisaje le inspiró tal tema pictórico o donde encontró paz y calma para escribir sus novelas.

Para captar el sentido de las obras que acogen estos centros, el espacio rural ofrece cualidades sicosomáticas de primer orden, ya que la luz, el relieve del paisaje, los colores predominantes, la agresividad o sosiego paisajístico juegan un papel complementario y eficaz a la visita del museo. Aún más agudizadamente que el museo de sitio, el factor naturaleza ejerce una influencia más directa en este museo, menos científico y más englobado en el contexto general del ambiente campestre. Los objetos que se ofrecen son naturales, no estereotipados por la industria, y ello causa un efecto importante a una civilización mecanizada automáticamente, con un contacto ficticio con las cosas, cuando uno de los primordiales requisitos para el ejercicio de la sensibilidad y la capacitación cultural es la experiencia directa de la naturaleza que en sus volúmenes, formas, colores, contrastes y armonías ofrece todo un campo para la educación perceptiva. ¡¿Cuántos niños que sólo han visto animales y árboles desde sus flamantes enciclopedias a todo color?!

El inconveniente que depara este museo en el campo, alejado de la vida ciudadana, es el aislamiento y la carestía de contactos culturales con las instituciones educativas que se encuentran en la ciudad[3], aunque, por nuestra parte, consideramos que la ubicación urbanística de estos centros define la tarea educativa más en los valores vitales, producto de la combinación museo-naturaleza, que en los específicamente intelectuales extraídos de los objetos que conforman el museo porque se trata de hacer ejercer al hombre su libertad, fuera de

---

[3] Lehmbruck, M., *op. cit.*, pág. 137. Este número de la revista *Museum* está dedicado íntegramente al estudio de la arquitectura en función de las metas que el museo se propone en la actualidad. Ofrecemos traducido al español un cuadro conceptual que el autor ha realizado sobre los objetivos del museo y su ubicación urbanística. (Véase gráfico 5)

las ataduras que impone el comportamiento urbano, mediante una referencia cultural (el museo) enclavada en la naturaleza.

Los museos en la ciudad

Son los que están más integrados en el desarrollo de la vida urbana y, en este sentido, los que contienen mayor capacidad de comunicación con la población. El expansionamiento cuantitativo y cualitativo de los museos así como el desarrollo urbanístico permanente nos lleva a establecer una serie de categorías de museos urbanos que presentan analogías en su estructuración en lo que atañe al macroespacio urbanístico (ciudad) y peculiaridades que derivan de su ubicación microespacial. Atendiendo, pues, a la zona urbana pueden dividirse en:

a) Periféricos.
b) Museos en el centro de la ciudad.
c) Museos en barrio urbano o suburbano.
d) Museos ubicados en un complejo urbanístico específico y opcional (universidad, parque, centro cultural polimórfico...).

Todos ellos ofrecen condiciones favorables para realizar sus funciones sociales y educativas al estar en contacto con entidades que ayudan a estos logros, lo que dota al centro de un dinamismo y despliegue de posibilidades notables: ciclos de conferencias sobre temas del museo o vida cultural de la ciudad-región o de temas internacionales, coloquios y mesas redondas, organización de conciertos, visitas artísticas a otros centros culturales y artísticos de la ciudad, certámenes a los que concurran el mayor número de competidores posibles, difusión e información de la vida del museo...

Por otra parte, los inconvenientes que se desprenden del museo colocado en zona urbana obedecen a la identificación, por parte del visitante, del entorno urbano museístico con su entorno vital, rebajándose este negativo efecto al realizar una escala que valora en primer lugar a los museos más alejados de la aglomeración urbana (periféricos, en zonas verdes o espacios amplios que aúnan arquitectura y naturaleza), en segundo lugar a los museos en barrios urbanos y en tercer lugar a los ubicados en zonas de densidad de población (plazas, calles, avenidas...). Ello se debe a razones tan obvias como el creciente grado de contaminación atmosférica, aglutinación demográfica, embotellamientos automovilísticos, dificultades inherentes a la vida urbana (ruidos, tensiones...). Por ello, sea cual sea el grado de densidad urbana, la elección del terreno debe caracterizarse por la amplitud espacial y un aislamiento que no atienda tanto a la relación física con el entorno urbano como a los caracteres internos que la arquitectura del centro tiene que comportar.

Otras cuestiones de gestión interna en la planificación urbanística atienden a factores económicos (precio del suelo, especulación...), en relación con los objetivos que el museo se plantea (estudio de la densidad de población, del número de visitantes fijos o potenciales, del nivel cultural del entorno museístico, de las necesidades específicas del público...). Lo realmente importante es que el emplazamiento urbano explote las funciones museológicas, lo que supone una coordinación entre los diversos grados de densidad urbanística y las actividades vitales que en cada núcleo se realizan. Así, un *museo propiamente urbano,* ubicado *en el centro de la ciudad,* tiene que adaptarse a la actividad urbana que se desarrolla en esa zona tratando de paliar los inconvenientes que ésta plantea y favoreciéndose de sus ventajas. Es incuestionable que este museo participa física y activamente del mundo "exterior" con el que tiene que establecer relaciones para atraer el mayor número posible de visitantes. En gran medida, la actividad de su fisonomía externa le viene conferida por la vida urbana que le rodea, debiendo estudiar las peculiaridades del sector (zona comercial, bancaria, de librerías, oficinas, casas de antigüedades...), para poder actuar —por ejemplo, en cuanto al horario— en concordancia con el público asiduo de esa zona.

En un *museo ubicado en una ciudad universitaria o en zonas verdes de la ciudad,* la interacción museourbanismo se realiza a otros niveles por las facilidades que comporta el medio, ya sea infiltrándose en el sector universitario o en el atractivo que supone el aislamiento y, a la vez, la inserción del museo en la vida urbana de una zona de reposo.

Los museos periféricos, aunque quedan fuera del centro neurálgico urbano, están cada vez más insertos en la vida de la ciudad, debido al constante crecimiento de ésta. El contenido de ellos –por lo general, específico– atrae a un número reducido de visitantes que se "desplazan" hacia un microemplazamiento dentro del entorno urbano con una sensación ambigua respecto a su radio de acción urbana. En realidad, ni es un museo urbano ni rural, ni supone un "cambio" respecto a la vida de la ciudad ni una toma de contacto directo con la naturaleza. Está inserto en un seudourbanismo-naturaleza que rarifica la actitud y sicología del visitante desde un punto de vista del emplazamiento físico, aunque ya "dentro" del museo la eficacia del desplazamiento quede justificada por la contemplación de las obras o los atractivos del entorno concreto. Más que museos, estos centros culturales periféricos están constituidos por monumentos de interés histórico-artístico que en su fecha de nacimiento cumplían una función precisa (monasterios, conventos, ermitas, castillos fuera del casco urbano, pero dependientes de él...), y que hoy, aparte las obras que guardan, se utilizan frecuentemente para espectáculos seudoculturales (festivales de música y ballet, conciertos, lugar de obligada referencia en guías turísticas, para grupos de congresistas...).

En cambio, el *museo en un barrio urbano o suburbano* empieza a desarrollar ricas posibilidades culturales. Ello depende sustancialmente de ser un centro independiente (ya sea de propiedad estatal o privada) o dependiente de un museo urbano. En este caso, puede considerarse este museo como *filial de la entidad central* y su carácter más positivo radica en el despliegue de funciones del centro rector y, consecuentemente, en las actividades culturales que en la filial se desarrollan. En realidad, no sólo se trata de ampliar la potencia cultural y descongestionar el contenido del museo-base sino de centrar actividades cooperativistas en zonas de menor densidad cultural y trabajar por una mayor participación pública en la vida del museo. Esta filial ofrece garantías educativas inapreciables si el estudio sociocultural e intelectual de los habitantes que conforman la zona urbana y el interés de éstos por una ampliación de su nivel cultural resulta positivo. Entonces, la dinámica del museo central y filial queda en evidencia al interconexionar experiencias mutuas surgidas en el marco urbano y suburbano, haciendo préstamos, organizando rotativamente exposiciones temporales, difundiendo las actividades que en uno y otro centro se realizan, participando recíprocamente en las mejoras de la política museológica... Sería de gran interés que parte de la manutención de estas filiales —al igual que en los restantes museos—, independientemente de la ayuda del centro estatal del que depende, corriera a cargo del sector beneficiado no sólo en un nivel económico sino de gestión práctica, responsabilizándose, en contacto con los centros de enseñanza de la zona, de labores propias del museo y sugiriendo temas de actualidad que afecten a su zona urbana (urbanismo, planificación de cursos en el museo, difusión en periódicos locales de sus actividades culturales...). Así, desde una perspectiva urbanística que no sólo afecta a los factores físicos y estructurales del medio sino a la participación de la sociedad en la vida urbana, el primer requisito resolverá coherentemente su razón de ser en la praxis museológica.

La arquitectura del museo: inacabada autobiografía

La arquitectura del museo debe ser la inacabada autobiografía técnica, funcional y estética de la institución museológica. Y decimos inacabada porque, pese a ser concebida conforme a unos proyectos concretos, su razón de ser dinámica, como centro de actividades humanas y objetos crecientes, comporta esencial y potencialmente la peculiaridad de ser ampliada, modificada o reestructurada. Además, la concepción y uso del espacio moderno se ha transformado de forma cualitativa: "esta íntima exigencia social colectiva e individual que guía e inspira al urbanismo y a la arquitectura moderna, en su origen funcionalista y en su desarrollo orgánico, no puede ser tomada por un motivo materialista o meramente práctico. En efecto, es un gran movimiento religioso, que posee una fuerza y una sugestión en nada inferiores a los movimientos religiosos o espirituales que inspiraron la creación de los espacios en las épocas del pasado; un movimiento que tiene *un objetivo inmanente porque es humano,* pero que afronta problemas no ya de comodidades contingentes, sino de *la vida o la muerte de una sociedad en la cual el individuo invoca la libertad y busca desesperadamente una integración de su cultura.* Es un movimiento que, en la era atómica, en nombre de un destino humano más sereno y más fértil, lanza un llamamiento por una escena física integrada, por un urbanismo y una arquitectura que sean una señal y una promesa o, al menos, un consuelo en nuestra civilización"[4].

Efectivamente, éstas son las opciones que se nos presentan al examinar la arquitectura de un museo: que sea una señal, una promesa o un consuelo en nuestra civilización. Ello nos lleva ineludiblemente al problema de los museos de nueva planta (planificados eficaz o ineficazmente para las metas del museo) y los museos de vieja planta. Evidentemente, los museos de nueva planta, realizados con un plan coherente —aspectos técnico-funcionales en concordancia con las funciones museológicas—, son la señal e incluso la promesa de una civilización que no sólo concretiza las exigencias humanas del momento sino que atiende a las metas de un futuro posible; los museos de nueva planta concebidos con una falta total de planificación y sin atender las funciones que en ellos deberían llevarse a cabo —caso lamentablemente frecuente— son muestra de una civilización que aún no ha encontrado ni el sentido ni los objetivos que el museo debe comportar; si, al menos, la arquitectura ofreciese una cierta flexibilidad, aún cabría la esperanza de una transformación para estos centros, condenados desde su nacimiento a la peor de las inoperancias, pero la

[4] Zevi, B., *Saber ver la arquitectura*, Buenos Aires, Poseidón, 1951, páginas 107-108. Los subrayados son míos.

realidad de un desconocimiento de la arquitectura museológica así como la falta de visión sobre su finalidad y de coordinación entre el equipo (arquitecto, urbanista, museólogo y conservador) evidencia un progresivo estado de inoperancia.

Distinto es el caso de los museos de vieja planta, cuestión siempre polémica para la praxis museológica. El problema radica en estas cuestiones: edificio creado para una función ajena a la museológica, ¿puede asumir una nueva funcionalidad?; ¿cómo adaptar la estructura arquitectónica –de época romana, gótica, renacentista, barroca, romántica...– a las exigencias del museo en la actualidad?; en el caso de ajustarse a las necesidades museísticas ¿transforma su fisonomía peculiar?; en el caso de inadaptabilidad, ¿se debe mantener como centro museológico o asignarle otra función? Contando con el gran número de museos que en la actualidad permanecen en edificios de vieja planta y que han aunado peor que mejor la estilística arquitectónica primitiva, las características de la arquitectura museística con los fondos que el museo guarda y considerando también la diversidad de enfoques y soluciones que la experiencia museológica ha llevado a cabo, puede decirse que no existen respuestas terminantes, de validez general, a este problema ya que cada planta de museo es un conflicto concreto a resolver, pero, no obstante, la praxis del museo se expresa a menudo clarificando los puntos que se deben considerar.

En primer lugar, un edificio que ha surgido para una función ajena a la museológica es de difícil, cuando no imposible, "museologización". En gran parte se debe a que el estilo del edificio –de por sí, obra de arte y, para más, la mejor dotada de utilidad humana– hay que respetarlo en su concepción orgánica primitiva; resulta profundamente contradictorio que la arquitectura, arte real y concreta, asuma un carácter eminentemente "ideal", vista desde una perspectiva histórica, puesto que las necesidades concretas para las que fue concebida en su época reducen el campo de utilidad en la actualidad.

A pesar de ello, consideremos el edificio no tanto desde el punto de vista funcional que se le dio en su tiempo como en su capacidad de adaptación a los fines museológicos.

Esto sí es posible ya que existen arquitecturas de otras épocas dotadas espacial y urbanísticamente de extensibilidad —lo cual solucionaría problemas espaciales, técnicos y funcionales del museo—, pero quedan pendientes otros factores —romper la unidad y la espacialidad en que fueron concebidas— que conducirían al edificio a la misma metamorfosis interna que sufren las obras colocadas en él. Hace falta mucha audacia, una intuición que sepa armonizar estilos pasados con ampliaciones modernas —si no se quiere caer en el pastiche, eclecticismo o disonancias antiestéticas— y unas cifras económicas tan desorbitantes para acometer la "adaptación" que evidentemente es preferible (y más económico) hacer un museo de nueva planta, realmente capacitado para sus funciones, que permanentes reajustes e instalaciones en el edificio antiguo. Pero es un hecho evidente que las adaptaciones y reestructuraciones se llevan a cabo, así es que la segunda cuestión es cómo adaptar un espacio de uso antiguo a la utilidad museológica[5]. Ateniéndonos a conclusiones anteriores, la adaptación es posible en ciertos casos, y ello a fuerza de perder su unidad estilística, así es que se ofrecen dos opciones:

a) renunciar al sentido primigenio del edificio y estrangular su concepción unitiva o

b) no renunciar (falazmente) a su entidad estilística y fabricar un *cocktail*-museo en el que las disonancias y disparidades pueden llegar al punto de anular tanto la personalidad y la ambientación peculiar del edificio como las funciones propiamente museísticas. Es el precio que pagan las obras de arte cuando divergen los usos de la práctica. Y es también la (falsa) solución ecléctica para salvaguardar lo que, concebido en esa desarmonía, está predispuesto a perecer. Este temible eclecticismo es ciertamente "la arquitectura de la expansión industrial.

Cuando surge el contraste entre la utilidad y la vida, entre el mito y el arte, se presentan los dos aspectos de la

---

[5] Los sistemas de ampliación los trato en el apartado *Elasticidad y extensibilidad del espacio* (pág. 208).

civilización industrial: el romanticismo, dirigido hacia el pasado, y el mecanicismo dirigido hacia el futuro. La curiosidad exótica, la habilidad mimética, la exigencia del confort son los caracteres de toda época ecléctica"[6]. Y todavía habría que matizar la vacuidad de un romanticismo sin sentido, la inoperancia de un mecanicismo estrangulado por su incapacidad de proyectarse a un futuro y la falta de destreza en coordinar habilidad y "mímesis":

Así pues, a pesar de la adaptabilidad de ciertos edificios, los desajustes técnicos, espaciales, arquitectónicos y educativos son los más fieles compañeros de estos centros, pero aun la polémica a niveles teóricos y la práctica museográfica nos ofrecen más campo de exposición. Resulta que, demostrando la experiencia la incapacitación de estas fábricas arquitectónicas para servir de museo, la opinión de los museólogos está dividida: por una parte, hay quienes abonan la idea feliz —al menos, nosotros la apoyamos— de conservar estos monumentos histórico-artísticos dándoles un uso que, al tiempo de privarles del abandono, sea compatible con las funciones que desarrolle (instituciones culturales, delegaciones de ministerios que atiendan a la cultura, centro destinado a las artes dramáticas o a espectáculos musicales, cinematográficos y salas de conferencias) y que no alberguen obras que se deterioran en un medio de por sí progresivamente degradable. Pero otro sector —y, en él, los países que a falta de museólogos encomiendan las decisiones a los dirigentes de la política museística— se aferra a la idea de que estos edificios sólo pueden ser "conservados, conservando" las obras asignadas, lo que dado el obsesivo afán "conservador", lleva a una nefasta contrapartida: la deteriorización progresiva del continente y contenido.

Volviendo al texto de Zevi sobre la necesidad social de hacer una arquitectura de desarrollo orgánico, tenemos que plantearnos el estudio del edificio abordándolo en su estructura interna-externa, en sus interconexiones y en el

[6] Zevi, B., *op. cit.*, págs. 118-119.

comportamiento espacial visto desde el interior y exterior del edificio.

El museo es un lugar para la libertad, para la creación, para la interpretación del material que ofrece, para las expresiones culturales humanas que cobran tanto más sentido cuanto más espontáneo puedan manifestarse. Y todo ello se concretiza en un ámbito real que muestra su primer símbolo de libertad en la fachada, a la puerta del museo. No pocas prevenciones —justificadas a menudo— han surgido en visitantes en su primera toma de contacto con la fisonomía del museo. El acceso no debe ser inmediato: una amplia terraza o una zona ajardinada ofrecen al espectador perspectivas relajantes que no le agobian visual y somáticamente para percibir la fachada o sintetizar la masa arquitectónica. El exterior debe ser, ante todo, estético y perceptivo, es decir, ofreciendo unas proporciones de alzado y zona urbana exterior que sea orgánica con respecto a la escala humana. Lo más impactante de la fachada es su gesto, su forma de comunicar el contenido al espectador. Unas formas sencillas y sedantes que armonicen la estética, la claridad de sentido, la nitidez estilística utilizando los materiales de construcción —piedra, cemento armado, hierro, vidrio...— más idóneos para su solidez estructural que no riñan con la captación del espectador y que ofrezcan garantías no sólo de tipo estético y perceptivo sino de "higiene" arquitectónica exterior, zona más propicia al deterioro, humidificación y destrucción por ser el caparazón descubierto a la intemperie del tiempo y de la atmósfera.

También la fisonomía de la fachada tiene que comunicar el sentido cívico y democrático que corresponde a la finalidad educativa y popular del museo, evitando por todos los medios la inspiración en la grandilocuencia y monumentalidad; con ello no hacemos referencia a los aspectos puramente formales sino a las reacciones físico-sicológicas que implica el comportamiento formal en relación con el espectador que simpatiza o repudia somáticamente las formas expresadas. Se trata de que sea el hombre el que humanice y anime las formas, solicitando de ellas toda la capacidad de identificación que puedan ofrecerle.

La orientación de la fachada es otro punto a considerar puesto que de ella dependen factores técnicos y sicológicos como la sensación de claridad y la mayor utilización de luz natural que evita problemas técnicos de montaje e innecesarios recursos y abusos de luz artificial en el interior del museo.

Constantemente se comprueba en la práctica que los caracteres externos del edificio reportan automáticamente resultados en el interior, debido a la estrecha compenetración existente entre ambos factores (planta y alzado) del conjunto arquitectónico. Esta compenetración surge, paradójicamente, de una contradicción aparente que define al exterior como bello y al interior como útil, como si no existiese una indisolubilidad real entre belleza y utilidad ; la estética "se manifiesta en la plenitud del ser que la imparte, si responde al uso al que está destinada y si expresa por su apariencia a lo que responde"[7].

La estructura interna del museo responde a la distribución y compartimentación espacial y a la susceptibilidad del espacio, clave básica de la vida del museo, por definirse en su multiplicidad de funciones. La planta de un museo, en apariencia abstracta, define sustancialmente la cualificación espacial. En primer lugar porque el espacio, el vacío ambientado y utilizado, es el protagonista de la arquitectura en torno al cual giran las diversas funciones espaciales. En segundo lugar, el espacio, pese a la flexibilidad y capacidad aumentativa o restrictiva, impone una limitación visual y mental para la libertad del espectador. Pero el espacio orgánico, el que sincroniza física y vitalmente en el desplazamiento humano, es de una sorprendente riqueza de movimiento puesto que, por encima de la acotación visual que produce, se define por ser expresivo de la acción dinámica del hombre quien lo utiliza y dota de función precisa al realizar sus desplazamientos o estatismos, al crear relaciones visuales, somáticas y mentales entre el espacio

[7] Dufrenne, M., *op. cit.* t. I, pág. 135.

abarcable-inabarcable, al ejercer sus actividades en un ámbito que no existe de no ser utilizado.

Esto nos lleva a analizar el comportamiento del espacio interno-externo, en apariencia antinómicos pero en el fondo coherentes. Y ello porque la identidad que existe entre urbanismo y arquitectura, considerada la segunda como un microespacio del ámbito envolvente, puede trasplantarse a una escala menor del espacio externo, externo respecto al edificio, pero interno en relación con la concepción urbanística. Por otra parte, la concepción arquitectónica no desliga elementos espaciales intramuros y extramuros sino que los aúna en un plan común, lo que no quita que la desarmonía aparente entre ambos espacios provenga de la imposibilidad humana por vivir y visualizar fáctica y simultáneamente el espacio del interior y el exterior, pero, como contrapunto, la cuarta dimensión, la sucesión temporal de los puntos de vista adoptados, resuelve esa antítesis al estar el hombre capacitado para vitalizarlos consecutivamente.

Pero hablamos de concepciones arquitectónicas orgánicas en las que la elaboración estructural es unitiva, lo que no priva de coherencia al crecimiento espacial del museo, inmerso en un proceso de desarrollo elástico y expansivo. Por el contrario, para la arquitectura que no responde a un plan definido y que se ve sucesivamente afectada por expansionamientos espaciales es legítimo hablar de antítesis e incoherencias que afectan negativamente a la capacidad extensiva y utilitaria del espacio, es decir, al desarrollo orgánico del museo.

Elasticidad y extensibilidad del espacio

Cuando definíamos la arquitectura como “inacabada autobiografía”[8] nos referíamos no a su concepción indefinida sino al proceso “narrativo” que la caracteriza cuando causas de diferente naturaleza demandan progre-

---

[8] Consultar apartado *La arquitectura del museo: inacabada autobiografía*, pág. 201.

sivos nacimientos espaciales. Así pues, la arquitectura que nace para una función múltiple, implica en su comportamiento espacial una disponibilidad de extensión que canaliza a través de los sistemas tecnológicos de la arquitectura. Y en el museo es un hecho constatable la permanente necesidad de acrecentar el espacio, íntimamente ligado a la ampliación de quehaceres y actividades museológicas.

Las causas de ampliación responden a la naturaleza y demandas del público, del objeto y del equipo museístico, lo que, en otros términos, puede expresarse así:

a) Hechos de naturaleza objetual: compras, donaciones, legados, necesidad de integrar en las salas de exposición alguna de las obras adquiridas, ubicación de las no expuestas al público en salas de reserva, nuevo giro de presentación que exige utilización espacial, dar relieve en una sala a un legado de contenido peculiar...

b) Hecho de naturaleza social: acrecentamiento del público, interrelaciones humanas que crean necesidades de zonas de expansionamiento y de servicios públicos y educativos, ampliación de la política cultural atendiendo a salas de conferencias, de exposiciones temporales, bibliotecas y cafeterías con capacidad de acoger a este vasto público sin que se produzcan las aglomeraciones y deficiencias técnicas que lleva en sí la masificación.

c) Hechos de naturaleza científica y museológica por parte de los dirigentes que transformen el uso espacial del museo en beneficio de nuevas experiencias museográficas que atraigan un mayor número de personas. En este aspecto, los conservadores juegan un papel de sustancial interés puesto que de ellos depende —al menos, intelectualmente— la fisonomía y la dinámica de las actividades que el museo ofrece; en páginas anteriores hemos defendido la idea de abolir la individualidad aislada de decisiones e influencias del conservador en el destino del museo, pero como promotor de la dinámica espacial sí creemos necesario incluirle como uno de los elementos sustanciales en los casos de ampliación museológica.

d) Hechos de naturaleza arquitectónico-técnica que ponen en relación:

1) Peculiaridades climatológicas del edificio —humedad, temperatura, rarificación del aire, sequedad...— con la conservación de los objetos.

2) Comportamientos espaciales con las nuevas interpretaciones que a éstos se les asignan (laboratorios, salas de fotografías...)[9].

La praxis museológica demuestra las ventajas e inconvenientes que se suceden en una reestructuración espacial y, consecuentemente, de funciones que afectan al objeto, público y organización (equipo).

A) Las soluciones en lo que toca al objeto se sintetizan en las siguientes:

1.° Estudiar el contenido actual y las posibles adquisiciones.

2.° Seleccionar pedagógicamente las obras para el público y las que han de permanecer en reserva. Para ello, lo más eficaz es que el museo reserve el doble de espacio para las obras no expuestas al público reduciendo el espacio de las salas de presentación al sucintamente necesario, fórmula que no se lleva a la práctica en ningún museo por la razón de acentuar más la cantidad que la calidad y por el falso criterio de que las obras en reserva son las más desahuciadas cualitativamente.

3.° Hacer museos satélites o filiales para descongestionar los locales centrales con un excesivo material museístico.

B) En lo que respecta al público:

1.° Hacer estudios de densificación humana en el museo y asignar el espacio orgánicamente habitable para él.

[9] Todos los hechos expuestos resumen la experiencia de un museo canadiense que ha abordado positivamente las nuevas exigencias del museo y ha explicado sus planteamientos y soluciones —por ejemplo, una eficacísima: mientras se readaptaba el museo, las obras más sobresalientes recorrieron Canadá— en un artículo de la revista *Museum*, volumen XXVII, págs. 34-41, 1975, escrito por Bill Banteey y titulado «Le Musée des Beaux-Arts de Montreal s'agrandit».

2.º Flexibilizar los circuitos y ofrecer ámbitos espaciales de distinta naturaleza (salas de exposiciones temporales, salas permanentes, salas de lectura, fumaderos, miradores, zonas ajardinadas de descanso en las que, al tiempo, se pueda sentir el espectador dentro y fuera del museo, cafeterías...), que desaglutinen grupos muy numerosos.

3.º Establecer horarios para las diversas tareas educativas y sociales que eviten la concentración pública en horas puntas del museo.

4.º Establecer horarios diferentes en las salas de exposición, atendiendo a fraccionar los ámbitos espaciales que acogen secciones objetuales determinadas, experiencia que está llevando a cabo el Museo de Bellas Artes de Bruselas con resultados eficacísimos tanto en lo que afecta a la descongestión de las salas como en lo que atañe a los vigilantes de cada seccion que cuentan con un tiempo de descanso en sus responsabilidades.

5.º Establecer un calendario semanal que reserve días fijos para los grupos escolares, turistas y público eventual.

C) Respecto a la distribución espacial de las funciones internas (equipo del museo), la necesidad de amplios espacios se evidencia en las exigencias que requieren estos sectores específicos (despachos de directores, conservadores, administrativos, salas de juntas, talleres de restauración...). En primer lugar, la compenetración funcional que existe entre estas actividades requiere concentrarlos en un núcleo específico del museo. Para ello, las soluciones que pueden adoptarse son de dos tipos:

1.º que permanezcan en la estructura del museo, o
2.º que se separen de ella.

1.º Mantener estas dependencias en su ubicación primitiva requiere una previa condición: que hayan sido creadas con la suficiente visión de futuro; pueden permanecer insertas en el edificio:

a) situándolas en el centro de la construcción, lo que favorece un control inmediato sobre las restantes actividades museológicas y un rápido desplazamiento a zonas ajenas a su núcleo, o

b) desplazándolas a un ala del centro museístico, lo cual facilita independencia respecto a las secciones públicas en lo que atiende a los horarios diferentes entre público y personal y a la posibilidad (eficaz) de accesos autónomos a las dependencias directivas y administrativas.

2.º Cuando este sector desborda la capacidad espacial asignada, se impone su desglosamiento del espacio propiamente museístico, dejando el espacio que ocupaba para ampliación de actividades educativas y sociales y construyendo las nuevas dependencias:

a) dentro de la zona urbanística del museo pero en un pabellón aislado, o

b) en otro núcleo urbanístico de la ciudad.

Los inconvenientes que produce la progresiva ampliación espacial del museo afectan igualmente al público, al objetivo y al centro de organización museológica. Una excesiva y permanente extensión espacial puede ser tan perjudicial como el mantenimiento fijo e inamovible del espacio arquitectónico y museológico. En el primer caso, la amplitud del museo —en lo que se refiere a su crecimiento ilimitado— da la misma sensación de los grandes almacenes comerciales que, pese a la eficacia del montaje técnico-funcional, desbordan la capacidad de síntesis visual y mental del público mientras que en el segundo caso, la fijación y el anquilosamiento espacial producen efectos de angustia restrictiva, claustrofobia e imposibilidad de movimientos flexibles por parte del espectador.

El objeto, sometido a constantes cambios, sufre tanto en su naturaleza física como en las posibilidades que conlleva su interpretación, al encontrarse física y técnicamente rarificado en una nueva atmósfera climatológica, al quedar desarraigado del marco espacio-temporal que tenía concedido y al necesitar en su nueva presentación una adaptación interpretativa que puede ser positiva o contraproducente en confrontación con el nuevo sistema de presentación metodológica (cronología, serie, caracteres ideológicos, sociales, temáticos, iconológicos...).

El espectador también es receptivo somática y mentalmente a la ampliación del museo, fundamentalmente en lo que afecta al sector de las salas de presentación de los fondos, 1.º porque la ampliación obedece a un crecimiento de objetos, lo que indudablemente el espectador percibe de forma negativa, dadas las limitaciones de receptividad y retención visual y mental humana, y 2.º porque los grandes espacios museológicos deshumanizan la actividad del público que, lejos de interesarse por las nuevas instalaciones, quebradas en la desproporción entre habitabilidad y escala humana, somete al visitante a constantes esfuerzos físicos, síquicos e intelectuales que derivan en cansancio, agotamiento y desinterés.

Igualmente, las dificultades que presenta la ampliación espacial en los servicios directivos y administrativos del museo —sobre todo, en la solución que exponíamos de desvinculación de las funciones directivas de las educativas y llevando las primeras a edificios alejados del centro museístico— se evidencian en la ruptura de contactos entre público y personal, en las gestiones —más lentas e indirectas— que éste tiene que llevar a cabo sobre las funciones que desarrolla el museo y en la dificultad de conectar actividades educativas —realizadas en el museo— que proceden de la organización del equipo, confinado a otro emplazamiento urbanístico.

Pese a estos inconvenientes, la ampliación espacial museística es un hecho y una necesidad del museo actual por lo que la elasticidad y extensibilidad espacial se hacen apremiantes, dotando de nuevas necesidades espaciales al edificio y a costa de transformar el espacio preexistente. Así, "una extensión homogénea se puede acompañar de una modificación en la utilización de los locales"[10], pero no tiene que ser así necesariamente ya que existen variantes entre la extensibilidad y flexibilidad espaciales y transformaciones entre el continente y contenido:

---

[10] Lehmbruck, M., *op. cit.*, pág. 238. Igualmente, los tres casos que expongo están extractados de la misma página.

1.º Ampliando el museo sin modificar lo que existe, por medio de un proceso aditivo (ejecución de una estructura independiente).

2.º Agrandar el museo de tal forma que contenido y continente puedan reorganizarse en un conjunto en el que no se transmuten las relaciones entre los objetos y su nueva ambientación.

3.º Modificar la colocación de los objetos sin ampliar el espacio, pero entrando éstos en nuevos contactos con el edificio.

Las diversas soluciones que la arquitectura ha ido proporcionando a la ampliación espacial arrancan desde el siglo XIX y ello debido a las interrelaciones entre continente y contenido museológico. Analizaremos los sistemas de construcción que desde entonces se han impuesto aunando progresivamente el binomio arte-técnica. Atendiendo a la praxis arquitectónica, los museos han mostrado una estructura estática y dinámica, según las exigencias de cada momento museológico. Evidentemente, la estructura estática (desde el siglo XIX hasta las readaptaciones actuales) se caracteriza por el sistema tradicional de construcción que en planta se configura por el espacio cerrado (no inalterable) y por materiales de fabricación de sólida cantería y albañilería que permiten muros de gran espesor y considerable altura de techos. Esta estructura arquitectónica se basa en el principio estético de armonizar las proporciones espaciales y tectónicas que en la praxis museológica se traduce en una relación estática y limitada entre continente y contenido, relación, además, lineal que obliga a un circuito único. Pese a su estatismo (carácter esencialmente no-funcional), admite readaptaciones y modificaciones espaciales que transforman la fisonomía espacial del ámbito preexistente.

Los dos sistemas constructivos básicos de la arquitectura cerrada son la galería y el gabinete. La primera concebida rectangularmente y de amplias dimensiones longitudinales y el segundo estructurado en un ámbito de pequeñas proporciones tendentes al cuadrado o cuadrilátero. A partir de estas formas arquitectónicas, las variantes y combinaciones se suceden afectando al macroespacio y microespacio arquitectónico. (Véase Gráfico 7)

El macroespacio (galería y gabinete) puede ser ampliado orgánicamente atendiendo a las siguientes fórmulas:

a) repitiendo el módulo originario (galería o gabinete) y situándolo en los ángulos del edificio central, y

b) combinando el módulo rectangular (galería) con el cuadrangular (gabinete), reservando para la superficie longitudinal la galería y adosando en las alas los gabinetes anexos o, a la inversa, colocando el cuadrilátero en el centro (circuito obligatorio) y ampliándose los cuatro lados con galerías. (Sistema propuesto por R. Huygue para museo moderno de arte.)

Con estas dos fórmulas —repetición y combinación— pueden conseguirse teóricamente infinidad de plantas conseguidas por el principio aditivo de hacer proliferar y combinar los elementos unitarios. Desde el comienzo del siglo XX y con las nuevas necesidades museológicas, la planta del museo, siguiendo los esquemas expuestos, atiende más a los efectos educativos que a los estéticos, haciendo del circuito (más flexible y dual para el público y para los especialistas), el elemento sustancial para la planificación arquitectónica.

En este sentido, aparecen nuevas concepciones que readaptan los sistemas existentes con la adición de elementos radiales:

a) Gabinete semicircular (para colecciones de especialistas) con galerías radiales (que acogen salas de presentación al público).

b) Dos galerías compartimentadas por un patio central del que parte un hemiciclo con galerías radiales. Cada galería se multiplica paralelamente hasta confluir en el espacio semicircular.

c) Galerías formadas por una exterior (circuito obligatorio para el público) y varias interiores perpendiculares donde se albergan las colecciones de estudio.

Con la aparición y crecimiento de museos de Ciencias,

GRÁFICO 7

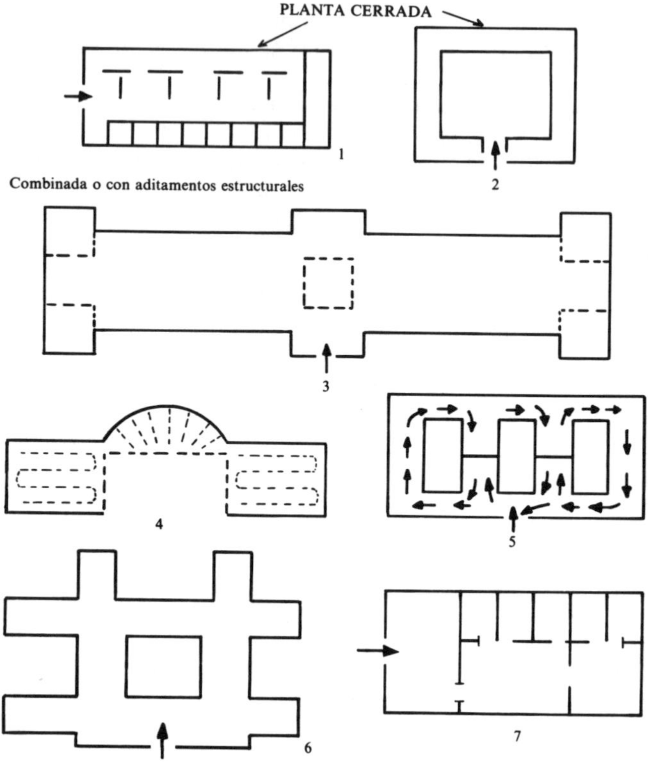

Planta cerrada:

1. Galería (tipo Pinacoteca de Munich).
2. Gabinete (tipo Gliptoteca de Munich).
3. Combinación de galerías y gabinetes en las alas (tipo Rjksmuseum de Amsterdam).
4. Galerías con adiciones radiales.
5. Galerías exteriores para colección al público e internas para especialistas.
6. Galerías conectadas con módulo central que facilita circuitos más libres.
7. Fusión galería-gabinete (para público y especialistas). Plan propuesto por G. H. Rivière para Museos de Ciencias y Técnicas.

Etnología y Técnica surgen nuevas planificaciones arquitectónicas, entre las cuales es de destacar el modelo de museo propuesto por G. H. Rivière en el que:

d) Permanece el plan rectangular de galería, fraccionada longitudinalmente en dos (una para recorrido general y la otra, compartimentada en cuadrados (gabinetes), como salas de comparación con objetos y modelos educativos).

El microespacio de la estructura estática puede también ser modificado atendiendo a la compartimentación que puede operarse en las salas de grandes dimensiones espaciales y tectónicas y en zonas del edificio donde no existen elementos arquitectónicos de carga o descarga de muros. Las variantes van desde la división espacial del suelo con paneles móviles hasta la extracción de un doble espacio conseguido por la partición tectónica que no supone ruptura respecto del conjunto espacial. Del sistema cerrado o estático se pasa cronológica y técnicamente a la estructura dinámica y abierta, es decir, praxiológica.

La planta libre en arquitectura museística es producto de una reflexión social que solicita más que instancias funcionales y tecnológicas, un análisis sociológico del hombre para humanizarlo en su contexto arquitectónico. Las construcciones monumentales dejan paso a estructuras versátiles, audaces y aéreas, que se traducen en materiales sutiles y ligeros, fácilmente moldeables y modificables —vidrio, material aislante, hierro, cemento armado...—, y en elementos arquitectónicos susceptibles de curvarse, retorcerse..., lo que brinda infinidad de posibilidades espaciales internas y externas. La planta libre, elástica y con diversas soluciones la aplica todo arquitecto moderno a la hora de enfrentarse, junto con el museólogo y el urbanista, a la construcción de un museo. La esencialidad de esta planta —desde las aplicaciones racionalistas de Le Corbusier y organicistas de Wright— radica en el principio de que en la simplicidad estructural —un cubo vacío— es donde pueden asumirse las funciones sociales (museológicas) mediante sencillas divisiones modulares del espacio. Este tipo de construcción, pese a adoptar "una actitud que va de la pasividad a la «tolerancia benévola»"[11], está dotada por naturaleza de un dinamismo que se explicita no sólo en la multiplicidad de funciones que asume sino en la proliferación de soluciones que se desprenden según el uso de cada planta adoptada.

La planta libre se asienta en el sistema modular que ofrece, entre muchos, los siguientes comportamientos espaciales (Véase Gráfico 8):

a) Módulo esencial en el que se insertan múltiples particiones geométricas del espacio, (octógonos, hexágonos, triángulos equiláteros, isósceles...) intercambiables, de cuya conjunción pueden resultar plantas excesivamente complicadas y antididácticas.

b) Módulo "vacío", por lo general de estructura cúbica y sin apoyos verticales (pilastras, vigas, pilotes...), en el que se improvisa la "escena" con facilidad de medios técnicos (rieles, paneles móviles...) y escaso tiempo. En este sistema, continente y contenido se expresan conjuntamente en el proceso del montaje, al reducir al mínimum los elementos arquitectónicos que manifiestan la unidad del espacio, de la luz y de los objetos en una perfecta adaptación; presenta, además, una gran ventaja: la apreciación óptima de la obra por ausencia de elementos que no sean puramente visuales o espaciales pero, por otra parte, la asepsia arquitectónica que conlleva puede conducir al objeto museístico a un purismo excesivamente exacerbado. También, si las delimitaciones espaciales de la sala son de cristal, los problemas lumínicos son inevitables y de difícil solución técnica y económica.

c) Módulo homogéneo en dos dimensiones y heterogéneo tectónicamente: ofrece los caracteres anteriores, pero la variedad de alturas dota de mayor vivacidad visual a la estructura, aunque es difícil regular o combinar (artificial-natural) la luz en los diversos planos.

d) Estructura modular múltiple en crecimiento espacial: consiste en compartimentar un espacio macromo-

---

[11] Lehmbruck, M., *op. cit.*, pág. 246. Pese a la sutilidad que comporta este criterio, considero que la «pasividad» sólo puede entenderse como tal cuando no existen consumidores que habiten la construcción.

GRÁFICO 8

PLANTA ABIERTA O LIBRE

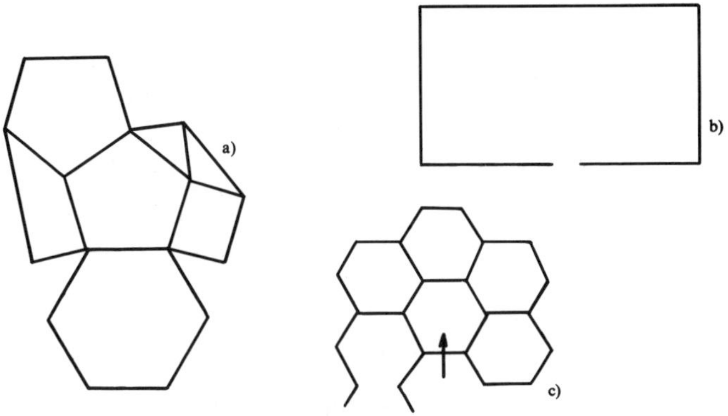

PLANTA DE MUSEO AUTOMÁTICO

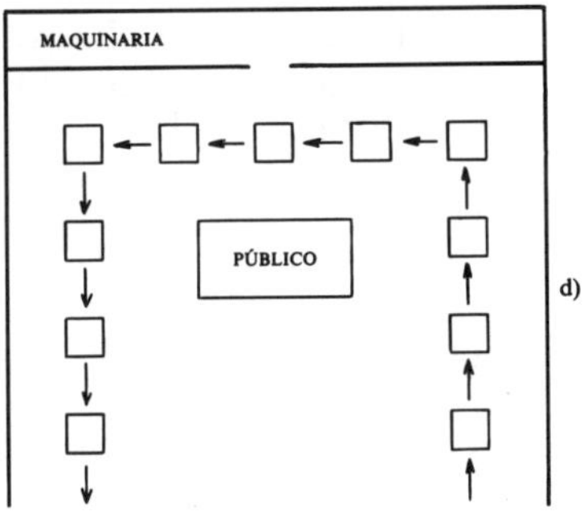

Planta abierta:

a) Módulo central con adición de otros módulos geométricos.
b) Módulo vacío. Libre disposición del espacio.
c) Módulo primigenio extensible homogéneamente.

Planta de museo automático:

d) Idea sacada de Luc Benoist, *op. cit.* (nota bibliográfica, núm. 13). Proyecto realizado por Friésé y Benoist. Público en el centro de una sala; las obras aparecen rotativamente por medio de un sistema de noria. La maquinaria está en un piso bajo o sótano y en el piso superior.

dular mediante micromódulos que armonizan con la estructura compacta o en la ampliación aditiva de módulos a la estructura base. Es el sistema constructivo ideal para museos con metas permanentemente dinámicas.

Además de la estructura estática y de la planta libre, la tecnología actual ofrece un tercer sistema, el automático, en el que el espacio, inamovible en principio, cobra diversas fisonomías al integrarse en él las obras mediante un sistema rotativo, como una noria, que evita al público el desplazamiento de un lugar fijo[12]. Pese a las facilidades funcionales y técnicas (la luz , por ejemplo, diferiría en cada objeto) para la visión directa de las obras, se evidencian contrapartidas de tipo sicológico, humano y social que obligan al público a un "circuito-asentamiento" fijo y obligatorio, como en una sala de cine, que limita su libertad de movimientos y la vivencia más compacta del museo, que no debe existir sólo en función de las obras.

En definitiva, para que la ampliación espacial no cumpla sólo una función física o tecnológica, el museo puede presentar a la entrada un plano de fácil lectura que familiarice desde un principio al público en el edificio, advirtiendo con claridad los espacios delimitados donde se ubica cada sección, los nuevos departamentos y el material que alojan, diferentes soluciones de circuitos sugeridos al público (lo que supondría una mayor libertad en la elección del recorrido deseado) y un margen de interpretación personal acoplando la extensibilidad y flexibilidad espacial a la capacidad específica del espectador.

La utilización del espacio

El rendimiento de la máxima utilidad espacial hace posible el desarrollo coherente de las funciones museo-

---

[12] Luc Benoist en colaboración con Charles Friésé (arquitecto de la ciudad francesa de Nantes) proyectaron un museo automático que puede visitarse, sin desplazarse del sillón, en una hora y media y escuchando una explicación sintética de las obras que van pasando ante el espectador.

lógicas. Estas, sean del tipo que sean, se materializan en el espacio y, por ello, hay que partir necesariamente del análisis de éste para clarificar la distribución de los diversos órganos del museo. Así pues, el contenido del museo —considerado ampliamente en la presentación de los objetos y en los medios educativos que de ellos se extraen—, el comportamiento cultural y vital del público y los sectores complementarios hay que afrontarlos desde un punto de vista espacial.

Estos elementos se concretizan en tres sectores de distinta naturaleza:

1.º Sector objetual o de presentación de obras.
2.º Sector social o de actividades humanas.
3.º Sector especial o de gestiones internas del museo.

En primer lugar, se trata de analizar el comportamiento espacial, específico en cada sector, la forma de viabilizar el recorrido con los otros sectores espaciales y la capacidad de integración entre los tres sectores.

El sector objetual es en la práctica museográfica el más extenso ya que el contenido museológico hace referencia no sólo al objeto en sí sino a la interpretación que de este puede extraerse con otros materiales objetuales (planos, textos, maquetas, copias...). En este sentido, el uso del espacio se deduce del valor cuantitativo y cualitativo de los fondos del museo; ciertamente, no requiere la misma amplitud espacial un museo-pinacoteca que un museo de Glíptica; por tanto, la utilización del espacio para el objeto viene marcada por el pluralismo o especialidad del contenido. Pluralismo que atiende no sólo a la diversidad material de objetos (lienzos, mármoles, tejidos, cerámica...), sino al universalismo artístico o científico (colecciones y piezas de todos los tiempos) en el que se integran las obras. En cuanto a la especificidad del contenido del museo puede atender o bien al carácter homogéneo de una técnica (cerámica, vidrio, textiles) o de un tema-idea que puede presentar variedad de materiales. De todas formas, el museo pluralista ofrece una densidad mayor que el especializado, densidad que se espacializa según el sistema de ordenación elegido; entre los muchos existentes que responden a motivos didácticos, explicativos, interpretativos, arquitectónicos o técnicos, se pueden citar como ejemplos:

a) Ordenación por el método vertical (cronología) u horizontal (material).
b) Ordenación simbólica.
c) Ordenación temática o iconológica (inclusión de diversas técnicas en las salas).
d) Ambiental.

También en la presentación de objetos auxiliares para la educación, la ordenación del material puede exponerse bien en salas adjuntas que amplíen el significado de los objetos concretos o en las mismas salas de presentación de los fondos que requieren unas dimensiones más amplias para la ubicación del material auxiliar. Por una parte, el espacio único para el objeto real y auxiliar coordina la capacidad de asimilación del espectador, pero, como contrapunto, da lugar a ámbitos de proporciones mayores de lo que es de desear ya que las salas de exposición deben ofrecer un aspecto recogido y orgánico, ambiental y espacialmente, para que la percepción, apreciación y comprensión de las obras no haga decrecer la atención del espectador, atención que puede sincronizarse tanto en los motivos esenciales como en los complementarios.

Otro espacio museológico que existe para el objeto (salas de reservas, almacenes, talleres de restauración...), lo trataremos en los sectores especiales ya que su ubicación espacial no está en función directa con la exposición y educación para el público.

El sector social o de actividades humanas atañe al público. Debido al desdoblamiento de funciones que éste ejerce en el museo, este ámbito espacial puede subdividirse en:

a) Ámbitos de descanso tanto en el interior como en el exterior del edificio (parque, terrazas, patios interiores, fumaderos, restaurantes...).

b) Ámbitos de acciones manuales (salas de trabajos prácticos, oficios y experimentos ...).

c) Ámbitos de servicios sociales (cafetería, teléfonos, guardarropas, *stands* para la venta de libros y reproducciones, guardería...).

d) Salas destinadas a la educación (salas de conferencias, cursos concernientes al contenido del museo, biblioteca, salas de proyecciones, salas con material de confrontación respecto a las colecciones [si están separadas de las salas de presentación]...). Esta sección espacial es la más problemática ya que, por una parte, debe estar relacionada física y mentalmente con el sector de los objetos y, por otra, presenta polivalencias procedentes del movimiento del público que, a menudo, no concuerdan con el espacio-circuito de las salas de presentación.

Los sectores especiales (administrativos, secretaría, despachos, talleres de restauración, salas de recepción de obras y de embalaje, laboratorios, fototecas...) pueden estar, como decíamos, separados o nuclearizados en una zona del conjunto, pero sin autonomizarse urbanísticamente del museo. Las funciones que son puramente burocráticas o administrativas aun pueden desglosarse del conjunto, pese a las contrapartidas que ya expusimos más arriba, puesto que son de orden técnico y en cierto modo ajenas al dinamismo museístico (si se le considera a este como centro eminentemente educativo), pero otros quehaceres que se engloban en este sector (restauración, salas de reserva, laboratorios...), deben estar en la vida del museo física y espacialmente ya que forman parte del material "objetual", aunque sean de uso restrictivo para los especialistas (salas de reservas) o para los técnicos (restauradores...), que tienen que confrontar aspectos de su trabajo con obras expuestas al público.

Así pues, los tres núcleos espaciales sustanciales del museo asumen un espacio concreto en la estructura museística, dinamizada por el trazado del circuito, las vías de acceso y la entrada al museo. En primer lugar, del circuito depende el dinamismo y la ductilidad de la visita, el grado de eficacia en la conexión de las salas de presentación y en la interacción con los sectores sociales y educativos. En relación con estos factores, el circuito puede ser de dos tipos, abierto y cerrado, y de su naturaleza dependen la flexibilidad interrelacionable de las salas de presentación, el orden pedagógico de las mismas y la coherencia con el conjunto. Una regla general se impone y es la supresión de largos y complicados recorridos en favor de un trayecto recogido y sencillo que deje lugar al imprevisto y a la sorpresa sin desgaste físico por parte del espectador. Para ello habría que proscribir las grandes galerías en línea puesto que no sólo no dan una perspectiva visual atractiva sino que provocan con antelación una sensación de rutina y cansancio contraproducente para la asimilación de las obras. La circulación debe ser orgánica, lógica, accesible y comprensible puesto que el público desea experimentar vivencias particulares a partir de una trayectoria —prefabricada o libre—, guiada por un rigor educativo y científico.

El circuito cerrado es el que ofrece más posibilidades a efectos de control, centralización y visión conjunta del museo. La trayectoria de este tipo expone tal cantidad de formas obvias (circuito en enfilada, en ángulo recto, crucial, en zig-zag, entrelazado, en cadena, en forma de H, I, U, J...), que no resulta de interés enumerarlas, si bien a niveles educativos y sicológicos desvela varios inconvenientes (obligatoriedad del recorrido prefabricado a seguir, falta de libertad en comportamientos espontáneos del público...), que, al menos, pueden ser contrarrestados si la secuencia del trayecto responde a una organización pedagógica. También resulta eficaz para el público que por primera vez toma contacto con el museo y necesita una ayuda orientadora, ofrecerle en una primera instancia un circuito cerrado. Pero un público más iniciado y familiarizado con la estructura museística necesita de un circuito abierto, no laberíntico, por el que pueda circular libremente sin depender de pasos obligados por estancias que no desea visitar.

La conformación de un circuito descentralizado parte de dos soluciones:

a) Puerta de acceso única.
b) Varias puertas de entrada.

La primera fórmula arranca de un punto crucial del que se desprenden tantas opciones de recorrido como secciones configuran el contenido museístico, solución que dota de gran eficacia al espacio circulable y utilizable ya que descongestiona los sectores de presentación y su capacidad habitable controla de forma menos agobiante que en el circuito cerrado los desplazamientos públicos puesto que la salida coincide con la vía de acceso. La segunda solución, aunque plantea inconvenientes de control, de aumento del personal de vigilancia y de incapacitar la visita a varias secciones, ofrece la ventaja de acceder, mediante el sistema de varias puertas de entrada, directamente a la materia que se quiere conocer. Además, aunque las vías de acceso se ubiquen en zonas dispares del edificio, cabe la posibilidad de establecer circuitos internos que comuniquen unas dependencias con otras, lo que, por otra parte, puede conducir a aglomeraciones excesivas y a una compilación del plan espacial. Desde un punto de vista técnico, el doble acceso presenta grandes ventajas al museo, aunque la dualidad se reduzca a una entrada para el público y otra para los servicios anejos al museo.

Ahora bien, ¿cómo conexionar los espacios entre sí y cuáles son las vías aproximativas para saber qué sectores deben permanecer sincronizados espacialmente? A esta cuestión responde su capacidad de interacción que hace funcionable y posible la confluencia orgánica de los tres polos espaciales. Evidentemente, el sector de presentación de objetos tiene que sintonizar funcional y espacialmente con el ámbito social; es decir, tienen que estar integrados internamente. Sin embargo, el tercer sector, el de gestiones anejas, puede optar por la inserción o separación de los otros, si bien más arriba se especificaban las ventajas, inconvenientes y necesidades que presentaban ambas soluciones.

Contando con que las salas de presentación de objetos se configuran espacialmente de forma autónoma respecto a los ámbitos múltiples de utilizacion social, los conductos de convergencia pueden viabilizarse mediante recursos arquitectónicos, espaciales, funcionales y ambientales que rompan la configuración delimitada de cada sector y, al tiempo, las hagan confluir:

1.º Por procedimientos arquitectónicos: utilización de un elemento de habilidad neutra —patio, *hall*, escalera...— que mediatice el pasaje del sector de educación esencial (espacio de objetos) al complementario (espacio de objetos y usos auxiliares). Este sistema permite, además, independizar un espacio, no necesario, para un fin educativo de otro orden (una sala de conferencias o conciertos, de no realizarse en alguna sala de exposición, no necesita de la involución de espacios presentativos), máxime cuando diversos usos del espacio social se desarrollan a horarios diferentes a los de visitas.

2.º Mediante recursos espaciales: estableciendo diferentes niveles en altura (rampas, escaleras, ascensores...), que conduzcan del sector objetual de presentación al social. Incluso por la línea ascendente estos recursos favorecen la ubicación de las colecciones en planta baja —ventaja, además, para el uso de luz natural— y los espacios sociales de diversos usos en un nivel-desnivelado respecto al primero. La utilidad que reporta es que el visitante de las salas no se fatiga con permanentes ascensos y descensos en altura al permanecer en un nivel de superficie lisa que, de llegar a ser monótona, puede solventarse con grandes ventanales al exterior o interior de patios que desacostumbran de la línea persistente. Además, las rampas o ligeros desniveles de suelo favorecen el contraste entre las salas de presentación de objetos y las educativas auxiliares (confrontación, comparación, reproducción del material original...).

3.º Mediante espacios de uso funcional-social propiamente dichos o espacios alternativos: las salas de descanso, fumaderos, cafetería..., que son zonas neutras en relación a los sectores de presentación y educación, ofrecen la posibilidad del paso de un nivel a otro permitiendo al tiempo un descanso necesario para el público. Otro conducto de interconexión lo ofrecen las zonas muertas —inevitables en readaptaciones de viejos edificios— que pueden ser aprovechadas útilmente en beneficio del cambio al que accede el visitante.

4.º Utilizando pasajes ambientales (pasadizos externos en zonas verdes, logias sobre jardines, galerías con vista a patios y jardines, paso por salas con audición musical permanente...) que desconectan momentáneamente del mundo denso del museo, que ofrecen variedad dentro del ambiente cultural y que favorecen la activa incorporación del visitante mediante la ayuda que suministra un rápido descanso. En estos pasajes no se trata de almacenar, como último recurso, obras que se consideran "secundarias" o "llenar" el espacio ridículamente con plantas de interior como recurso de ángulos muertos sino de darles abiertamente el valor de tránsito, descanso o cambio de panorama. Si son zonas de aire libre son lugares excelentes para esculturas que se compenetran con la espacialidad del entorno urbano y si dan al interior son acertadísimos lugares de ocio, máxime si van acompañados de un mobiliario confortable.

DIALÉCTICAS DE LAS RELACIONES HUMANAS Y OBJETUALES

El análisis del comportamiento del público y del objeto en la praxis museológica sugiere una sociología del museo que estudie al hombre en un medio museístico, la dialéctica implícita entre sujeto-objeto y las interacciones que surgen entre ambos al canalizarse a través de las funciones que el museo con su equipo despliega. Por tanto, la reflexión sociológica sobre estos aspectos constitutivos de la entidad museológica lleva en sí una grave contradicción a un doble nivel:

a) Metodológico.
b) Por la naturaleza divergente del hombre y del museo.

Metodológicamente, la conflictividad se hace palpable porque el enfoque sociológico —analítico— conduce a unos resultados generales que se contradicen cuando entra en relación con el análisis de elementos tan concretos y reales —arquitectura, espacio, presentación...— que son los que realmente configuran la praxis, por lo que se impone partir de los postulados científicos para acceder a un estadio de síntesis interpretativa. Por otra parte, la contradicción existente entre público y museo procede de su específica naturaleza: el público, como individuo y conformante de la colectividad social, toma conciencia del yo y del nosotros al entrar en un museo, preparado para la libertad, pero limitado en su capacidad y naturaleza por conseguirla.

Estas contradicciones pueden ser paliadas cuando el museo ofrece, mediante una autocrítica permanente, una eficacia auténticamente sociológica: atraer y educar al mayor número de personas. Tarea que, por encima del estudio estadístico, como ya vimos, de las tipologías socioculturales que constituyen el museo, se centra detenidamente a analizar sus necesidades más inherentes: capacidad perceptiva, aspiraciones culturales, inclinaciones estéticas, conocimiento de sí mismo, relaciones humanas y afectivas en la vida cotidiana y en el museo, comportamientos desinhibidos y espontáneos, sentido crítico, desarrollo orgánico de la percepción visual y comprensión, todo lo cual favorecería una ruptura de tensiones entre la vida cotidiana y la museística, integrándose el museo en la organización social y urbana y contrarrestando los factores más deshumanizados de nuestra civilización.

Constitución sicosomática del público

Las antítesis entre público y objeto hay que abordarlas, en primer lugar, desde el punto de vista humano; es decir, analizando los factores fisiológicos, sicológicos e intelectuales del hombre en relación con el medio museístico. El punto de partida es el comportamiento sicosomático del hombre; la meta, conseguir de éste un equilibrio biológico que interconexione eficazmente la percepción *(sensum)*, la interpretación de las percepciones (valor sicológico) y la comprensión *(intellectum)* de sus vivencias y conocimientos confrontados con el medio museístico.

Aunque los tres niveles se mueven en planos de relativa autonomía y forman eslabones progresivos hacia el

Sicosomatismo del público.

Un museo concebido para deleite del espectador no puede ofrecer a sus visitantes inacaparables espacios en los que el desajuste entre escala humana y arquitectónica produce efectos de cansancio y lejanía. (Escalera del Museo de Historia del Arte de Viena.)

conocimiento, trataremos estos factores conjuntamente al analizarlos en relación con el ámbito museográfico, pero intentando delimitar a cada nivel sus específicas actividades. Así pues, los tres factores constitutivos del hombre corresponden a tres niveles de cualificación cognoscitiva progresiva:

1.º Nivel fisio-somático: de naturaleza sensual, empírica, mensurable y experimentable en diversas fases de progresión perceptiva que abarca desde la mirada física elemental hasta la complicación de la visión que conduce a la imaginación, trasposición, referencias, multiplicidad visual..., desde la audición física de una música (ruido) hasta la percepción de ritmos, armonías, que hacen responder a la expresividad corporal con reacciones múltiples (sensación de gusto, descanso, rechazo, actividad...), desde el contacto físico con la luz o temperatura hasta la sensación más o menos acusada de estados sicosomáticos. Asume el campo de lo táctil, mensurable y audiovisible, materializado en dimensiones, distancias, proporciones, formas, colores o contactos.

2.º Nivel sicológico: de naturaleza superior, es interpretación e interiorización de los datos físicos, táctiles, somáticos, audiovisuales, al trasmutar sensaciones somáticas externas a niveles de conciencia concretados en movimientos afectivos, anímicos, simbólicos, sugeridos por el plano fisiosomático. En este plano es la sique la que se mueve en estados y movimientos que se materializan en euforia, interés, cansancio, ansiedad, depresión...

3.º Nivel intelectual: analiza y desmenuza los datos suministrados por la percepción y la conciencia, elaborando una síntesis ordenada de los resultados obtenidos. Los resultantes de la actividad intelectual afectan al sentido de la crítica, reflexión, análisis, depuración intelectual, relaciones cognoscitivas, disciplina mental, método interpretativo y acción intelectual.

Ahora bien, la capacidad sicosomática e intelectiva del público está condicionada a los elementos museológicos; es decir, a los factores urbanísticos, arquitectónicos, espaciales, lumínicos y audiovisuales que encuentran su trasposición en el campo de las funciones museológicas en la faceta educativa (apreciación, crítica, contemplación e interpretación), en la faceta difusora (publicidad y medios de difusión cultural) y en la faceta ética (acción y cooperación).

En el factor concerniente al plano urbanístico-arquitectónico, la incorporación del público a la vida del museo depende de la capacidad de penetración del edificio en la vida ciudadana, contando con que en la actualidad hay que contemporizar aún más las coordenadas espacio-tiempo. Como paradigmas pueden citarse:

1.º Museo ubicado en calle-pasaje-galería comercial: ofrece la garantía de una actividad permanente por la ambientación urbana que le entorna infiltrándose el espectador, sin cambios acusables, en el recinto cultural, carente al exterior de perspectivas, pero con ventajas de inserción en un amplio contexto social-urbano.

2.º Museo en la calle: requiere, en primer lugar, un contenido asequible para ser emplazado a la intemperie. Los objetos que pueden exponerse —artes menores, por ejemplo— exigen por sus dimensiones y fragilidad unas vitrinas o grandes escaparates que no desdigan de la fisonomía del centro comercial en que se ubica el museo e incluso esculturas o cuadros —éstos, presentados con sistemas que garanticen su conservación— pueden colaborar en el entorno urbano con la cualificación superior que tradicionalmente se dota a estas obras "de museos". También hay que acentuar la vigilancia —aunque lo ideal sería que no hubiese necesidad de ella— que debe pasar desapercibida para los visitantes del museo en la calle.

3.º Una calle —aneja o no al museo— instalada para fines museológicos: esta experiencia ha sido llevada a cabo en el Museo de Historia de Amsterdam, cubriéndola con una cristalera e instalando un sistema de calefacción adecuado para las piezas que acoge. Ya forme parte de un ala del edificio museístico o no, el efecto de integración urbano-cultural da el máximo de rendimiento a la vida de la zona que ofrecerá, entre otros atractivos, la posibilidad de acceder al museo sin necesidad de "ir de museos".

Las tres formas expuestas favorecen la adición del arte, la historia, la cultura y la ciencia a la vida del ciudadano, proporcionándole no sólo variedad en sus imágenes cotidianas sino fuente de sensibilidad y educación. Otra forma que integra al museo en la vida de la ciudad, aunque con bases diferentes es:

4.º El museobús: autobús dotado de instalaciones pertinentes para la exhibición de las piezas que presenta. Aunque lógicamente el material de enseñanza es sucinto y muy seleccionado, la función social de este recurso museístico es incalculable por la facilidad que supone establecer un circuito por la ciudad con horarios fijados, "transportando" el museo al público en vez de que el desplazamiento sea inverso, lo que suscita en el espectador-ciudadano un orgullo positivo al sentir que el museo piensa en él y, además, una curiosidad que surge no sólo por la audacia o innovación del sistema móvil del museo sino por el contenido que ofrezca (una muestra de algún artista actual, fotografías de cuadros y objetos restaurados, documental gráfico de un tema de actualidad...). (Véase Gráfico 9)

Las salas de presentación dependen tanto del factor espacial como objetual para la apreciación sicosomática e intelectual del público. Las dimensiones tienen un valor de primera importancia: "el sitio necesario y la distancia a la que debe estar situado el objeto aumentan con el número de visitantes, lo que significa que el número de estos por unidad de superficie es inversamente proporcional al número de objetos"[13], lo cual supone insuficiencias y dificultades para conectar con la obra expuesta. En la sala de presentación, el objeto primordial es poner directamente al espectador frente a la obra para que surja un diálogo visual-intelectual entre sujeto-objeto que comience en la visión y apreciación y culmine en la contemplación e interpretación de lo que la obra comunica. Pero la creciente densificación de espectadores

[13] Lehmbruck, M., *op. cit.*, pág. 161. El autor da gráficos expresivos de la densificación del público respecto al objeto.

GRÁFICO 9

CIRCUITO DEL MUSEOBÚS (9 mañana – 1 noche)

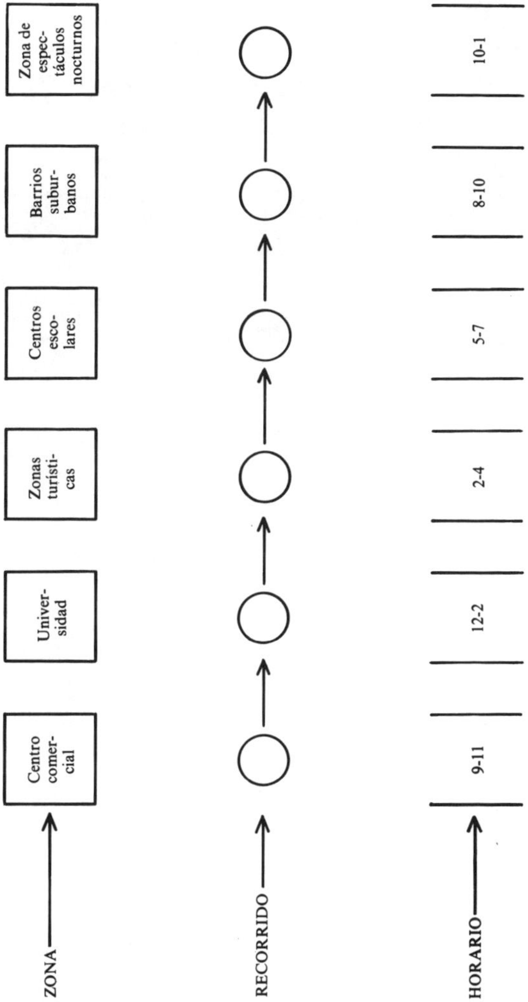

a

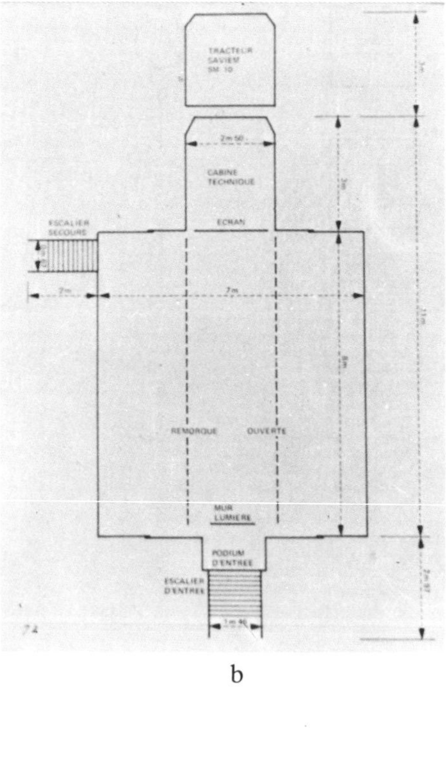

TRACTEUR
SAVIEM
SM 10
2m 50
CABINE
TECHNIQUE
ECRAN
ESCALIER
SECOURS
2m
7m
REMORQUE
OUVERTE
MUR
LUMIERE
PODIUM
D'ENTREE
ESCALIER
D'ENTREE
1m 40

b

El Museobús. c

Cuatro imágenes gráficas de las posibilidades socio-culturales del Museobús Linder integrado de forma activa en la vida de la ciudad. *a)* Aspecto del museobús; *b)* Plano del interior; *c)* Traslado de un lugar a otro, escoltado por guardias por razones de seguridad, y *d)* Sala de exposiciones con instalación para audiciones musicales y pantalla de proyección de un film sobre Georges Rouault.

d

(individuales, grupos...), dificulta este objetivo e incluso expone a la obra a riesgos de deteriorización (densidad de atmósfera, rarificación del aire, falta de ventilación...)[14]. Las dimensiones de las salas no sólo afectan al espacio habitable para el público y para el objeto sino a la amplitud de los muros en relación con las obras que acoge, las distancias existentes entre ellas, la capacidad visual del espectador por pasar de una a otra obra, el trayecto que ha de recorrer para acceder a la siguiente...

Todo ello insta:

1.º A reducir, en relación con el contenido del museo, el número de obras en las salas.
2.º Presentarlas de forma clara e inteligible.
3.º Hacer orgánica la secuencia espacio recorrible y tiempo empleado.

En cuanto al tamaño de las salas no se pueden dar normas de validez general puesto que depende de las dimensiones de las obras, de la manera elegida para colocar las piezas y del espacio reservado para el espectador (como mínimo, se necesita de 1 a 3 metros para contemplar obras que requieren perspectiva); lo que sí es preciso tener en cuenta es que exista, evitando tajantemente la megalomanía espacial, una coordinación y relación de espacios entre continente y contenido, lo que favorece una adecuación de estos factores a la escala humana.

Aunque cada sala puede presentar diversos modos de exposición en lo que toca a la ordenación del material expuesto, hay que tener en cuenta (en salas de pintura, por ejemplo) la ubicación de altura de las obras, considerándose más eficaz la alineación de obras por

---

[14] En China este problema se ha solucionado en los museos de Arte y Arqueología —que son los que conservan más obras «maestras» y de gran antigüedad— con la relación de excelentes copias que han sustituido al original, lo que ha permitido un contacto —incluso físico, impensable tratándose del original —directo entre el espectador y la obra y un rechazo a las medidas de seguridad —vallas, cordones, cristales... Este sistema supone una mutación en el concepto de «obra de arte» en beneficio de la apreciación pública.

El espacio habitable ante la pieza museística tiene que ser superior a la densificación humana para evitar faltas de perspectiva, aglomeraciones, atmósferas cargadas y propiciar una eficiente contemplación de las obras.

Arriba: Grupo de turistas ante el *Cristo* de Velázquez del Museo del Prado (Madrid).

Abajo: Las obras-mito tienen que disponer de espacio suficiente para evitar concentraciones que entorpecen la visión: afluencia masiva de visitantes ante *Las Meninas* de Velázquez en el Museo del Prado (Madrid).

necesidad de visualidad ya que el ojo está habituado a percibir con menor desgaste los objetos que se le presentan a una altura apropiada para su receptividad visual. El espacio lindante no depende tanto de las dimensiones de las obras cuanto de la necesidad de distanciamiento entre cuadros vecinos (a partir de medio metro) ya que una sucesión excesivamente ajustada exige constantes paradas que ni benefician al relax del visitante ni dejan centrar la atención en la obra contemplada.

A pesar de las interrelaciones entre los objetos de la misma sala, éstos deben emplazarse de forma que cobren valoración por sí mismos, para lo cual hay que disociar cada objeto de motivos que interfieran su apreciación. En toda presentación va implícita una valoración del objeto que puede expresarse de tres formas diferentes:

a) Explicativa de un momento estilístico con muestras de variadas técnicas.

b) Participadora de un contexto general (histórico, monográfico, cronológico, temático...), pero rodeado de piezas análogas en técnica.

c) Colocada aisladamente.

Con ello se trata de retener la atención del público al predisponerle para que capte emocional, estética y sintéticamente (primer caso), para buscar más la sensación artística de una técnica determinada (segundo caso) o para fijar específicamente la atención sobre los valores intrínsecos de la obra, reduciendo al mínimo los elementos complementarios de apreciación (tercer caso). El aislamiento total de la obra de arte es el sistema más impactante —no el más educativo— al adecuarla en una sala preparada exclusivamente para ella pues cuenta con unos efectos sicológicos por parte del espectador, dispuesto a lo largo del circuito a llegar al "¡por fin!" de la obra que da fama al museo. Los recursos para atraer la curiosidad del público sobre estas obras justifican sicológicamente el aislamiento, pues ¿cómo hacer relevante en una sala general el espejo que acompaña a *Las Meninas* de Velázquez del museo del Prado, la majestuosa perspectiva desde la escalinata del museo del Louvre para "encontrarse" con la *Victoria de Samotracia* o la reciente instalación de la *Ronda de noche* de Rembrandt en el Rijksmuseum de Amsterdam?

Las esculturas requieren un espacio orgánico para ser analizadas en sus tres dimensiones. Los lugares "estratégicos" para el montaje de esculturas son:

a) Colocación en el centro de la sala: es efectista, se presta a una interpretación anodina y lo que es peor, no presenta relación espacial respecto al ámbito que la alberga. Ante ella, (fundamentalmente en las de la Edad Moderna pues las contemporáneas, de grandes dimensiones, contextualizan mejor ocupando el centro, cuando no todo casi todo el espacio de la sala), el espectador tiene la posibilidad de rodearla y apreciarla en sus más mínimos detalles, pero no le dicen nada puesto que percibe el vacío en el que se expresa.

b) Aprovechamiento de un ángulo mural: siempre que el espacio posterior sea utilizable para el público, es un sistema adecuado, puesto que acota a la pieza respecto a referencias murarias y espaciales que "centran" al espectador en su visión.

c) Enmarcación en nichos y paramentos: por lo general, es el sistema tradicional para la presentación de obras clásicas. Por una parte, si la expresividad de la escultura está centrada en la parte frontal, este sistema subsana la ausencia de tridimensionalidad pero, por otra, si la pieza necesita para su total visión y comprensión exponerla en sus tres dimensiones, la enmarcación destruye una de sus cualidades esenciales, lo que el espectador capta al considerarla simplemente como objeto decorativo o ambiental de la sala.

d) Colocación en pedestales (madera, piedra, cemento, mármol) o soportes de hierro: es muy adecuada para esculturas de pequeño formato (cabezas clásicas, tallas góticas, bustos renacentistas, grupos dieciochescos, obras de pequeña o mediana dimensión de contemporáneos) siempre que la proporción y material del pedestal encuadre con la pieza que sustenta. Los grandes pedestales habría que proscribirlos puesto que hacen inaccesible la visión de la obra (se supone, de gran tamaño) al quedar alejada de la visión del espectador, sometido a no pocos esfuerzos musculares para percibirla.

e) En soportes propiamente escultóricos, concebidos por el artista: son las obras que mejor se expresan espacialmente y que más facilitan su ubicación: un patio, una galería, una terraza o jardín del museo son los ámbitos espaciales más auténticos para que el espectador capte toda la espontaneidad de la obra, sin necesidad de recursos museográficos.

Así pues, no es tan importante el espacio como su acción orgánica ni las grandes dimensiones como la relación armónica entre obra-espacio y obra-obra ni las proporciones de las piezas como los soportes ajustados al contenido que mantienen ni la variedad de espacios plenos y vacíos o zonas cóncavo-convexas como el ritmo estético ni la centralización de la imagen en el espacio como la multiplicidad de puntos de vista que debe aportar para que la escultura ofrezca todos sus caracteres perceptivos, estéticos y educativos que sicosomaticen activamente al espectador.

En las salas que ofrecen artes menores y objetos de

Presentación en edificios de vieja planta.

Arriba: Sala del Museo Pío Clementino (Museos Vaticanos, Roma). Las esculturas sobre altos pedestales imposibilitan la apreciación completa de la pieza, imposibilidad acentuada con la ausencia de espacio disponible para bordear la obra. Es la fórmula de la preferencia por la apariencia grandiosa en perjuicio de la misión educativa.

Izquierda: Rotonda del Museo Pío Clementino (Museos Vaticanos, Roma). El mosaico central, acotado por baranda, cohibe el efecto de libertad que el museo debe proporcionar al visitante. La alternancia colosalismo/diminutismo, como criterio tradicional de los "valores" clásicos de ritmo, armonía y simetría, cansan al espectador tanto visual como sicológicamente, creando desvirtuaciones visuales y falsas apreciaciones estéticas.

pequeño tamaño que han sido condenados a inevitables vitrinas, el problema del amontonamiento, cerrazón y distanciamiento reporta al espectador un desinterés que se produce por la ausencia de un sistema expositivo que dote de gracia, variedad y relevancia a las piezas que el museo ofrece. Evidentemente, el público que se encuentra ante diez hachas de talón, veinte lucernas, dieciséis esmaltes con los mismos temas o una colección innumerable de jarras talaveranas llega a la conclusión de que todas las piezas son iguales, repetitivas y que no le aportan nada nuevo. Además, cada objeto, inmerso en la vitrina, junto a su inevitable etiqueta igual que el siguiente objeto y la etiqueta consiguiente, mata el interés y el público empieza a sentir cansancio, sensación de pérdida de tiempo, amén de otras deficiencias de las que sólo es responsable el museo. Este debería atraer la atención sobre este tipo de objetos tan seriados con recursos que se centren en la selección, variedad y material auxiliar educativo. En estas salas es absolutamente necesario fusionar la presentación de obras y el material de educación complementario. Cuando la densificación seriada de objetos llega a límites desbordantes, la fórmula *less is more* da resultados encomiables. En vez de toda la colección de hachas de talón que el museo posee, seleccionar una o dos representativas y exponerlas en un ambiente que puede recrearse, aparte de la utilización de objetos "reales", con dioramas, pinturas, cuadros..., que expliciten la vida del hombre en su medio, sus actividades y recursos, los usos para los que produjo sus objetos (¡hoy, en vitrinas; entonces, en el paisaje prehistórico!)[15].

Igual sucede con los marfiles, esmaltes, encajes, cerámicas, vidrios..., en los que el espectador puede encontrar delectación e información al ofrecerle muestras concretas y explicaciones sobre la producción de la técnica, las causas de elección de tales motivos temáticos, el público que en su día compraba las obras o la repercusión industrial o artesanal que ha alcanzado en la actualidad tal actividad artística. Así, el público se interesa por los objetos, los lleva mentalmente al paisaje fotográfico que se le ofrece, piensa en la utilidad del objeto, se informa de un dato que desconoce y la visita, que pudo ser un paso indiferente y monótono por

---

[15] En este sentido, es realmente ejemplar la concepción de la sección prehistórica y clásica del Landesmuseum de Bonn, a base de recrear vidas milenarias con los objetos que caracterizaban la vida cotidiana. La gran tarea de este museo modélico, en el que el más hostil enemigo de la Prehistoria acaba viviéndola y comprendiéndola, ha sido rechazar el concepto de objeto de antigüedad como obra de arte en favor —incalculable— de la utilidad educativa que reporta al considerarlo objeto de uso.

las vitrinas, suscita un movimiento de interés permanente y cobra un sentido eficaz al conjugar el consumo de energía fisio-somática con el rendimiento educativo que ha ejercido el museo.

Sin embargo, resulta difícil la coexistencia en análogo espacio de presentación para los fondos del museo y la información educativa, sobre todo en museos de Arqueología y Bellas Artes. La dificultad estriba, en gran parte, en la concepción sacralizada de la obra en la cultura occidental que implanta el anatema allí donde la pieza no se presenta en su "purismo" (¿?) artístico, descartándose cualquier tipo de infiltraciones "extra-artísticas" –aunque éstas sean educativas para el público– que "distraen" de la pura contemplación de la obra. Pese a la falacia que supone esta idea de la obra de arte, los hechos hablan claro del conflicto que se opera entre contemplación e información simultánea. Veamos el comportamiento del público en uno y otro caso.

Cuando el espectador entra en una sala con objetos exclusivamente "auténticos" –supongamos que la presentación es ideal educativamente–, la actitud se vuelve activa al contemplar las obras pues presentan una organicidad expositiva, hablan un lenguaje directo por sí mismas, en relación con el contexto objetual y con los medios técnicos de exposición; la sensibilización, capacidad receptiva sensorialmente y asimilación intelectual surge en el espectador, debido a la atención exclusiva sobre las obras. Pero esta atención requiere un esfuerzo permanente que va disminuyendo a medida que se consume el tiempo y que se recorre más espacio en la contemplación de las obras. Llega un momento en que la capacidad de concentración decae hasta el punto de descentralizar el objeto de la visita. Entonces, todo lo que al principio ayudaba a una clara comprensión sicosomática e intelectual empieza a transformarse en los sentidos y mente del visitante que ve reiteraciones expositivas donde antes encontraba variedad e innovación, que constata que la obra de arte, antes autosuficiente para comunicar su mensaje, necesita de explicaciones que aligeren su esfuerzo y concentración. Estas consecuencias se deben a:

a) La capacidad limitada del espectador, imposibilitado por hacer permanente un estado de pura concentración.

b) A la falta de comprensión y adaptación del museo por paliar los condicionamientos reales, físicos, síquicos e intelectuales del público.

La presentación de obras asépticas de contenido informativo y didáctico predispone a un decrecimiento progresivo de la atención del espectador. Este, que desconoce la amplitud espacial y objetual que tiene que recorrer, no puede dosificar su capacidad receptiva y activa y se siente eufórico en las primeras salas por las ofertas que le brinda la presentación de las obras hasta que empieza a acusar cansancio, monotonía y una "desilusión" contrastante con su primer activismo.

Esa desilusión supone la ruptura de lo que el visitante esperaba encontrar y lo que realmente ha encontrado. Por el contrario, en el caso de aunar presentación de obras con medios auxiliares de educación e información (información verbal, audiovisual...), el fenómeno de la ilusión queda contrarrestado puesto que el espectador entra en un ámbito donde sabe que los efectos ilusorios[16] de las obras cobran realidad al ser interpretados y asumidos directamente por el sicosomatismo y capacidad intelectiva del espectador. Las aportaciones subjetivas y peculiares que la obra ofrece para cada individuo se enriquecen con comprobaciones objetivas y científicas que hacen mover al hombre de la contemplación a la acción, que le llevan a corroborar, matizar y canalizar sus apreciaciones con datos de validez objetiva que suministra el material auxiliar. Y así, el visitante pasa mediante conductos compatibles de la irracionalidad de sus sentimientos y percepciones —"me gusta", "no me gusta", "está conseguida" o la cacareada y típica frase "esto lo hago yo"— a la comprensión objetiva de la obra.

---

[16] Al hablar del carácter «ilusorio» en la obra de arte me refiero a la falacia sensual y mental que comporta, al grado de subjetivismo que impone su contemplación y que erradica una operación objetiva sobre los objetos.

Existen matices para ubicar la información educativa en la misma o aneja sala:

1.° Las ventajas que reporta la utilización del mismo espacio para los dos tipos de contenido es la confrontación directa y simultánea, de mayor eficacia para el espectador que realiza en un espacio y tiempo contemporáneo ambas actividades.

2.° La sala aneja de material informativo se impone cuando la densificación de información desborda los límites de la sala de presentación o cuando la exposición narrativa de la información necesita de un orden sistemático en un lugar aparte[17].

3.° La cuantificación del material complementario de las obras depende del contenido específico de cada sala y de los modos de presentación. Hay obras —las excepcionales— que requieren una información amplia y otras que quedan explicitadas con un panel que sintetice las ideas esenciales, método de gran utilidad para salas de conjunción estilística o de un momento histórico determinado.

4.° También el material complementario tiene que ser dosificado y seleccionado como las obras presentadas. Una lista interminable de datos, fechas, estadísticas..., no es valorada intelectualmente por el público quien, además, se siente aún más agobiado físicamente entre la vorágine de datos eruditos y obras artísticas. Las etiquetas, como instrumento de información puramente indicativo, deben ser sucintas, claras y expuestas a una altura asequible a la visión de todos sin necesidad de provocar permanentes ejercicios casi gimnásticos. Autor y título de la obra son datos suficientes cuando la sala ofrece paneles explicativos de mayor interés que el conoci-

---

[17] Es el caso de las dos salas destinadas a la información y presentación de la *Ronda de noche* de Rembrandt en el Rijksmuseum de Amsterdam. El orden establecido ha sido prologar la obra del maestro holandés con fotografías narrativas del atentado que sufrió y el proceso de restauración de la obra hasta llegar a la sala donde hoy se exhibe, ilustrada sencillamente con una copia del siglo XVII que muestra el estado original con el sector izquierdo, cortado en el siglo XVIII, excelente muestra para el cotejo entre su estado primitivo y el actual.

miento de la fecha o la donación de tal coleccionista. Ideas claras y sintéticas son las que el espectador necesita para enriquecer la visión directa de las obras.

5.º Las artes menores, los trabajos manuales y objetos que han ofrecido en su día un uso cotidiano requieren mayor dosificación informativa porque:

a) La dimensión de los objetos (pequeños, por lo general) favorece una extensibilidad informativa.

b) Esta, a su vez, favorece la comprensión del objeto, absurdamente infravalorado implícitamente en su titulación de “arte menor”.

El órgano de la vista es el que desarrolla más actividad sicosomática en el museo y la iluminación es la que provoca los mayores conflictos no sólo a la percepción humana sino a la utilización de los objetos. Por otra parte, los comportamientos peculiares del hombre y objeto ante la luz difieren hasta tal punto que, a veces, las fricciones hay que resolverlas en detrimento del sujeto o del objeto, valorando ante todo la eficacia de la luz, bien para el espectador, bien para realzar el contenido de los fondos o bien en defensa de su conservación. En lo que afecta al comportamiento visual humano, la importancia lumínica no sólo repercute en el plano físico sino en el sicológico. En lo que toca al órgano visual, la luz exige una permanente acomodación del ojo a la fuente luminosa que, de ser excesivamente contrastada, provoca una reacción fatigante y nerviosa; monótona, en el caso de una intensidad continua y aumentativa de la sensibilidad visual si se mengua la intensidad. Pero es en el plano sicológico en el que la luz juega un papel fundamental[18] porque:

---

[18] Es profundamente significativo que la luz, más allá del nivel puramente sicológico, sea exponente de ideas filosóficas, actividades humanas y tendencias artísticas. Piénsese, por ejemplo, cómo el Romanticismo gustó de la penumbra, las tinieblas, tormentas, grutas... y evoca la noche y el «claroscurismo filosófico» de Spengler, al igual que el siglo XVII, profundamente filosófico y contrastante, se manifestó en expresiones pictóricas claroscuristas y tenebristas. El Rococó, el Impre-

1.º Mediante ella se procede a la interpretación de los objetos y del espacio.

2.º Los mensajes que envía sobre los objetos pueden ser positiva o falazmente interpretados ya que

3.º De su utilización y dirección depende el considerar la imagen como es en realidad o como queda falseada o transformada por la emisión lumínica.

Los elementos materiales que integran la luz son tan complejos que, aun con permanentes análisis científicos, todavía no se han encontrado resultados válidos para todos los elementos que de ella dependen. Su naturaleza se manifiesta en tres formas: natural, artificial y combinada. La luz natural evidencia su máxima eficacia —siempre que no afecte a la conservación de las obras— al presentarse en condiciones semejantes a las que fueron creadas las piezas (eficacia sicológica), pero, al ser viva y cambiante, ofrece un reparto desigual en el transcurso del día, lo que exige un dispositivo que la tamice o dosifique adecuadamente. La luz artificial, inerte, monótona y constante, presenta una distribución homogénea sobre los objetos, pero a efectos fisiológicos y visuales es contraproducente puesto que siempre será, a pesar de su dosificada filtración, luz obtenida de forma artificial. Evidentemente, las ventajas que reporta la espontaneidad real de la luz natural se enfrenta con el recurso efectista de la luz artificial mientras que la

---

sionismo y la civilización contemporánea se expresan, en su necesidad por la luz, con sus cuadros color pastel del Rococó, traduciendo al lienzo los valores luminosos (impresionistas), incorporando a la arquitectura (acentuadamente a partir del racionalismo de Le Corbusier) materiales (cristal) de fuerte penetración lumínica, abundando en símbolos lumínicos (Gide, Mallarmé, Valéry...) que en la literatura y poesía contemporánea se acentúan expresivamente en la ausencia de luz o connotando su desbordamiento físico en contraste con el caos sombrío interior del hombre o en el cine —fenómeno determinante de la influencia lumínica en la vida— los múltiples mensajes que la luz envía en conjunción con el espacio y movimiento. Incluso en la vida urbana se constata esta creciente necesidad de luz en la lucha contra la oscuridad de la noche con los sistemas de iluminación nocturna en estaciones de metro, parques, ciudades y con medios luminosos de publicidad y propaganda con anuncios, rótulos, carteles móviles visuales...

variabilidad de intensidad de la luz natural reporta beneficios a la constancia de la fuente lumínica artificial. La calidad de la luz natural varía según la época del año y la orientación[19], pero también en la luz artificial la calidad es variable para lo cual se añaden ampollas azules, llamadas "luz de día", procedimiento muy caro aunque palia la sensación ficticia de la luz artificial.

Respecto a la dosificación no existen estudios terminantes que fijen la cantidad de luz necesaria que requiere cada objeto para ser visto por el espectador. El grado de luminosidad natural de cada país es un factor decisivo para la adecuación de la dosis. Estudios realizados son exponentes de la diferenciación de un país a otro: la National Gallery de Londres necesitaba una dosis de 6 ó 7% de luz artificial sobre la natural mientras que en el Museo del Prado bastaba con 1 ó 2%[20], pero lo importante, aparte el estudio científico que cada museo debe acometer, es que esté bien distribuida, sin estridencias ni zonas penumbrosas que producen impactos nefastos para la retina y que esencialmente sirva para iluminar, no para deslumbrar.

El reparto de luz debe ir dirigido al objeto, no al espectador o al suelo, y esta distribución proporcional debe atender tanto a la calidad como a la cantidad de la fuente luminosa. La incidencia de la luz y el ángulo de reflexión deben ser estudiados específicamente en cada objeto para evitar valores inexistentes, relieves exagerados, mutaciones cromáticas o ampliación de la profundidad, efectos falaces producidos por la luz rasante que hacen malinterpretar el objeto al público.

Los problemas visuales y sicológicos que surgen de la iluminación natural y artificial se producen por fenómenos de reflexión indebida de la luz sobre los objetos. Los deslumbramientos, destellos y reflejos obedecen al exceso de luz de un punto luminoso sobre el campo de visión, al

---

[19] Vitrubio, por ejemplo, aconsejaba la luz del norte que es más igual y la prefería para salas de pinturas; ya en el siglo XVII los cuadros no se pintan con esa luz y hoy se tiende al uso de la luz meridional, evitando los problemas que plantea con recursos técnicos.

[20] Bazin, G., *op. cit.*, Cours XV, pág. 1.

doble acomodo que se le exige al ojo ante una superficie lisa y brillante (vitrina, cuadro protegido por cristal...), o al bifurcarse en muchos rayos una fuente luminosa en una superficie pigmentada (cristal tallado, barnices de cuadros...).

La luz natural puede proyectarse directa o indirectamente, dando en el primer caso tres formas diferentes: lateral, cenital y diagonal. Desde un punto de vista puramente visual, la luz cenital que bifurca sus radiaciones lateral y oblicuamente es la más adecuada para la percepción, aunque caben combinaciones (vertical-difusa para la apreciación general de una ambientación) y peculiaridades de cada tipo de luz sobre los objetos (la diagonal, por ejemplo, pone de relieve la plenitud del objeto que puede ser concretamente percibido con todo detalle, pero causa reflejos a otros sobre los que no incide directamente).

"El contraste es necesario en la percepción del ambiente pero, en un museo, hay que dosificarlo de manera sutil. Un estudio de contrastes admisibles de luminosidad de superficies en el campo visual podría servir de señal. 1.º La iluminación de todos los objetos y superficies de un cierto tamaño, situados en el campo visual, debe ser en lo posible de la misma dimensión. 2.º En las partes centrales del campo visual, los contrastes de luminosidad de superficies no deben pasar la relación 1:3. 3.º Los contrastes entre el centro y la periferia del campo visual o entre las partes de su periferia no deben pasar la relación 1:10"[21].

Desde un punto de vista sicológico, la luz natural, sea cual sea su dirección, ejerce una influencia relajante en el espectador no sólo porque constata en ella la realidad de los tonos, colores, sombras, matices o intensidad sino porque la fuente de origen procede del exterior y opone un contrarresto al sentimiento de cerrazón espacial que caracteriza al espectador en el museo. También los colores y tonos producidos por las radiaciones solares pueden ser utilizados con sentido sicológico reservando

[21] Grandjean, E., *Précis d'ergonomie, organisation phisiologique du travail*, París, Dunod, 1969.

los tonos cálidos para ámbitos que requieren subjetividad y contemplación y los tonos fríos para zonas en las que se impone un ejercicio mental y objetivo.

La iluminación artificial, si no se combina con la natural, produce a efectos fisiológicos y visuales perturbaciones somáticas y desequilibrios visuales *(shocks*, intensidad excesiva, frialdad, monotonía) que, sin embargo, en el plano sicológico no se traduce en modificaciones síquicas de relevancia. La incoherencia existente entre el comportamiento del ojo y de la sique se presenta obvia en una civilización que en horas de plenitud solar tiene que recurrir a los recursos artificiales de iluminación, por lo que el público del museo no acusa tan acentuadamente su capacidad síquica de adaptación al campo visual como su limitación perceptiva, pese a que ésta sea causa de consiguientes alteraciones síquicas.

Otros factores que influyen en el sicosomatismo del espectador son los colores utilizados y las materias empleadas en las salas, los elementos audiovisuales, la colocación de etiquetas, las formas y materiales arquitectónicos. Las tonalidades para emplear en suelos, paramentos y mobiliario deben ir acordes con la gama cromática de los objetos y con la ambientación total de la sala. Por regla general, las gamas neutras y claras alegran la atmósfera, pero en todo caso hay que proceder al estudio de los colores de fondo en relación con la paleta de los pintores o el contenido de la sala[22].

Para el suelo hay que elegir colores que no produzcan efectos brillantes porque centran la atención del público en el suelo y techo en lugar de los objetos y, además, la intensidad de brillantez cansa la retina. La tonalidad de los muros debe estar en consonancia con la iluminación de la sala, debiéndose adoptar por compensación perceptiva los colores más sombríos para salas muy iluminadas y más alegres para salas de luminosidad más débil.

Los revestimientos pueden ser:

---

[22] Consultar el apartado *Comportamiento del objeto* (pág. 257).

a) Paramentos pintados.
b) Entelados.
c) Materias aplicadas.

Los fondos pintados son los que dan sensaciones más naturales, aunque los tintes color piedra son fríos, secos, excesivamente contrastantes con los lienzos que soportan y monótonos, aunque esta última dificultad puede solventarse con técnicas especiales de pintura (moteado, cepillado, peinado o granulado) que evitan la rutina del muro, pero presentan problemas de reflexión de luz. Los revestimientos entelados, en cambio, son más cálidos y acogedores por su materia textil; los damascos, llamados "rojos pompeyanos" habría que proscribirlos pues no sólo dan una impresión excesivamente suntuosa que retrae la actitud sicológica del espectador sino que provocan desde el punto de vista de la luminosidad graves inconvenientes. También cabe la posibilidad de revestir los muros con un sistema mixto que combine las ventajas de la pintura con el tejido: telas pintadas. Las materias aplicadas (corcho, madera, parchemín, *flexwood...)*, proporcionan tonos neutros, ambientaciones acogedoras y dan un aspecto visual agradable. Los tonos neutros —beiges, blancos, cremosos, rosados, verdáceos y azulados— son los más tradicionales y adaptables (tanto a la retina como al contenido), pero, a menudo, monotonizan y cabría la solución de activar el color de cada sala reservando para unas tonos neutros e introduciendo colores y combinaciones audaces en otras.

La calidad de la materia de los suelos es fundamental para el recorrido que tiene que efectuar el espectador. La elección debe basarse en el grado de elasticidad para no molestar al público y en la capacidad de resistencia. Pero hay contradicciones inevitables: sólidas son la piedra, mármol, conglomerado o cemento, pero fatigantes para el constante paso del público, ruidosas y frías. El parquet es acogedor sicológicamente, pero la excesiva sonoridad y dureza física impone trabas al estado físico del visitante. El linoleum, caucho y materiales sintéticos son insonoros, pero de poco efecto decorativo y, además, dejan huellas de pisadas y producen emanaciones (el caucho, por ejemplo) perjudiciales a la conservación de las obras. También puede cambiarse el material del suelo de una sala a otra por razones sicológicas pues el espectador de forma inconsciente nota físicamente el cambio y le produce una sensación de variedad y descanso.

Los medios audiovisuales —ambientación musical en salas, filmes, diapositivas comentadas, sistemas de señales luminosas en maquetas, planos, mapas... —, deben ser en el museo actual una fuente de percepciones y efectos sicológicos. Pese a que asambleas museológicas han puesto de relieve el abuso de estos medios[23], la necesidad de su utilización a efectos sicosomáticos deriva de la analogía que el hombre constata en la introducción de estos medios en el museo y en su vida cotidiana. Comprueba el espectador que los avances técnicos de la civilización se incorporan a la vida museística proporcionándole un confort perceptivo, somático, sicológico que hace viable la conjunción entre efecto relajante y concentración intelectual. Los medios audiovisuales, como instrumentos educativos, pueden instalarse independientemente de la visita a las salas o formando parte de la exposición, como exponíamos al hablar de la ubicación del material auxiliar educativo. Las grandes ventajas que reporta el que formen parte del contenido museístico radican en los contrastes visuales (visión real del objeto-visión del objeto por medios técnicos y fotografías), en la variedad de los comportamientos objetuales (mundo silencioso del objeto museificado-mundo sonoro del objeto) y en la capacidad de compatibilizar el objeto-real-antiguo (colección) con el objeto-real-utramoderno (medios audiovisuales), todo lo cual reporta al visitante experiencias sicosomáticas que arraigan positivamente.

La ambientación musical de las salas de presentación —pese a los graves costos que supone— refuerza la percepción del contenido siempre que la pieza musical (ya sea clásica, *pop, soul,* folklórica, concreta...) acentúe

[23] *Art Museums: A European-American View*, 1975. Expone las decisiones y sugerencias aportadas por la asamblea europeo-americana de museólogos.

las peculiaridades apreciativas de los objetos. Ello supone un tipo de música para cada sala, lo que no sería problema contando con cuadros y programadores musicales. El estilo musical no tiene que ser necesariamente contemporáneo del contenido objetual; de hecho, la modernidad de la música de Bach es perfectamente compatible con expresiones artísticas abstractas y conceptuales o el gregoriano medieval expresa sensorial e intelectualmente el mundo del barroco religioso católico, pero la norma general, fuera excepciones de contrastes temporales, es identificar cronológicamente música e imagen, lo cual favorece el estado perceptivo e intelectual del público al sentirse envuelto en una atmósfera audiovisual homogénea.

Indudablemente, si una sala responde a un criterio iconológico concreto (la naturaleza, por ejemplo), el tema cobra mayor expresión visual si se le acompaña de la Pastoral de Beethoven, estaciones de Vivaldi, *lieder* de Brahms o Wolf..., o si expone objetos folklóricos, éstos se definirán más agudamente con la audición de reiterados ritmos musicales que caracterizan al mundo de los objetos.

Otro elemento que hay que cuidar para la apreciación fisio-sicológica del visitante es las etiquetas y su colocación, pues éste necesita confrontar el objeto que analiza con una serie de datos esenciales explicitados, sin necesidad de flexiones y contracciones musculares para su lectura que agudizan el cansancio.

1.º La descripción esquemática —autor, título y, como máximo, siglo— es muy eficiente, pues la retentiva del espectador capta mejor lo esencial que explicaciones accesorias y ambiguas —a menudo hasta con interrogantes— que no puede retener de todas las obras del museo. La primera cuestión que surge en la mente del espectador es ¿quién?, ¿qué representa? y ¿cuándo lo hizo?, y para responder a esas demandas de tipo objetivo debe encontrar en la etiqueta lo que busca, sin más; para ello hay que evitar términos técnicos que desconoce, que le desaniman y desconciertan.

2.º Su colocación debe ser visible, sencilla y uniforme

Una adecuada colocación de etiquetas a la altura media humana evita inútiles, cansados y reiterados esfuerzos que debilitan la capacidad de resistencia física, mental y sicológica del espectador. (Sala de Velázquez, Museo del Prado, Madrid.)

con el resto, a una altura que no haga desviar en exceso el campo visual del objeto y escrita con una tipografía clara y que pueda ser leída sin necesidad de bruscos acercamientos y sin forzar la vista. Las antiguas etiquetas a modo de cartuchos dorados con volutas y motivos ornamentales tienen el interés sicológico de formar parte de la estética de la obra, pero requieren por lo general flexiones molestas para ser interpretadas.

Las formas y elementos arquitectónicos producen efectos visuales que se sicosomatizan en el ánimo del espectador. Un zócalo, interpretado por la teoría del Einfuelhung que pone en la base de la comprensión arquitectónica los factores fisio-sicológicos, puede ser monótono, rígido, delimitante concreto de un espacio o motivo de descanso para la vista del espectador al igual que una columna puede sugerir fortaleza, tensión o

El confort en el museo.

Arriba: La falta de espacio y mobiliario confortable para descansar conduce a una reflexión sobre la necesidad de atender tan lógicas exigencias del público. (Sala del Jeu de Paume, París.)

Abajo: El restaurante-jardín –aparte las necesarias salas de descanso y fumaderos– es uno de los mejores recursos para el relajamiento físico-mental del espectador. (Restaurante-jardín del Stjtsmuseum de Viborg.)

relajación según sus formas y su interpenetración en el espacio.

Damos sintéticamente formulaciones generales de la teoría gestáltica (fisionómica) que expresan emociones y comportamientos humanos diversos según las formas elegidas:

1.º Sobre el plano: las formas circulares, paralelas y cuadradas dan sensación de reposo mientras que las convergentes, divergentes, cruciales y ovales producen efectos de movimiento. Es decir, la línea horizontal es segura, permanente, sedante; la vertical es dinámica y emotiva; la helicoidal, ascendente, liberadora y desprendida; el círculo es control equilibrado en contraposición a la elipse, inquieta, que no deja descansar al ojo. Consecuentemente:

2.º En alzado las formas se expresan así: el reposo, equilibrio y armonía se concretizan en un desarrollo igualitario de nivel, mientras que la acción procede de la desnivelación del suelo o techo que exige movilización visual y somática.

Además de evitar en lo posible el desgaste físico e intelectual que la visita produce, el museo tiene que contar con sectores —parques o zonas verdes, fumaderos, salas de descanso, servicios de cafetería y restaurante...— que contrarresten el agotamiento y devuelvan el equilibrio sicofísico al visitante. Unos necesitan respirar aire puro después de una larga sesión por salas climatizadas, pero con enrarecimiento del aire por la afluencia humana y para ellos el museo debe contar con jardines, zonas verdes o parques que devuelvan al público la frescura natural de la atmósfera; otros, tras el esfuerzo realizado, necesitan comer, tomar un refresco o café para poder retomar sin cansancio otras secciones del museo, y los servicios de cafetería y restaurante cubren las demandas de este público; en países meridionales resulta magnífica la conjunción jardín-restaurante que proporciona al tiempo un descanso pasivo y un cambio de aire que agiliza el estado físico y mental del visitante. Para otros, la necesidad de descansar es puramente activa a nivel intelectual y pasiva a nivel físico, por lo que las salas de lectura, de descanso y los fumaderos ofrecen con un mobiliario adecuado la posibilidad de hacer un alto en el circuito sin necesidad de descongestionar la mente que puede dedicarse a una asimilación, síntesis o visión crítica de las obras contempladas así como a una espontánea actividad intelectual dirigida a temas diferentes de los que ofrecen las salas de exposición, para lo cual el museo debe presentar revistas, periódicos o una ambientación musical propicia tanto para los que descansan inhibitoriamente como para los que asumen el relax con otras actividades intelectuales o culturales.

Comportamiento del objeto

Reflexionando sobre todo lo expuesto anteriormente abocamos en varios resultados de importancia capital para el museo:

1.º Este cobra su razón de ser cuando los objetos se ofrecen en el mayor despliegue educativo a un complejo público que tiene exigencias distintas a las que solicita el contenido, lo que consecuentemente

2.º Comporta una contradicción interna entre la sociología y conservación, ya que la tarea fundamental de presentación —hacer de la obra expuesta algo productivo y útil para el visitante— es incompatible con los requerimientos de conservación.

3.º El continente puede liquidar en lo posible la dialéctica sujeto-objeto siempre que

4.º Sea asumido desde su concepción del proyecto con un criterio amplio que sintonice las crecientes necesidades del público o museo con un espacio habitable para cada uso, flexible y extensible.

Así pues, ¿cuál es el comportamiento del objeto museístico y cuáles las vías adecuadas para hermanar las necesidades de presentación y conservación? En primer lugar, centramos el análisis sólo en los objetos que han adquirido con el transcurso del tiempo la cualificación de artísticos, lo que les confiere una dignidad de conservación no sólo por la antigüedad y fragilidad que se desprende de ella sino por su cualificación artística. Tomamos, por tanto, para modelo de estudio los museos de Arqueología y los de Bellas Artes, los más necesitados de permanente vigilancia contra la deteriorización. En segundo lugar, estos objetos que requieren cuidados específicos —temperatura adecuada, estado higrométrico, sistemas de alarma, utilización de la luz sobre ellos...— hay que estudiarlos desde un punto de vista científico (análisis artístico de la pieza), fisioquímico (métodos de análisis auxiliares a la materia artística) y técnico (adaptación de la obra a los sistemas museográficos), puntos de vista que evidentemente, en tercer lugar, difieren de los propuestos por las ciencias sociales y humanas para la degustación del público. Por tanto, un cuarto estadio se establece al estudiar los objetos específicamente dedicados a la conservación (salas de reservas, depósitos y almacenes) o los expuestos a la presentación pública (salas de exposición) en los que tienen que conjuntarse la eficacia educativa y social con el estado de conservación; conjunción conflictiva, cuando no imposible. Y ello porque la oposición entre la apertura (sociología) y cerrazón (conservación) a todos los niveles museológicos es de difícil convergencia. El origen, naturaleza, comportamiento físico-químico y artístico y ofrecimiento de la pieza museística divergen radicalmente de la conformación humana que solicita su apreciación y el máximo rendimiento comunicativo para que la interación sujeto-objeto sea completa. Sin embargo, la conservación es necesaria, es una exigencia ética de la historia y el alto precio que paga una civilización para salvaguardar su pasado.

Lo importante realmente es entender cómo debe llevarse a cabo la conservación de las obras. Existen tantos criterios complejos —y algunos tan falaces— que sería innecesario enumerarlos. Nos limitamos, por tanto, a exponer los puntos que consideramos esenciales y ellos dejarán entrever los enfoques negativos que sería preciso erradicar de una seria política de conservación de obras.

Conservar una obra es, ante todo, conjuntar las acti-

La conservación del objeto.

Arriba: El objeto tiene que estar científicamente controlado sea en su lugar habitual o durante viajes y préstamos. El embalaje de la pieza ha de ser dispuesto en consonancia con las exigencias requeridas por la obra.

Abajo: Igualmente, el control riguroso de la temperatura y humedad ha de llevarse a cabo con un material técnico de garantía y por un personal de servicio especializado.

vidades que definen al conservador especializado en la materia, al museólogo y al técnico pues, aparte los caracteres físicos inherentes a la obra, ésta está sometida a un ambiente físico de diferentes propiedades. Conservar es actuar de forma directa o indirecta sobre el objeto tutelado; es decir, en función de la organización interna y científica del museo y de la atmósfera ambiental en la que está ubicada. No es, por tanto, una tarea pasiva de "albergue" sino una permanente actitud de vigilancia y una actuación eficaz y equilibrada por parte del equipo para salir al paso de posibles deterioros y trastornos. Una eficaz conservación evita innumerables problemas al restaurador cuando el estado de la obra —debido a condicionamientos climáticos o por falta de atención y análisis periódicos— degenera, haciéndola sufrir intervenciones que podrían haber sido evitadas. Otras veces, el estado de gradual y progresivo deterioro es inevitable, a pesar de una rigurosa normativa conservadora, pero lo cierto es que la labor de conservación debe preceder a la de restauración y que aquélla, llevada de forma razonada y científica, asume el papel de una constante y efectiva restauración; así pues, la conservación puede interpretarse como restauración preventiva[24], una especie de lucha entre el progresivo envejecimiento de la pieza y los procedimientos útiles que el hombre aplica para salvaguardarla.

Considerando a la pieza museística en su dualidad histórico-artística, la conservación actúa en dos sentidos:

1.º Analizando la constitución interna físico-química y artística.

2.º Examinando el comportamiento físico (materia, consistencia, proceso...) en el ambiente externo al que se le destina. Estas condiciones ambientales y externas

[24] El tema de la restauración no lo abordaremos ya que, pese a ser una función del museo llevada a cabo entre especialistas y técnicos, entra más en el campo de la práctica y de la técnica, inabordable desde estas páginas por la variedad de las materias y los complejos sistemas técnicos de restauración. No obstante, en la bibliografía, dedico un apartado a la cuestión, que puede servir de referencia.

—luz, humedad, sistemas de acondicionamiento, vibraciones, embalajes, transportes, sistema de alarma antirrobo...— son fundamentales ya que en esos ámbitos es donde la obra respira y se abastece para su subsistencia.

Análisis de los caracteres intrínsecos de la obra

La indagación debe comenzar en un plano general —relaciones generales abstractas y determinantes en un primer análisis— para situarla en un contexto que facilita el estudio de las interrelaciones de todos los elementos conformantes. En este estadio hay que abordar en principio la descripción física y visual, realizada de forma precisa, puesto que un buen análisis es lógico y consecuente, lo cual supone la investigación del material en que está ejecutada la obra, una captación general —contando con el ojo experto del especialista— de la técnica, un examen global de la iconografía *a*) abstracta: motivos geométricos, sistemas de enlazarlos, ritmos discursivos; *b*) figurativa (paisaje, figuras, edificios, motivos ornamentales) e iconológica (representación ideal, mimética, real, natural del mundo visible o de realidades no visibles, simbologías...), y una visión de la composición y el estilo; es decir, de sus caracteres inherentes tales como colorido, perspectiva, relieves, aspectos lumínicos o ritmos estructurales. Aun en este estadio de reflexión global, se procede al estudio comparativo de los factores estudiados, a las relaciones lógicas o contrastantes de unos y otros elementos, a la confrontación fáctica de similitudes, diferencias o rasgos peculiares, a la compenetración o divergencia que presentan la técnica y el modo de composición, la iconografía y la armonía estilística. De este estadio en que la obra está enmarcada en un nivel general, se pasa al análisis relacional con otras muestras que puedan verter luz sobre la estudiada así como al estudio de las interrelaciones que ésta ofrece con el contexto histórico, social, geográfico, cronológico o biográfico, contexto expresivo de las ideas, gustos, moda, estética y tendencias culturales e intelectuales del momento concreto.

En el segundo estadio de análisis hay que pasar al plano concreto, analizando detalles que puedan esclarecer interrogantes previstos, desmenuzando los caracteres típicos para llegar a un significado y definición de la obra que supone un paso más avanzado de la interpretación científica. Ahora bien, este estadio aún está en manos del especialista, quien no puede dar plena garantía del juicio emitido ya que todo objeto considerado artístico, como producto de un procedimiento de operaciones complejas, no se ofrece terminante y claro en su definición (significado y cualificación) mientras no se resuelvan dos cuestiones: intencionalidad y autenticidad, sólo valorables por dos factores: adaptación a la función y calidad estética[25]. La finalidad para la que la obra fue creada, como ya se ha repetido, es una de las mutaciones más revolucionarias que la pieza sufre en el museo. Teóricamente, para proceder a una evaluación objetiva, sería necesario "ver las obras como las vieron aquellos para quienes fueron creadas"[26], pero el hecho de ser extraídas de su lugar de origen para presentarlas museísticamente al espectador de otro tiempo, condiciona su valoración al estar sometidas a unas coordenadas espacio-temporales y ambientales que, en parte, no hablan implícita sino explícitamente de su calidad estética[27], porque la calidad no depende sólo del grado de perfección técnica, de los recursos operativos, del trabajo manual o de la coherencia interna entre forma y contenido ideológico sino de la funcionalidad que asume que, en el museo, es su valor educativo y comunicativo y en el lugar de procedencia su adaptación al marco arquitectónico y cultural. Por tanto, los factores artísticos y estéticos comportan normas objetivas —nunca irreversibles— de valoración, realzadas o menguadas por una inevitable interpretación subjetiva

[25] Argan, G. C., «Arte figurativa», *op. cit.*
[26] Malraux, A., *op. cit.*
[27] Hemos visto cómo incluso en museos con tendencia a las reconstituciones de época o la reproducción de un estilo concreto, la obra sigue ofreciendo un valor ficticio que no infravalora su calidad de ejecución, pero transmuta su significado y mengua su comprensión total al mutilarla del fin para el que fue creada.

que abarca desde el concepto de gusto hasta la utilidad de su función.

La comprobación de la autenticidad de la obra[28] es una operación delicada y capital para resolver en el campo de la crítica de arte. El examen del análisis científico realizado hasta el momento resulta insuficiente para un veredicto objetivo puesto que el hombre, circunstancias culturales y agentes internos influyen en la transformación de la obra, siendo difícil afirmar categóricamente su veracidad. El hecho es que la autenticidad de una obra debe ser probada y comprobada con argumentos rigurosamente científicos, ya sean humanísticos o técnicos. La labor de crítica interna se basa en el estudio de los valores histórico-artísticos y estéticos. Recurrir a las fuentes monumentales pone de relieve el carácter de una técnica, de las formas, de las tendencias estéticas del artista y de las ideas, aspiraciones y proyecciones mentales e intelectuales de la época en que fue creada la pieza. Más adelante hablaremos de los medios técnicos de los que en la actualidad se dispone para el veredicto de una obra, si bien antes quisiéramos establecer algunos matices que afectan a la originalidad, reproducción o falsificación de obras.

La evaluación sobre estas modalidades del quehacer artístico reposa en un juicio por parte del crítico o historiador del arte que emite tal juicio de valor sobre el hecho creador atendiendo al modo de fabricación y a la calidad de la obra. El acto creador —aunque tradicionalmente alude a la obra original, única, concebida ideal y formalmente por el artista —implica la reproducción de un original que, al ser repetido, pierde su valor de único y sufre un proceso de cuantificación en dos modalidades: réplica y copia. La crítica internacional hace diferir ética y jurídicamente el "valor" de la réplica, copia y falsificación, atendiendo a que la última implica una falacia humana y un acto fraudulento que en los dos primeros casos queda justificado por el reconocimiento explícito de

[28] Nos referimos a la autenticidad desde un punto de vista de análisis científico, marginando infiltraciones culturales y económicas que no inciden en el campo de la investigación científica.

inspiración en el original, aunque se introduzcan variantes o decantaciones del modelo (réplica) o se interprete análogamente (copia). Tanto réplica como copia o falsificación objetivizan el original al juzgar desde fuera la interpretación primaria y al imponer un sello peculiar a la obra replicada, copiada o falsificada.

La copia es una actividad más mecánica puesto que trata de asemejarse, de forma consciente por parte del artista, al tipo original mientras que la réplica comporta implicaciones de tipo crítico, al ser parcial o totalmente autógrafa. Copia y réplica proporcionan valoraciones histórico-artístico-culturales ya que han obrado en un momento histórico preciso, tienen una finalidad cultural (sentido utilitario, propagandístico, educacional, difusor...), y dan testimonio-reflejo del verdadero valor del original[29]. Cennini en su *Libro dell'arte* recomienda estos métodos como fase propedéutica a la "verdadera" actividad creadora, y en el neoclasicismo tenían una función educativa al seguir las normas académicas del obrar artístico. Así pues, la infravaloración a la que a menudo se sometn es consecuencia de la supervaloración del original (único y, por tanto, mayor valor venal). El crítico debe objetivizar la cuestión valorando sin apriorismos —si es que conoce su cualidad de reproducción- pues ¿cuántas copias no pasan por original?— la obra en su justa medida y diferenciando la perfección o mediocridad del trabajo artístico y estudiando las concatenaciones, relaciones y diferencias que unas y otras ofrecen. De hecho, el especialista debe saber diferenciar un original de una copia no ya con el apoyo de medios técnicos —a veces, definitivos— sino con el hábito y ojo clínico que su actividad requiere. A veces, un dato imperceptible denuncia la originalidad o copia puesto que, al ser reinterpretada, ofrece un ritmo compositivo —formal y aparentemente idéntico— más pesado o un espíritu más frío e inanimado que el original.

Pero también la falsificación comporta una valoración crítica puesto que ofrece elementos preciados para denotar el conocimiento y sensibilidad del falsificador, la

[29] Dufrenne, M., *op. cit.*, pág. 73.

idea del gusto y preferencias artísticas de una época determinada, la cualificación que merece el artista tras el hecho de la falsificación... Además, el problema esencial de la falsificación es que la falsedad no es cualidad inherente al objeto sino que se basa en el juicio que el crítico deposita sobre el autor y, aparte la intencionalidad fraudulenta —tema muy conflictivo— o las repercusiones en el mercado de arte ¿qué desmerece la obra falsificada si comunica en igual medida que el original? Aparte intencionalidades éticas o intereses económicos, el crítico debe saber diferenciar entre falsificaciones totales y parciales, intencionales o no, técnicas, estilos, deducidos o inventados, puesto que desde el punto de vista técnico y artístico la crítica puede formar diferentes juicios sobre la intención expresa del artista. A veces, las falsificaciones son tan burdas que sobran los métodos empíricos subsidiarios para el resultado final de la obra. Pero cuando están realizadas con tanta autenticidad[30], hay que recurrir a recursos de análisis técnico.

Los experimentos físico-químicos y ópticos delatan la falsificación porque determinan las propiedades de la materia, su estructura, estado, época, modernidad y envejecimiento real o artificial de la pieza. Este último es uno de los recursos más típicos para dar sensación de antigüedad (pátina de los cuadros, fractura o granulación porosa del mármol, de cerámicas, monedas...). Contra ello, la exploración al microscopio y con lentes de aumento revela la estructura y estratificación de la materia pictórica, el examen petrográfico, mineralógico y el análisis cuantitativo-cualitativo pueden acusar la procedencia del mármol, la proporción y mezcla de materiales y colores así como la falsificación de monedas de metales nobles se manifiesta por diferencia de peso, signos de la lima y por el aspecto de la superficie, empleándose el sistema de lentes para apreciar las alteraciones de las caras.

---

[30] La gran lección cinematográfica de Welles en *Fake* es ejemplar a un doble nivel: por una parte, la precisión con que plantea el problema de la falsificación y la originalidad cuando recita los célebres versos —*it is art, but is true?*— y, por otra, la justificada crítica a los críticos de arte.

Cuando estos procedimientos no son suficientes, se recurre a los métodos ópticos de detectación por medio de visiones subcutáneas de rayos X e infrarrojos o con el Carbono 14 para los materiales orgánicos que da una cronología aproximada. De todas formas, la astucia del verdadero falsificador sobrepasa la capacidad de análisis del ojo físico y químico y el empleo de innumerables trucos ha conducido a las ciencias a desarrollarse en proporción directa a los crecientes intentos de falsificación.

Tras el análisis humanístico de las obras, hay que proceder al examen científico de métodos físico-químicos, ópticos y electrónicos que reportan una reafirmación, revisión o rechazo de las deducciones intelectuales y humanistas. El análisis de un lienzo a rayos ultravioletas permite distinguir los repintes, arrepentimientos o trucos técnicos aplicados por el pintor y ofrecen un juicio artístico-estético valorativo, aunque actúan solamente en el aspecto técnico de la obra. Tanto los métodos de examen físico-químico como los ópticos sirven, además, para diagnosticar la necesidad de intervención restauradora, imperceptible a veces al ojo humano. La utilidad de las ciencias auxiliares reside en la identificación de "las materias de las que se compone la obra, localizar su origen, determinar las estructuras internas"[31] y, en definitiva, cooperar a una visión más completa de la pieza.

El análisis físico-químico abarca la identificación de los elementos, cristales, moléculas y separación de mezclas[32], que actúan por métodos, principios y límites de detectación diferente según la aplicación a una pieza determinada. Los métodos para la identificación de elementos y partículas son la espectografía de emisión, fluorescencia de rayos X, microsonda electrónica, activación por neutrones... Son utilizables para todo tipo de

[31] Lavalleye, J., *Introduction à l'Archéologie et à l'Histoire de l'Art*, Gembloux, Duculot, 1972, pág. 211.

[32] Masschelein-Kleiner, L., cuadro propuesto por la autora en los Cursos del Instituto Real del Patrimonio Artístico en Bruselas. (Extraído de Lavalleye, J., *op. cit.*, págs. 213-217.)

materiales artísticos, siendo el más completo la espectrografía de emisión que determina un gran número de metales en cerámicas, bronces, orfebrerías, pigmentos cromáticos, piedras, cristales...

Para la identificación de productos cristalinos en capas de corrosión, de arcillas, piedras, pigmentos o metales es regla general la utilización de difracción de rayos X así como para identificar moléculas orgánicas —adhesivos, disolventes, colorantes...— e inorgánicas —sulfatos, nitratos, carbonatos...—, el método más eficaz es la absorción de rayos infrarrojos y para obtener separaciones de mezclas —disolventes, colorantes...— la cromatografía en capas delgadas.

Estos métodos de análisis tienen la propiedad de estudio cuantitativo-cualitativo de los elementos y componentes, procediendo para el primero con una pequeña muestra característica del material que se somete a análisis (microquímico) y con levantamientos de grandes dimensiones para el análisis cuantitativo ya que, dadas las proporciones (fresco y técnica del entonado, por ejemplo), hay que estudiar partes diferentes de la superficie.

Los métodos de análisis óptico son enormemente útiles puesto que amplían la extensión del campo visual al ofrecer particularidades invisibles a escala humana. El primer método es el análisis a la luz natural pues ella evidencia particularidades de la superficie visible de la pieza. Luego procede el reconocimiento visual que el experto debe efectuar sobre la obra recurriendo a lupas o pinacoscopios (especie de microscopio pero binocular, con objetivo y con sistema ocular sustituible para tener una serie de ampliaciones) puesto que, aparte la amplificación de la escala y el agudo detallismo, las obras pueden presentar relieves y se expresan así mejor los distintos niveles orográficos. Simultáneamente, este examen debe acompañarse con fotos en blanco y negro, color, micro y macrofotografías en las que se aprecien los detalles pertinentes.

Para relevar la estructura interna de un cuadro, la utilización de rayos X es esencial pues no sólo dan la visión de la trama interna del lienzo sino que acusan equivocaciones, arrepentimientos, cambios de composición de la obra o superposiciones de capas pictóricas. Los rayos ultravioletas evidencian las diferenciaciones de materias, alteraciones y mezclas químicas así como distinguen los repintes, trucos, retoques y partes antiguas de la obra. Analizan la superficie sin acceder a la estructura, pero tienen la ventaja de poder ofrecer un historial completo sobre las etapas de restauración y retoques de la obra en el transcurso de su vida.

La radiografía actúa también con rayos más penetrantes (rayos duros o gamma) sobre metales y otros materiales revelando el aspecto general de áreas enteras en diversos niveles de profundidad así como las sesiones estratigráficas —envolviendo el objeto en resina sintética, endureciéndolo con un catalizador y observándolo en el microscopio— son también aplicables a cerámicas, metales, lienzos, tablas, murales..., pero con la peculiaridad de que describen la situación en un solo punto del material, lo que obliga a seleccionar rigurosa y certeramente la pieza a analizar.

También existen técnicas de propiedades físico-químicas y ópticas como el análisis óptico mineralógico, muy útil para operaciones de restauración y porque diferencian los pigmentos compositivos. Para maderas, metales y tejidos existen otros sistemas ya que los anteriores son insuficientes. Los objetos de madera, por ejemplo, tienen una esencia leñosa inaccesible al análisis visual del color, peso, aspecto, elementos alterados, dada su antigüedad, y por ello el estudio ha de hacerse al microscopio, examinando secciones transparentes en dirección transversal, radial o tangencial con operaciones propias de la Dendrocronología. Los tejidos se examinan con una lente para la parte del entramado y armadura y con microscopios para las fibras extraídas de la trama; los metales tienen sistemas particulares, aparte los generales citados, gracias a la Metalografía que observa las formaciones cristalinas e informa sobre los tratamientos térmicos y los procedimientos de trabajo que el metal ha sufrido.

Ciertamente, el estudio de la técnica y de los elementos materiales favorece, gracias al soporte de las ciencias auxiliares, un conocimiento más rico sumable al juicio definitivo de la obra[33]. Finalmente, se procede a la interpretación definitiva sintetizando todos los resultados obtenidos, exponiendo los recursos empleados, sin omitir las dificultades, interrogantes o puntos oscuros que pueden quedar después del análisis completo. Fundamental en la labor crítica del especialista es tomar posición en la cuestión debatida y definirse científicamente no por arriesgar una solución modificable sino por su capacidad para enjuiciar la cualidad y el valor de la obra estudiada.

Fichas, inventarios y catálogos

Los resultados obtenidos se ordenan en fichas[34] que especifiquen todos los caracteres de la obra, desde la

---

[33] Existen métodos para la cronología absoluta de los materiales prehistóricos y arqueológicos. La Botánica ha contribuido con la Dendrocronología y la Polinología para la determinación cronológica según los anillos de los árboles (no más de 3.000 años) y seleccionando granos de polen de materias finas que, puestos al microscopio, proporcionan el porcentaje de frecuencia. La Geología ha contribuido con el análisis de los «varves» que se aplica a los 15.000 años últimos. La Física, Química y Óptica: método del Carbono 14, utilizable para edades de 20 a 30.000 años, aunque hay márgenes de error que unos cifran en 37 años y otros en 3. El método de la fluorina para datación de huesos se ha descartado por la radioactividad que produce. El método del uranio, parecido al de la fluorina; método de la obsidiana; el del potasio-argón, basado en luminiscencia y espectografía fluorescente con Rayos X. El potasio-argón radiactivo da fechas entre 50.000-100.000 años. La Astronomía: método de Blanchard, data por oscilaciones glaciares debido al desplazamiento de los polos; método de Hapgood, iguales resultados que los anteriores, pero debido al desplazamiento de la corteza terrestre. Teoría de Milankovitch, fecha por la curva de oscilaciones de irradiaciones. La Termodinámica data por la imantación termorremanente de cerámicas (hierro). Consultar para estos temas: Sigfried de Laet, *La arqueología y sus problemas*, Barcelona, Labor; Zeuner, *Dating the Past*, Londres, 1953. Hay traducción española de Gómez Tabanera, J. M., titulado *Geocronología. La datación del pasado*, 1959; Gordon Childe, *Introducción a la arqueología;* Laming y otros, *La découverte du passé. Progrés récents et téchniques nouvelles en Préhistoire et en Archéologie*, París, 1952.

[34] Para realizar una ficha sobre una obra que va a salir temporalmente de un museo, consultar el método adoptado para la Exposi-

documentación fotográfica y descripción de la pieza (autor, fecha, marca, monograma, firma, título, temática, dimensiones, peso, técnica, material, estilo...) hasta las conclusiones de tipo crítico-artístico así como los informes sobre publicaciones y bibliografía exhaustiva del tema. A esta ficha hay que ir añadiendo un *dossier* con datos pertenecientes al sistema de conservación, catalogación, proceso de restauración y estado actual que suministren una síntesis completa de la vida de la obra. El Icom recomienda para el registro de la obra la siguiente ordenación:

1.º Año de entrada, abreviado.
2.º Número de entrada en el museo.
3.º Lugar que ocupa cada objeto dentro de la colección.

Por ejemplo: 77.12.16. alude a la obra núm. 16 de la colección núm. 12 del año 1977.

La ordenación, catalogación e inventario es una gestión de orden interno esencial para la conservación de las piezas. El inventario expone la documentación de la historia de la obra así como la ordenación lógica de ésta dentro de la numeración de piezas del museo. La fecha de adquisición, su numeración en el catálogo general y la definición somera de la misma (autor, título, fecha) así como su procedencia (compra, legado, depósito, expropiación...) son los factores básicos del inventario que funciona como el gran cerebro electrónico del museo. Fundamental por razones metodológicas y prácticas es la numeración continua, sea cual sea la naturaleza del objeto —puesto que ello disciplina la organización y reporta ventajas tales como la evaluación de las obras, la revelación de otras poco conocidas, menor facilidad para robos al estar inscritas en el inventario— y el estado del objeto en la fecha de su redacción. Puede y debe acompañarse de una documentación fotográfica para consta-

---

ción 70 de Osaka, en el artículo de Masaru Sekino y Kenzo Toishi, «Le Musée de Beaux-Arts de l'Expo 70, Osaka», *Museum*, vol. XXIV, núm. 2, 1972, págs. 67-68.

tación y seguridad de su existencia y de tablas tipológicas —materias, técnicas, escuela estilística, área arqueológica...— que, aparte la necesidad científica de ordenación rigurosa del material existente, proporcionan facilidades de uso y consulta.

Los catálogos, en cambio, no se ajustan sólo a la numeración, ordenación burocrática y datos estrictos de la pieza sino que tienen que profundizar en la obra y en el ambiente en que se encuentran:

1.º El catálogo debe ir precedido de una noticia histórica del lugar donde se alberga el museo, dato fundamental para la conservación pues, según se trate de edificios antiguos o modernos, los requisitos de tutelaje. difieren.

2.º Debe proseguirse con una nota bibliográfica sobre la serie de catalogaciones realizadas desde el origen de la institución museística, tarea importante puesto que en la confrontación de los diversos catálogos se puede ver la marcha del museo, sus etapas de auge, anquilosamientos, renovaciones o ampliaciones de fondos así como el proceso de restauración de obras, las publicaciones editadas sobre el material del museo o los cambios en las composiciones museográficas.

3.º El cuerpo del catálogo es sustancialmente complementario de la labor de conservación puesto que, estudiados en él todos los puntos tratados en el estudio científico de la obra, facilita e incluso determina las medidas a tomar en orden a una eficaz presentación técnica, estética y educativa.

4.º La ordenación del catálogo puede sistematizarse de diversas formas, siempre que se atenga a una estructuración disciplinada y lógica. El orden alfabético, clasificación ideológica, por artistas, escuelas, técnica, temática..., todos son sistemas aceptables si ofrecen una requerida exposición orgánica y razonada. Aparte el estudio científico de cada obra, el catálogo debe acompañarse de un número que no tiene por qué corresponder al del inventario pero sí, en el caso de que lo lleve, al asignado en la etiqueta colocada junto a la obra expuesta en la sala de presentación o en la sala de reservas.

5.º También hay que incluir la historia clínica de la obra; es decir, el estado en el momento de adquisición, los procedimientos practicados para su conservación, el proceso (fotografiado en las diversas etapas) de restauraciones sufridas, las fechas en que éstas fueron realizadas, el estado actual y las observaciones pertinentes para su segura manutención.

6.º Es aconsejable hacer constar el nombre del propietario (caso de legado) o institución a la que pertenece la obra (caso de depósito), los datos referentes al seguro y al valor asignado, los medios de transportes utilizados, la fecha y circunstancias de la expedición de la obra (en caso de salir del museo) así como la fecha de inscripción en el registro general, el precio (si es compra) y la procedencia.

7.º Finalmente, y a efectos museográficos, es muy práctico y conveniente endosar a este historial una noticia explicativa referente a su exposición en la sala desde que entró a formar parte de los fondos museísticos. Las observaciones acerca de sus condicionamientos climáticos y técnicos, si ha estado permanentemente expuesta en salas de exposición, si ha pasado por épocas de reserva, los cambios que ha experimentado en el microespacio de la sala o en el macroespacio del museo, su mejor comportamiento en un lugar preciso que ayude a preservarla de los agentes destructores, los viajes a los que ha sido sometida así como la descripción de las exposiciones nacionales e internacionales a las que ha asistido son puntos necesarios como complemento de una mayor seguridad y conservación de la pieza.

Salas de reserva y presentación

Tras el análisis científico, la conservación se ejerce a dos niveles:

a) Salas de obras en reserva.
b) Salas de presentación al público.

Idealmente, en las primeras las condiciones protectoras son óptimas puesto que la lucha contra los agentes

Salas de reservas.

Arriba: Sistema eficaz para la presentación, sistematización, conservación y seguridad de las obras mediante un montaje metálico con barras, rieles y tiradores para sacar la pieza deseada. (Sistema montado en el Museo y Galería Nacional de Capodimonte, Italia.)

Abajo: Este montaje de piezas pequeñas —aunque no destinado a salas de reservas— resulta original, estético y ordenado. Su eficacia consiste en la eliminación de radiaciones ultravioletas (perjudiciales para el papel) y en la perfecta clasificación de las series. (El sistema pertenece al National Postal Museum de Londres.)

En los dos montajes se observa cómo el objeto impone siempre sus peculiaridades y, en este caso, el montaje del museo londinense resulta aún más funcional que el italiano, dadas las dimensiones de las obras expuestas en cada uno de ellos.

atmosféricos y humanos se concretiza en un preciso control climatológico y en una vigilancia extrema debido a los sistemas de seguridad contra el robo e incendios y a la escasez de densificación humana. En la praxis museológica la mayoría de los museos que han superado funciones más básicas para la vida del museo, los requisitos climáticos y la ordenación del material se cumplimentan debidamente, si bien existe un factor de gran importancia que no suele ser asumido en ningún museo: dotar de mayor capacidad y extensibilidad especial a estas salas que son en realidad las que guardan el mayor número de obras de museo[35]. El sentido de las salas para obras en reserva obedece a varios motivos: escasez espacial de presentación, afán didáctico, selección rigurosa de piezas exponibles, almacenamiento de otras para el estudio de especialistas, necesidad de observación de una obra en estado dudoso, dificultad de entroncarla con series expuestas o circunstancias determinadas (exposiciones, préstamos...). Lo fundamental es que estén en departamentos debidamente acondicionados, resguardados de la intemperie, vigilados con un control de visitas y clasificados en el orden que se crea pertinente. Deben estar provistos de los instrumentos propios de la conservación que van desde los sistemas de ventilación y reglaje de la temperatura hasta los extintores contra incendios y un sistema seguro y resistente para la colocación de las piezas. De hecho, el deterioro acelerado de obras no expuestas al público es consecuencia de una desatención a los factores expuestos y a la escasa importancia que se le da a la obra-no-museable-públicamente. Además,

[35] En la práctica de los museos españoles aún no se ha llegado ni a un acondicionamiento adecuado para las salas de reservas, si es que existen como tales, pues en la mayoría de los casos estos espacios se entienden como almacenes donde se amontonan, sin el más mínimo rigor científico ni instalaciones realmente higiénicas para las obras, todos los objetos «sobrantes» de las salas de exposición, debido a la falta de programación museística y de juicio crítico para seleccionar el material de exposición y cuidar más atentamente las reservas que alberga el museo. En el estudio realizado por M. Arandilla Navajo —*op. cit.*, pág. 5— se extrae el porcentaje del 50 por 100 de los 18 museos encuestados que no disponen de las exigencias necesarias para la eficaz conservación de las obras en almacenes.

como también son salas para especialistas, deben estar colocadas de forma accesible que facilite la manipulación y la constatación directa, pero tomando las precauciones pertinentes que no deben interpretarse como inaccesibilidad y desconfianza sino como medios de seguridad para la obra. El hecho de hacer disponible a los especialistas estas salas manifiesta la confianza que el museo deposita en el estudioso, quien debe saber tratar y cuidar la obra, como lo requiere su profesión y en atención a la confianza que se le otorga.

En el caso de obras en depósito, guardadas en salas de reserva, la custodia debe ejercerse igualmente puesto que, aunque no sean posesiones del museo, forman parte del patrimonio artístico y porque el museo que acepta el depósito se compromete a conservarla debidamente. Estas obras deben ser analizadas antes de entrar a formar parte del museo siendo de un valor efectivo su observación y comportamiento físico-técnico al cambiar de medio ambiente y al tener que adaptarse a una nueva atmósfera, ajena a la habitual. El problema sustancial que presentan las obras en reserva es de tipo espacial ya que la mayor parte del museo se dedica al montaje de salas públicas y las dependencias de obras de estudio, de observación o depósito suelen ser poco espaciosas —si no inexistentes— y mal adaptadas a las exigencias de presentación científica y requisitos ambientales y técnicos.

En las salas de presentación al público los conflictos para la conservación de las obras se suceden debido a la razón ya expuesta de la incompatibilidad física sujeto-objeto, pero pueden armonizarse analizando el macroclima, el microclima de los objetos y del hombre[36] para lo que Lehmbruck ofrece una serie de fórmulas y combinaciones que palian los conflictos y que ofrecemos sintéticamente:

1.º La incompatibilidad del macroclima entre personas y objetos hace en primer lugar que el interior del museo funcione como un caparazón climático que aísle de la atmósfera exterior.

[36] Lehmbruck, M., *op. cit.*, pág. 208.

2.º La incompatibilidad del microclima del público y objeto sólo puede resolverse creando una separación climática entre sujeto y objeto por medio del aislamiento del objeto en fanal, vitrina o con una mampara de cristal que separe los dos ambientes atmosféricos.

3.º Si se puede conjuntar el macroclima y el espacio vital del hombre, se puede acentuar el control climático sólo sobre los objetos.

4.º Si el macroclima es relativamente tolerable a la intemperie del objeto, se climatiza el interior por razones de confort para el público.

5.º Cuando los tres climas resultan casi homogéneos, se puede pensar en una planificación técnica más libre, sin problemas, que no sea prevenir ciertos aspectos con medidas de seguridad.

Agentes destructores

Efectivamente, la obra expuesta en salas necesita, ante todo, estar arropada contra los factores destructivos, lo que a menudo plantea serias dificultades con su presentación educativa; en estos casos hay que optar o bien por la colocación del objeto en el medio ambiente adecuado, aunque haya que sacrificar requisitos pedagógicos, o bien por su evacuación a las salas de reservas donde, al menos, puede conservarse debidamente. La ubicación precisa de la obra en la sala debe ser analizada detenidamente; por ejemplo, evitando exponer enlazadas una obra sensibilizada a la deteriorización junto a otra sana que puede acusar una degradación por contagio, separando obras de materias contradictorias que exigen ambientes diferentes, apartando las piezas de zonas combatidas por el aire o cercanas a la respiración del espectador o colocándolas en lugares seguros que no estorben el paso de los visitantes.

La pieza museística comporta un soporte físico de materias orgánicas o inorgánicas que conducen irrevocablemente al deterioro, dada su constitución natural sometida a procesos de vejaciones, transformaciones y declives que implica todo organismo formado con elementos de naturaleza animal, vegetal y mineral. Los procesos de destrucción de las obras, por tanto, no dependen sólo de los agentes atmosféricos y humanos sino de la naturaleza intrínsecamente perentoria del objeto. La oxidación de metales, resquebrajamiento en tablas y lienzos, la transformación amarillenta del marfil..., son consecuencias inherentes al ser del objeto, pero la prevención de estos males naturales puede paliarse con una responsable conservación que, al menos, detenga los procesos de deteriorización.

Los agentes destructores son agrupables en:

a) Naturales.
b) Atmosféricos.
c) Artificiales.
d) Humanos.

Los *agentes naturales* de destrucción: a menudo se hace referencia a los problemas que causa la luz artificial sobre los objetos, sin atender a que la luz natural puede provocar los mismos desastrosos resultados. El sol, como agente natural, es el principal enemigo de las piezas ya que las radiaciones que emite – su potencia está en dependencia de los países– durante horas sobre una obra que queda después en penumbra por la rotación solar perjudican notablemente determinadas materias sometiéndolas a contracciones (madera) o dilataciones (trama de un lienzo), debido a su elasticidad.

Los agentes atmosféricos afectan a las obras porque los materiales de los que están formadas son muy sensibles a los cambios bruscos de temperatura y delicados receptores de las impurezas de la atmósfera. Actúan perjudicialmente la temperatura natural y artificial (calefacción, refrigeración, ventilación...), la humedad, las corrientes de aire y las impurezas atmosféricas suspendidas en la atmósfera (polvo). De todos ellos, la humedad es el peor agente destructor pues, según el estado higrométrico, se modifica la temperatura y se somete a variaciones climáticas perceptibles para el objeto. A pesar de la relatividad que supone dar normas generales, dadas las diferencias climatológicas en países y las necesidades específicas de las piezas, se considera que el grado de humedad relativa debe mantenerse en 55%[37] u oscilando entre 55% y 65% en Europa y 50% en América[38] con un máximo del 70% en los climas húmedos[39]. Estos datos generales deben ser revisados en cada objeto puesto que el estado higrométrico varía según la materia. Las materias higroscópicas —madera y tela— necesitan de una humedad equilibrada (no excesiva puesto que se producen hongos y bacterias) y ninguna sequedad ya que ésta distensiona las telas, alabea la madera, activa las sales solubles y exfolia las capas pictóricas. En cambio, para los materiales orgánicos más importantes —papiro, pergamino, papel...— se requiere mayor grado de sequedad puesto que la humedad produce formaciones biológicas, como el mycelium. A partir del 80 ó 90%, la humedad actúa perjudicialmente en todos los objetos pues crea el moho que descompone y corroe todas las materias. El desajuste y variabilidad brusca del estado higrométrico somete al objeto a acciones mecánicas tales como la contracción, dilatación, tensión y compresión, pero, además, hay que tener presente que la constitución del objeto no es homogénea materialmente y sus diversos componentes tienen grados de elasticidad diferentes. Los soportes en madera o tela tienen una elasticidad relativa mientras que los bálsamos, colores, barnices y aglutinantes tienen un coeficiente mucho menor. Maderas y textiles se comportan inversamente en un ambiente húmedo o seco: con humedad, la madera se dilata y los textiles se contraen; con sequedad, la madera se somete a contracciones y los textiles a dilataciones. Esencial para esta cuestión es mantener uniformemente el grado de humedad pertinente, valiéndose de indicadores higrométricos en la sala que describan el grado de humedad existente y adviertan de posibles irregularidades.

---

[37] Sekino, M. y Toishi, K., *op. cit.*, págs. 67-68.

[38] Bazin, G., *op. cit.;* pág. 2. Trabajo realizado en equipo sobre *La conservación de las obras de arte.*

[39] Lehmbruck, M., *op. cit.*, pág. 215.

El estudio de la climatización es esencial para el mantenimiento de la obra ya que del ambiente natural o artificial donde se ubica depende el comportamiento del objeto.

Una climatización adecuada tiende: 1.º a la regulación de la temperatura; 2.º a la eliminación de la polución atmosférica, producida por los gases y polvo, y 3.º a la circulación del aire.

Establecer la temperatura idónea para cada museo requiere una coordinación y dependencia del clima-ambiente de la ciudad en que se sitúa cada museo[40] puesto que, en principio, se conforma a las peculiaridades termales del suelo y de la atmósfera. Posteriormente, la adaptación de la temperatura interior del museo a las condiciones geográficas de climatización se impone. Según particularidades térmicas de cada país, la temperatura debe mantenerse a mayor o menor grado, en un nivel constante o en variaciones —nunca muy contrastadas— a lo largo del año. Hasta el presente, se ha considerado norma general 16º para Europa y 21º para el continente americano e incluso se ha homologado más el grado de temperatura entre los 18º y 20º C[41], aunque cabría matizar dentro del área europea (países nórdicos y meridionales) e incluso dentro de una zona regional. La temperatura que sobrepasa los 20º C es perjudicial puesto que la constancia de agentes caloríficos causa efectos destructivos por exceso de sequedad, aunque, por el contrario, —las excepciones que constantemente se evidencian refuerzan la idea del estudio serio y específico de cada objeto en su medio— algunos metales (plomo y estaño) tienen que mantener una temperatura superior a los 18º, bajo riesgo en caso contrario de deterioro por causa de la "peste del estaño" o por transformaciones grisáceas.

Las impurezas atmosféricas suspendidas en el aire así

---

[40] Ahrens, W., «Control y reglaje de la temperatura y humedad en los museo», *Mouseion*, 1934, págs. 125-131. Este estudio, pese a sus años de existencia, sigue teniendo validez para el análisis del tema.

[41] Lehmbruck, M., *op. cit.*, pág. 215. La cifra que asigna para la temperatura es la más reciente en los estudios museológicos.

como minúsculas partículas de polvo flotantes en la atmósfera son causa permanente de innumerables y graves daños artísticos. Se producen por la descomposición de las partículas procedentes del suelo (mármol, sobre todo), del polvo mineral de los zapatos de los visitantes, de las fibras de los vestidos y de los materiales existentes en la sala. Análisis físico-químicos de diversas materias han permitido comprobar que, según la granulometría así como la mayor o menor potencia compositiva de las partículas desadheridas, proporcionan mayores o menores perjuicios a las obras[42].

Las corrientes de aire dependen de la estructura arquitectónica del edificio (puertas en línea, ventanas mal adaptadas, espesor y compacidad de los muros...); de hecho, perjudican fundamentalmente a las pinturas ya que la más mínima partícula de polvo se incrusta en el lienzo formando progresivas capas oscuras y facilitando el proceso de opacidad de la superficie pictórica. El simple hecho de abrir y cerrar una puerta es nefasto para los objetos, manipulación que, al ser necesaria, aconseja no situar las obras en lugares estratégicos de comunicación de puertas y pasos abiertos del circuito. Igualmente, los gases —oxígeno y anhídrido carbónico— colaboran a la deteriorización de los objetos, por lo que hay que optar por un adecuado sistema de ventilación que puede ser:

a) Ventilación natural por medio de ventanas al exterior que debe ser graduada ya que la polución del exterior es tan malsana y deteriorizante como la del interior, o bien orientar los medios arquitectónicos de ventilación hacia zonas menos afectadas por la atmósfera artificial.

b) Ventilación artificial mediante dispositivos especiales con filtros para la aireación; los filtros deben tener diversa finalidad para que la acción depuradora sea completa: filtros secos para eliminar la polución gaseosa y filtros de carbono activo para refrescar el ambiente de la sala ya que los objetos necesitan respirar para conservarse.

---

[42] Sekino, M. y Toishi, K., *op. cit.*

Así pues, para luchar contra los agentes destructivos atmosféricos existen medios preventivos de tipo técnico y científico que regulan el control del medio que puede efectuarse eliminando las partículas de polvo y los gases contaminantes y manteniendo la temperatura y la humedad a un nivel constante.

Para la regulación de la climatización —problema permanente en todo museo— todas las salas deben disponer de un higrómetro y termostato para el control de la temperatura y humedad y, como sistema de ventilación para evacuar la polución y renovar el aire, el dispositivo del sistema Pannelherting localiza la entrada de aire por el techo y evacua el contaminado por el suelo, actuando con procedimientos de depuración, filtración, selección de gases y rechazo de los perjudiciales, pero es un sistema enormemente costoso y no siempre con resultados totalmente satisfactorios; la única solución al problema de la climatización y ventilación es aceptar los gastos o economizar en espacio de presentación de obras puesto que lo importante es que los objetos se conserven en el ambiente más beneficioso[43].

Agentes artificiales: la iluminación es siempre perjudicial para el objeto; lo único que puede conseguirse es atenuar o disminuir el deterioro según el grado de intensidad que desaloje. Como ya vimos, la luz puede ser de carácter natural o artificial. Los modos de iluminación natural varían según la proyección sea directa o indirecta. La luz natural directa utilizada lateralmente, muy utilizada en países nórdicos con mayor escasez de luz solar, procede de ventanas bajas y presenta los inconvenientes que se deducen de su naturaleza: desigual reparto de luz, efectos de contraluz, insuficiencia lumínica en el fondo de la sala, sombras sobre los objetos y necesidad espacial de disminución de la superficie expositiva de obras. Como los

---

[43] También existen tratamientos locales para cada objeto sin necesidad de evacuarlo de la sala de presentación: la aplicación de capas transparentes de barniz o cera permite la exposición de objetos de metal, muebles y pinturas así como el aislamiento de las piezas en vitrinas disminuye los contactos atmosféricos, pero condensa polvo.

problemas lumínicos son inseparables de la arquitectura de la sala, las soluciones parten de la conjunción arquitectónica con la capacidad lumínica. Para ello hay que:

1.º Introducir ventanas cuyo número vaya en relación con las dimensiones espaciales de la sala.
2.º Que la base del ojo de luz quede por encima de la altura media humana.
3.º Que la profundidad sea suficiente para evitar deslumbramientos.
4.º Evitar tabiques o paneles móviles perpendiculares o paralelos a la ventana que interceptan la fuente luminosa o la desvían.

Los recursos para evitar los reflejos y deslumbramientos en la iluminación directa lateral son:

a) La utilización de cristales prismáticos que consumen gran cantidad de luz.
b) El cristal Thermolux, obtenido con cristales difusores que evitan la reflexión especular y que tienen posibilidades calorífugas.
c) Perfeccionamiento del sistema anterior[44] que consiste en poner paramentos acristalados al exterior de la estructura arquitectónica y una armadura intercambiable con chasis opacos o acristalados en los paramentos internos de la sala.

La iluminación cenital reporta grandes ventajas —reparto homogéneo de luz (a veces, excesiva monotonía), pero más dirigido al suelo que a los paramentos, ausencia casi total de reflejos si la cristalera está situada muy alta...— y es el mejor recurso de iluminación natural para pinturas, aunque también presenta problemas, como el reflejo sobre vitrinas planas, aparte del impulso sicológico del espectador hacia la fuente lumínica, la cristalera, que produce fatiga. La ventaja principal, como la luz diagonal que se ofrece también desde arriba, es que deja

[44] Este sistema fue llevado a cabo por el arquitecto Clarence Stein en el Museo de la Universidad de Princeton (USA) con gran éxito.

mayor espacio para la colocación de obras. La solución a los conflictos de la luz cenital radica en el estudio de la cristalera, la cual puede adoptar la dimensión total o parcial de la sala, siendo más conveniente la primera para países nórdicos donde escasea la luz. De la forma simple y plana se evolucionó a la cristalera angular: tejado plano con cristalera a dos aguas por encima de la superficie plana; evita la condensación y variación de temperatura, pero, por otra parte, dada la sensibilidad frágil del cristal, hace variar el estado higrométrico a lo largo del año. Además, la cristalera expuesta a la intemperie se ensucia, puede maladaptarse a la estructura tectónica y provocar entradas de agua, aparte de correr el riesgo de romperse con vibraciones, tormentas, nieves... Los remedios a estos males son la utilización de una cortina móvil que regule la dosificación de la luz, el empleo de células fotoeléctricas (sistema de grandes costos económicos), el uso de pantallas reflectoras, difusoras, cristales prismáticos o el sistema Thermolux citado.

Kimball y Benoist[45] se manifiestan reacios al sistema cenital argumentando los fenómenos de reflejos, destellos, exceso de luz en el suelo en detrimento de las obras, excesiva altura de las salas, defecto de luz en días nublados y temperatura alta en días calurosos. Hautecoeur se manifiesta solidario de Kimball, pero apunta la solución de la artesa, cegando el centro plano y dejando que los cristales angulares repartan la luz más uniformemente en la sala.

La iluminación diagonal procede de ventanas altas y su situación parece el punto intermedio entre la lateral y la cenital, por lo que sus resultados se prestan a ser los

[45] La cuestión de la iluminación ha sido muy debatida desde los comienzos de la ciencia museológica. Anoto los artículos que mejor exponen la cuestión y en los que básicamente me he fundado: Stein, C., «Architecture et aménagement des Musées», *Mouseion*, 1933, págs. 7-27. Kimball, F., «Quelques suggestions pour la construction et l'organisation d'un Musée d'art», *Mouseion*, 1930. Hautecour, L., «Architecture et organisation des Musées», *Mouseion*, 1933, págs. 5-29. Soucy, J. de., «L'illumination des Musées en France», *Mouseion*, 1934, págs. 192-214. *Muséographie*. Exposition International de 1937. Groupe I, Classe III, *Musées et expositions*, París, Dupont, s.a. Bazin, G., *op. cit.*, Cours XV-XVIII. Lehmbruck, M., *op. cit.*

más efectivos. Y ello debido a que la incidencia de la luz recae sobre los objetos en 45° aproximadamente y se dirige diagonal y concretamente sobre la pieza. Si las ventanas están situadas muy altas, no hay problemas de reflejos y sería el sistema ideal para países meridionales[46]. Sus defectos son producto de su naturaleza intermedia entre la luz cenital y lateral; de la cenital recibe el inconveniente de los reflejos, si los muros no tienen suficiente altura para expandir homogéneamente toda la fuente de luz; de la lateral le perjudica el desigual reparto en las zonas norte y sur. Las ventajas se acentúan en salas donde se expongan objetos tridimensionales sobre el lado opuesto al de la procedencia lumínica pues se presta al juego efectista y misterioso de luces y sombras, contrastes, apreciación de relieves, concavidades..., y también es muy útil para salas de reconstitución de épocas a las que dota de una luz difusa y de veladuras sutiles. Existen dos modos de perfeccionamiento:

1.° Debido a su inventor, Seager, consiste en la aplicación de una pantalla situada longitudinal o verticalmente según la orientación Norte-Sur o Este-Oeste de la sala, que impide la penetración de los rayos directos.
2.° Se debe al arquitecto español Moya que hizo una variación del sistema anterior sustituyendo la pantalla reflectora por un muro con tinte que corrige las desigualdades de calidad de la luz.

Estos sistemas pueden considerarse como iluminación natural indirecta, es decir, dirigida y difundida por procedimientos técnicos. La iluminación natural indirecta evita todos los fenómenos de reflexión, gracias a dispositivos interceptados entre la fuente de luz natural y la proyección en el objeto. La luz, al llegar a los reflec-

[46] Resulta importante que un pintor meridional, Murillo, realizara su *Visión de San Antonio de Padua* (Catedral de Sevilla) utilizando pictóricamente el recurso de la luz diagonal que ilumina la imagen con una intensidad tal que evita reflejos y destellos en otras zonas del lienzo. Es también el sistema de iluminación de iglesias góticas que requieren profundidad y altura de naves y da resultados lumínicos de perfecto efecto poético.

tores, depura y filtra los rayos convenientes al objeto. Los tres sistemas más completos —el de Lurcat, Laprade y Arthel— plantean un único inconveniente que en países de excesiva luminosidad es ventajoso puesto que matiza la intensidad: la gran absorción de luz natural, aunque depende también del material pues sobre el blanco de titanio devuelve un 86% de luz mientras que las pastas blancas sólo difunden un 64%. El sistema Lurcat hace que la luz golpee en muros reflectores que presentan formas parecidas a las de un espejo parabólico, evitando todo reflejo y destello sobre las obras. El sistema Laprade consiste en una variante de linternas pequeñas graduadas que regulan las grandes irrupciones de radiaciones solares. El sistema Harthel es el del heliostato: combinación de dos espejos, uno fijo y otro móvil generado por un motor que sigue la dirección del sol. Los sistemas Laprade y Harthel están pensados para países muy soleados.

La luz artificial no sólo plantea conflictos a la conservación sino a la modificación de las calidades de los objetos. Para menguar este grave inconveniente, hay que dotar al objeto de la mayor cantidad posible de luz natural. Las polémicas en torno a su uso, dosis, costos, efectos destructivos..., se suceden continuamente, pero lo cierto es que hay que aceptar el hecho de su necesidad teniendo en cuenta:

1.º Que no exceda en intensidad.
2.º Que se palien los efectos de modificaciones visuales y físicas de los objetos.
3.º Que se conjugue al máximo con la luz natural.

También la luz artificial puede ser directa, indirecta y mixta (artificial directa más indirecta o natural más artificial). La iluminación directa acentúa los inconvenientes de la luz natural de idéntica dirección ya que su potencia constante y dirigida permanentemente sobre el objeto acentúa los deterioros, reflejos y mal reparto de luz. Las ventajas se dan en objetos tridimensionales que se valoran mejor por el modelado, proporcionando esta luz múltiples sugerencias para la captación de los valores lumínicos, táctiles y espaciales. Aún mejor es combinarla con luz indirecta (variante del sistema de iluminación mixta) que permite su visión en silueta y colabora a efectos teatrales de luces y sombras.

Una forma de dar apariencia natural a la luz artificial directa se debe al empleo de lámparas blancas y azules, aunque producen interferencias. Los dispositivos habituales son las lámparas y proyectores. Las lámparas dan una iluminación excesivamente intensa, lo que puede paliarse con combinaciones mixtas (por ejemplo: la aplicación de una pantalla que produce ficticiamente el sistema Seager). Los proyectores son más apropiados para lienzos y objetos bidimensionales puesto que su forma rampante, que ilumina de abajo hacia arriba, se adapta magníficamente a los objetos planos. El peligro radica en la intensa calidad de la luz sobre objetos coloreados. Hay diversas clases de pantallas y proyectores:

a) Los proyectores Spott que anteponen una especie de veladura ante la fuente luminosa, suavizan la intensidad, transforman al objeto en algo mágico al hacer pasar la luz alrededor del objeto o, por el contrario, acentuando la plasticidad de la pieza que se destaca sobre un fondo sombrío. Inevitable inconveniente de este sistema es que es fácilmente desregulable.

b) Bordes luminosos: aplicación de pantallas entre las lámparas con un juego de varias láminas translúcidas que suprimen los reflejos.

c) Iluminación lateral por las ventanas con focos y cristales transparentes.

La iluminación artificial indirecta es un sistema insuficiente en relación a la cuantía de gastos que requiere puesto que la enorme cantidad de luz que se necesita hay que dirigirla al techo (ambientación general de la sala) y, consecuentemente, los objetos adolecen de una visibilidad adecuada, a menos que se combine con sistemas directos de proyectores.

La iluminación mixta, conociendo ya las variaciones y combinaciones a las que puede someterse, es tema a analizar en cada museo, ateniéndose a los caracteres lumínicos de países y regiones. Pensando en que sólo un tercio del año la visibilidad es suficiente (y ello, si la orientacion del edificio está bien pensada) para la utilización de la luz natural, cabe pensar en necesarias combinaciones entre sistemas naturales y artificiales de iluminación.

Otro punto se centra en la calidad de la luz, variable según los modos de iluminación artificial: por incandescencia, luminiscencia y fluorescencia. En la incandescencia predominan las radiaciones calientes y de gran amplitud de ondas amarillas y rojas como las que proporciona la luz solar (predominio de radiaciones azules). Para equilibrar, se colocan lámparas azules ("luz de día") que, en caso de pinturas, según los colores y tonalidades predominantes, se emplean 1 sobre 2 ó 1 sobre 3[47]. La luminiscencia emite radiaciones (rayos infrarrojos, visibles o ultravioletas) que resultan de fenómenos mecánicos, biológicos o eléctricos. Los rayos ultravioletas son enormemente perjudiciales para el color de las pinturas puesto que las radiaciones que lanzan son corpusculares y comportan pequeños elementos que pueden introducirse en lienzos o piezas de impresión —estampas, grabados, miniaturas...— colocados en vitrinas, por lo que este tipo de radiaciones habría que suprimirlas. Esto se puede conseguir utilizando filtros plásticos que menguan la intensidad de la luz. La fluorescencia es iluminación difusa, no dirigida, por lo que es la que más se asemeja a la luz natural, ya que conlleva sustancias que, al absorber radiaciones luminosas o ultravioletas, las transforma en radiaciones luminosas visibles de distinta amplitud de onda y puede conseguirse así una aparente luz natural.

Existen elementos en las salas de presentación que no sólo colaboran a la correcta conservación del material sino que están en estrecha relación con la iluminación.

---

[47] Bazin, G., *op. cit.*, Cours XVIII, pág. 1. El estudio de esta dosificación lo llevó a cabo el autor para la Exposición de Río de Janeiro y los resultados obtenidos fueron: 1 lámpara sobre 3 para la pintura contemporánea y 1 sobre 2 para la pintura clásica, analizadas las gamas cromáticas de cada periodo estilístico en relación con la luz incandescente.

Nos limitamos al estudio de las tonalidades de los suelos y paramentos y a las vitrinas. El revestimiento y tonalidad de los paramentos inciden en la cuestión lumínica puesto que la obtención de una luz adecuada no sólo depende del sistema lumínico-técnico adoptado sino de la interrelación que existe entre éste y los tonos que conforman el espacio. Según los tonos de paramentos y suelos, la luz puede ser absorbida o difundida. Las superficies de colores claros son preferibles porque hacen disminuir la consumición de energía lumínica al reenviar la luz por propiedades de reflexión; hay que contar también con la naturaleza del paramento pues si éste no posee un carácter áspero —sobre todo en muros pintados y granulados— la reflexión no se produce. Además, según el grado de granulación, la dimensión, acentuación, concavidad y pastosidad del granulado, los fenómenos de reflexión lumínica se acentúan o amortiguan. Cuando la difusión lumínica es completa, la superficie mural presenta la misma brillantez en todos los ángulos de observación.

También la conjunción orgánica que debe existir entre los aspectos lumínicos y tonales afecta a la adecuación de la luz en relación con la gama cromática de los objetos y los paramentos. Las obras clásicas (cuadros de época moderna) presentan tonos cálidos que deben conjuntarse con la iluminación y con los tonos de los revestimientos o paramentos, tonos que abarcan una gama cromática amplia, siempre cálida, según las escuelas pictóricas y las obras expuestas. El arte contemporáneo, en cambio, que ofrece caracteres luminosos y metálicos necesita de colores claros, casi blancos. De todas formas, hay que estudiar la paleta de los pintores expuestos para asignarles un color de la gama cromática adecuado. Como norma general es válido aceptar tonos contrastantes —verdes y rojos— para la pintura flamenca e italiana y tonos beiges, grisáceos y marrones para la pintura francesa en la que predomina una paleta más fría.

Las vitrinas son el "mal necesario"[48] de los museos. El

---

[48] Benoist, L., *op. cit.*, pág. 52.

Las vitrinas. Pese a no ser la solución ideal para cierto tipo de objetos, existen diseños estéticos, funcionales y adaptados técnicamente a las exigencias de los objetos.

Arriba: La arquitectura del museo, concebida con amplias cristaleras que dejan penetrar el máximo de luz natural, beneficia la elección de ciertos diseños que, aunque adosados al muro (pérdida de luz), reciben la luz del muro-cristalera. Los soportes —a menudo, antiestéticos y pesados— pasan desapercibidos por la sencillez de su diseño como las vitrinas de esta sala de la Yale University Art Gallery, New Haven (Conn. USA).

Abajo: Estos soportes sólidos, de extensión y anchura semejante a las dimensiones de las vitrinas, tienen un buen efecto estético, buena visibilidad y comodidad para el espectador y seguridad en el montaje.

problema que plantean es doble en relación a 1) la iluminación y 2) a la conservación.

Desde el punto de vista lumínico, los fenómenos de reflexión inciden sobre ellas según *a*) la disposición del cristal y de los planos de reflexión y *b*) del sistema de iluminación de la sala.

Estos factores, aplicables también a cuadros protegidos por cristales y lienzos de barnices muy brillantes, y las propiedades ópticas de los objetos expuestos son los que determinan su fisonomía lumínica. (Por ejemplo, los objetos de museos de Historia y Geología tienen la cualidad de emitir luz fluorescente bajo la acción de rayos ultravioletas; la orfebrería, de carácter brillante y metálico, realza la pieza si se la acondiciona con lentes condensadoras y terciopelo negro que absorbe los rayos...)

Existen algunos principios básicos para obtener una eficaz adecuación entre la iluminación y las vitrinas:

1.º Toda fuente luminosa más intensa que la de la vitrina produce reflejos y molesta al público para la apreciación de los objetos. Un estudio realizado establece cinco tipos de vitrinas según la distribución de los tonos sombríos o claros:

a) Vitrina con primer plano sombrío, fondo y parte superior clara.
b) Primer plano y fondo sombrío en contraste con la parte superior clara.
c) Primer plano, fondo y parte superior igualmente oscuro.
d) Primer plano, fondo y parte superior clara.
e) Primer plano en claro y fondo y parte superior en tonalidades oscuras[49].

2.º Los cristales que la conforman pueden ser de varios tipos: verticales, inclinados hacia la parte posterior

---

[49] Office International des Musées. «Los fenómenos de reflexión sobre las vitrinas y los cuadros», *Mouseion*, 1934, págs. 215-222. Estos sistemas siguen vigentes en la técnica de iluminación museística, pese a posteriores recursos y diseños que han perfeccionado los sistemas de iluminación en vitrinas.

o anterior, curvos o incrustados en el armazón del muro.

3.º La iluminación vertical es beneficiosa para objetos pequeños, pues la vitrina, incrustada en el muro pero sobresaliendo de él, vierte la luz procedente del techo acristalado de la vitrina y los objetos aparecen bañados con una luz suficiente que difiere, además, de la del resto de la sala.

4.º Vitrinas con cristales curvos: aunque el resultado estético queda en entredicho, la reflexión de los rayos dirigidos fuera del ojo del espectador o absorbidos por pantallas negras (sistema Gerald Brown) favorece una eficaz iluminación de los objetos. En el caso de cuadros con protectores cristalinos que no pueden curvarse, existe una solución aportada por Bloogett: aplicar sobre el cristal una capa de resina sintética cuyo índice de refracción (1,2) es el más aproximado al del aire (1) y al del cristal (1,5), aunque el cristal, al mezclarse con la capa resinosa, cobra un tinte ligeramente coloreado[50].

5.º Las vitrinas antirreflejos con un cristal curvo, calculada y medida la convexidad o concavidad de la forma, evitan que los rayos susceptibles de dar reflejos sobre el espectador actúen y para ello se intercepta una pantalla oscura encima del mueble.

Desde el punto de vista de la conservación, la vitrina es un arma de doble filo porque, por una parte, protege al objeto de las impurezas de la atmósfera, pero por otra, el aislamiento ambiental que sufren los objetos les impide respirar. Hay varios tipos:

a) Las empotradas en muros o bases de ventanas: solucionan problemas espaciales y estéticos, pero el permanente contacto con el muro las somete a inconvenientes climatológicos.

b) Vitrinas colocadas aisladamente en la sala: pese al espacio que ocupan y al valor antiestético que ofrecen son junto a las

c) Adosadas al muro por la parte posterior las que requieren el mínimo de armadura pesada y aseguran la

[50] Bazin, G., *op. cit.* Cours XVIII, pág. 4.

ausencia de impurezas atmosféricas con sistemas seguros de unión de cristales por medio de juntas fijas.

d) Las vitrinas sin chasis, abiertas por ángulos montados sobre pivotes, permiten una mayor seguridad y una práctica manipulación de abertura por el centro.

e) La vitrina con doble contención preserva a los objetos del aire, polvo y humedad, aunque los inconvenientes son de tipo estético.

Agentes humanos: los agentes de destrucción del objeto museístico surgen de forma in/evitable. Evitable porque, a menudo, las causas de degradación radican en desinterés, escasa o nula vigilancia, falta de medios para combatir el accidente o inconsciencia humana por no valorar las obras del pasado. Inevitable otras veces porque lo imprevisto puede surgir por encima de todas las precauciones tomadas y porque, paradójicamente, los medios preventivos que salen al encuentro de un mal determinado pueden repercutir desastrosamente en otros provocando un perjuicio del mismo calibre.

Las precauciones a tomar afectan 1.º al montaje de las piezas, 2.º al transporte, 3.º a incendios, 4.º a robos y 5.º a la presencia de los visitantes y a su contacto, directo o indirecto, con los objetos.

1.º El montaje de las piezas debe garantizar su seguridad mediante los recursos que se crean pertinentes. La colocación de los cuadros atiende a sistemas distintos según se presenten adosados a los muros, empotrados en él, encerrados en vitrinas o pendientes de raíles móviles y exentos del soporte murario. Todos los sistemas tienen que atenerse a unas normas de seguridad basadas en la solidez del soporte y la resistencia del objeto. El recurso tradicional de colgar el cuadro con clavos es poco práctico en un museo de presentación activa puesto que la obra no está montada definitivamente para ese lugar y, en caso de cambio, las señales de los primitivos clavos, si no concuerdan con la colocación de la pieza reemplazante, permanecen u obligan a arreglos permanentes. El montaje de cuadros requiere dos condiciones: invisibilidad del recurso utilizado y movilidad. Existen tres sistemas modernos que reúnen estas exigencias:

a) Sistema con raíles.
b) Sistema con barras de acero.
c) Tabiques móviles.

1.° Los raíles y barras metálicas con pinzas (sistema Boyer) presentan la ventaja de la regulación, facilidad de cambio o supresión de los lienzos, pero, como contrapunto, la barra continua ejerce un efecto antiestético y sicológico pues produce sensación de cansancio y, además, el público no gusta de ver los trucos y recursos para la presentación de las obras. La suspensión del cuadro mediante barras metálicas y colocado en el vacío, sin soporte de paramento, facilita la transportabilidad y el desmontaje de la pieza, pero puede que la ausencia de un soporte referencial dé una sensación anodina y, además, al ser visible en su parte posterior, deja ver soporte, travesaños y entramado de la estructura posterior, lo que por otra parte también es educativo para un espectador más atento. Otro inconveniente se debe a su estado de suspensión que tiende a una movilidad inestable perjudicial para el objeto. De todas formas, estos modos de presentación permiten la rapidez de cambios y, al tiempo, proporcionan una medida de seguridad de gran eficacia: el cierre de las ranuras es automático y bloquea el conjunto de obras alineadas en ellas.

Mejor que los antifuncionales tabiques de albañilería, los tabiques metálicos o forrados son más prácticos porque son desmontables, transformables y combinan las exigencias de movilidad e invisiblidad. Además, pueden adoptarse materiales ininflamables, resistentes a la humedad y al polvo y son los que mayor utilidad reportan a las salas de reservas y almacenamiento. Los materiales pueden ser de madera contrachapada (viva o tapizada) y metálicos. Los de madera —enormemente decorativos— pueden pintarse en consonancia con las tonalidades predominantes en las salas y, aunque no son materias incombustibles, pueden hacerse ignífugos. Los tabiques y paramentos móviles son de gran utilidad para salas de presentación (pueden fijarse mientras se mantenga un modo de exposición determinada), para reservas y salas de exposiciones temporales, puesto que su movilidad permite transformaciones constantes que den variedad a la sala; son como hojas de un libro que puede repasarse en el orden que se desee y, de hecho, para colecciones gráficas se recomiendan portafolios móviles de materiales metálicos, lígneos o sintéticos.

La movilidad de los paramentos se hace hoy día exigencia forzosa, dada la actividad múltiple del museo en adquisiciones, cambios, montajes de exposiciones temporales y almacenamientos en salas de reserva. Además, se prestan mucho mejor para adaptar la sala a fisonomías diversas, que cuando el edificio está concebido de forma rígida, de modo que el esencial desarrollo orgánico de éste se convierte en anquilosamiento monótono.

2.º Los transportes de obras, cada vez más frecuentes por el dinamismo creciente que va cobrando el museo en cuestiones de compras, exposiciones itinerantes o viajes para restauración y exposiciones, tienen los peligros que implican la variación de temperatura, las vibraciones del medio de transporte y el embalaje de las piezas. Los remedios radican en el examen previo y posterior al viaje, evitando éste a obras frágiles y embalando debidamente las transportables en cajas adaptadas a las medidas de las esculturas, con chasis y materiales de defensa, en estuches o cajas de contrachapado para pinturas en lienzos y en cajas acolchadas para pinturas en tabla y madera. Tanto el conservador como los encargados del transporte y el destinatario deben responsabilizarse asegurando la garantía de la integridad de la obra.

3.º Los remedios contra el incendio actúan *a*) de forma preventiva y *b*) de forma activa.

De forma preventiva: lo esencial es la instalación del edificio con materiales anticombustibles, la supervisión con registros y detectores en las zonas de electricidad, una estructuración arquitectónica que permita un itinerario rápido en caso de incendio, un sistema fácil para el desmontaje de piezas, la instalacion de dispositivos de alarma y célula fotoeléctrica que refleje en un marco electrónico la zona del suceso. En caso de incendio hay que actuar de forma activa y eficazmente con extintores que no tengan espuma y que contengan una solución de CO_2 que no perjudique a las obras, estableciendo un contacto directo con el cuerpo de bomberos.

Algunas ventajas que actúan preventivamente en contra del incendio son medidas contraproducentes a efectos de robo. Contra éste, hay que establecer sistemas de difícil desmontaje de las piezas, hacer circuitos complicados, no tener más que una puerta de acceso al museo que puede estar así más controlada, pero

4.º De todas formas, la prevención más eficaz contra el robo es el sistema de alarma con célula fotoeléctrica instalado en cada pieza del museo ya sea independientemente o conectadas todas las obras a un circuito general.

5.º También los visitantes son causa, consciente o inconscientemente, de degradación de las obras. Algunos motivos —contacto directo, acercamiento excesivo a la obra que hace desprender anhídrido carbónico que recibe la pieza...— están reñidos con la meta educativa y el afán del museo por hacer la obra lo más accesible posible al espectador. Los remedios de defensa de la pieza, consecuentemente, entran en conflictividad con el sicosomatismo del público al establecer barras de contención, fronterizas entre sujeto y objeto, que, además, dificultan una rápida actuación en caso de incendio. Y para estos problemas y contradicciones no existen soluciones factibles mientras la obra siga ofreciéndose como objeto sagrado y mientras el público no tome conciencia de la no sacralización de la pieza museística y del respeto y trato responsable que le debe.

Ética y política del equipo

¿Cómo llevar a cabo eficazmente las actividades que el público requiere y que demanda del objeto? La respuesta sale al encuentro al analizar la labor profesional del equipo del museo, los comportamientos humanos en relación al público que sirve y las misiones museísticas que el equipo cataliza para proyectarlas al espectador y conseguir un museo vivo y dinámico donde la profesio-

El equipo del museo.

La educación, como meta primordial del museo, debe estar atendida por un personal científico y especializado que aúne los conocimientos sobre su profesión con el estudio del nivel cultural del público, ayudándose de pedagogos para obtener los mejores logros. El equipo científico del Västerbottens County Museum Umea (Suecia) estudia los resultados obtenidos de los video-cassettes antes de incorporarlos a las salas de presentación.

nalidad, la educación y los valores humanos puedan conjuntarse en un todo coherente.

Conformación del equipo

Este es el que canaliza las peticiones del público y el que posibilita una interacción entre la presentación del contenido y la realización de las actividades humanas. Indudablemente, la necesidad de un personal rector a diversos niveles se impone en el museo para asumir responsabilidades que competen a su trabajo y profesionalidad y para que ejerza una variada tarea gestora. La vitalidad de un museo responde esencialmente a la acción de ese equipo y, como veremos más adelante, a sus interrelaciones con el público que es para quien tiene razón de ser el museo.

Hoy día el museo no puede funcionar con un director y un conservador puesto que, dada la tendencia a la especialización profesional y multiplicidad de funciones, éstos están física, intelectual y humanamente incapacitados para llevar a cabo todo el montaje que supone la entidad museística. La configuración moderna del trabajo en equipo supone la participación de todos los conformantes del museo. Internamente, este equipo se define en un personal directivo y científico (conservadores), un cuerpo especializado (museólogos, restauradores...), auxiliares y administrativos. Aunque en muchos museos este despliegue de plazas existe a un nivel teórico, la realidad pone de relieve frente a esa falta de personal la urgente necesidad de dotar a los museos de un equipo centrado en diversos niveles de especialización.

El director —si la titulación no está asimilada a la del primer conservador— o directores es el elemento de organización general que da pautas y hace coherentes las diversas tareas de los facultativos y técnicos. Según el país, el carácter público o privado de la institución, la figura del director asume una fisonomía determinada. En EE.UU., el director es el *business-man* que dirige financieramente el centro, lo que es indicativo del carácter privado de estos museos, mientras que en Europa es un hombre cultivado social e intelectualmente y polifacético que igual atiende visitas de personas prestigiosas que gestiona compras o aglutina el trabajo del equipo. El peor inconveniente que presenta la figura del director europeo es que, como eje central de la jerarquización del trabajo, sus decisiones se llevan a cabo a menudo sin el consenso, aprobación o información del equipo especializado, lo que produce distonías en los resultados finales.

El personal científico está constituido por los conservadores. También el conservador europeo difiere del americano en las funciones que uno y otro desempeñan. El conservador americano no necesita de un título universitario sino de capacidad administrativa, ejecutiva y pedagógica. Según los fondos, el desarrollo de secciones y funciones museológicas, el museo debe contar con un número de conservadores que cubra sus tareas específicas sin necesidad de imponer a un conservador la resolución de todos los problemas del museo.

Benoist[51] exige de este pobre y forzado Proteo que sea un "erudito incombatible en nombres y en fechas, un especialista en la Historia del Arte y de las civilizaciones, un experto que sepa evaluar la autenticidad de los objetos que le son propuestos para el examen o la compra, un financiero al corriente del coste de cada artista, un administrador que lleva el presupuesto de una gran casa, un técnico que utiliza los más recientes descubrimientos para la conservación de los objetos que le han sido confiados, un decorador que los presenta en un cuadro armonioso, original y sugestivo, un profesor capaz de enseñar a sus jóvenes visitantes, un diplomático que cultiva buenas relaciones para obtener de los aficionados donaciones y legados sin los que el museo no podría enriquecerse, un escritor, finalmente, si le queda suficiente tiempo y talento para redactar libros y artículos".

Pese a que esta idea fue expuesta en 1960, año en que ya la Museología se preocupaba por el despliegue del personal museístico, esta concepción obedece a nuestro modo de ver a 1) un erróneo criterio que pretende concentrar en una persona funciones difícilmente realizables sin colaboradores expertos en Museología, docencia y relaciones públicas y 2) a un juicio excesivamente teórico por parte del autor ya que consideramos que, a un nivel mental y de ideaciones, un conservador puede reflexionar su tarea desde esos principios, pero en la praxis se ve necesariamente limitado a las estrictas obligaciones que su titulación de conservador le impone, es decir, conservar, estudiar, presentar y educar al público mediante los objetos de su determinada sección.

En las restantes gestiones que Benoist le asigna actúa sólo a nivel informativo como consejero y cooperador de una plantilla especializada que resuelva conjuntamente

---

[51] Benoist, L., *op. cit.*, pág. 6.

los problemas del museo. Recientemente, se habla en los ámbitos museológicos de la necesidad de creación de un *staff* (cuerpo de gobierno) heterogéneo en sus actividades específicas y homogéneo en la meta primordial del museo. Este *staff* rebasa el personal estricto del museo, entrando en contacto con universidades que no sólo impartan enseñanza a los no graduados para capacitarles en una carrera sobre museos sino que aporten titulados y graduados para trabajar en el museo, para lo cual sería necesario aunar cifras económicas de ambas entidades —dificultad máxima— y ayudas financieras en beneficio de la educación escolar y universitaria enfocada al museo[52].

Lo que indudablemente es evidente es la necesidad de separar las tareas internas (conservación, investigación, gerencia, administración...), de las concernientes a las relaciones públicas en un personal especializado. En cuanto a éstas, la Jefatura del Servicio de Información de la Tate Gallery de Londres ha propuesto recientemente para someter a estudio las actividades que el museo debe ejercer en relaciones públicas, que ofrecemos sintéticamente:

a) Funcionamiento de servicios de información y formación del personal del museo antes de contactar con el público.
b) Establecer relaciones con sociedades de amigos del arte.
c) Métodos expositivos de los servicios que el museo pueda ofrecer.
d) Publicaciones.
e) Encuestar al público que accede al museo.
f) Contacto con la prensa.

---

[52] Icom News., *Resumen final de la reunión europeo-americana sobre museos de arte* mantenida del 17 al 20 de octubre de 1975 en Ditchley Park, Oxfordshire, Inglaterra. El intercambio de ideas y la exposición de experiencias particulares en museos americanos y europeos son de gran interés y ponen en evidencia la imposibilidad de normativizar un *staff* general, debido al carácter de propiedad pública y privada que caracteriza a los dos continentes.

g) Asegurar una eficaz publicidad para exposiciones itinerantes.

h) Utilización de órganos publicitarios (periódicos, radio, televisión, carteles...).

i) Medios de asegurar el apoyo de las autoridades locales[53].

A nuestro criterio, existe un punto criticable en el planteamiento de la cuestión: estas bases de reflexión se plantean ¿sólo en el nivel difusor de las actividades museísticas o como una auténtica vía para acceder a la relación social con el público del museo? Y es que cabe el error de unir la misión de difusión (siempre indirecta y sin contacto directo con el visitante) con la interrelación social directa, suministradora de nuevas experiencias y confrontaciones humanas y vitales.

El conservador trabaja con un material intelectual —de ahí, la necesidad de estar dotado de una titulación universitaria, de una especialización en la materia que conserva y de amplios conocimientos de Museología— que se concretiza en el estudio, conservación, clasificación, catalogación y presentación de las obras y que está dotado de cualidades educativas, sociales y humanas que se proyectan directamente al público.

Aunque se presta poca atención al personal técnico y administrativo del museo (incluimos los servicios de fotografías, publicaciones...), la labor que realizan es capital puesto que de su organización metódica, de su sistematización reglamentada, gerencia, administración razonada y eficaces servicios al público depende en no pequeña medida la vitalidad de las funciones que le atañen ya que repercuten directamente en el desarrollo y vida del museo. La adquisición de una obra que enriquece el contenido del museo puede obedecer a la habilidad administrativa; el intercambio de revistas con otras entidades nacionales y extranjeras depende —aparte de la decisión de conservadores y directivos— de la eficaz política del servicio de publicaciones; la rapidez en el

[53] Bellow, C., «Museums and public relations», *Icom News*, vol. 29, números 1-2, 1976, págs. 4-8.

servicio ante la solicitud de un particular para la obtención de reproducciones y fotografías se debe a la familiaridad con que el encargado utiliza los archivos fotográficos y a la utilidad que reporta en la expedición...

En resumen, el museo vivo de la actualidad tiene que contar necesariamente con un personal especializado y responsabilizado de las asignaciones encomendadas y realizadas fructíferamente en beneficio de una permanente actividad ejercida hacia el interior y exterior del museo.

Comportamientos humanos del público y equipo del museo

Si el museo está verdaderamente concebido para la delectación y educación del público, canalizadas a través de las actividades operatorias del equipo del museo, una diferencia radical se manifiesta en la actitud que unos y otros adoptan en el centro museístico. Por una parte, el comportamiento del espectador es homogéneo en el sentido de que accede al museo como receptor y, en el mejor de los casos, como cooperador de la vida museística mientras que el del equipo se mueve en dos niveles —profesional y humano— que, aunque no deberían ser deslindados, hay que distinguirlos cuando el despliegue de actividades va directamente proyectado al público.

Ya hemos visto cómo la labor del equipo debe ser fructífera, cooperadora y sincronizada en el nivel profesional, lo que es traspasable al nivel de relaciones humanas tanto entre los componentes de la plantilla como ésta en relación con los visitantes, lo que dista mucho de ser realidad en el plano de la práctica. Todo ello explica ciertos rasgos que configuran esta actitud que, para una eficaz práxis museológica, puede centrarse en el análisis de los siguientes puntos:

1.º Abolición de la jerarquización: la institución museística, como conformante de la superestructura de la cultura, ha acentuado estratificaciones intelectuales y sociales que impiden un sistema de relaciones humanas igualitarias para todos los componentes del equipo, lo cual ocasiona no pocos motivos de desincronización interna que se evidencia en el desarrollo de la vida del museo. Si verdaderamente éste funciona con un equipo múltiple y especializado, el principio básico de coordinación se impone, pero en la práctica entra en conflictividad interna con el de subordinación.

2.º Desmitificación del aura de los dirigentes y toma de conciencia por su parte de que el ejercicio de sus funciones no es, en el plano de la práxis, cualitativamente superior al del resto del equipo y lo importante es que cada componente, sea cual sea su titulación, asuma su trabajo y obtenga de él el mayor rendimiento posible. Ciertamente que este desnivelamiento no procede sólo de la conciencia y del "espíritu de cuerpo" de los conservadores y directivos sino de la misma inaccesibilidad que éstos entrañan, lo que ha contribuido en gran manera a inculcar en el espectador una mitificación de los dirigentes que conduce irrevocablemente a un distanciamiento recíproco.

3.º Autocrítica personal de los componentes del equipo: una reflexión profunda sobre su razón de ser en el museo tiene que conducir a una mutación cualitativa de sus actitudes en la que los valores profesionales, intelectuales y técnicos puedan conjuntarse —máxime como profesionales "humanistas"— con un comportamiento humano que no tenga que echar mano de posturas esnobistas y artificiales con estereotipada, amplia y estudiada sonrisa "a lo ejecutivo" sino que surja de una conducta espontánea que proceda de la tarea común que realiza tanto en relación con los compañeros del equipo como en su proyección al público. Igualmente, este análisis crítico sobre su quehacer profesional conduce a otra transformación: pasar de la conciencia de posesión a la de servicio, lo que en términos más expresivos podría denominarse como cambio de "tiranos demoniacos en sumisas servidoras"[54]. De lo anteriormente expuesto y en lo que concierne al público se deduce:

[54] La expresión la emplea Engels en *Del socialismo utópico al socialismo científico*, Obras escogidas de Marx y Engels, t. II, pág. 154.

4.º Que del grado de apertura ideológica e intelectual, de la conciencia unitiva, profesional y humana, de la capacidad de adaptación, flexibilidad y coordinación del equipo y del deseo expreso de éste por otorgar una merecida confianza a los visitantes, depende el comportamiento del público en el museo, comportamiento que puede ser de disponibilidad o receptividad. Una eficiente praxis museológica implica, cuando las relaciones equipo-visitante se interpenetran activamente, una actitud abierta y cooperadora del público que no sólo se siente familiarizado y "como en casa" en el museo sino que desbloquea su silencio y pasividad con ideas y sugerencias válidas que, a veces, perciben mejor los de "fuera" que los que dirigen el museo. Esa desinhibición es enormemente educativa ya que supone reflexión, criterio, participación responsable, superación sicológica y humana tanto en lo que afecta a los comportamientos del público como a los del equipo museístico.

Pero ¿cuáles son las vías para la obtención de este acercamiento recíproco en el museo?

A) Las sociedades de amigos del arte funcionan positivamente en el sentido de que colaboran a la causa museológica y artística de forma compleja con sus aportaciones económicas, vigilancias, detectaciones de actos antiartísticos/culturales... Pero estas sociedades, por otra parte, tienen un carácter tanto más restrictivo, casi selectivo, cuanto más falta de concienciación pública en los asuntos de la cultura, lo que debe impulsar al museo a ejercer una acción directa sobre la idea de que el patrimonio pertenece a todos y, demostrándolo, esa responsabilidad hará más amplia la colaboración masiva de la sociedad.

B) Esta acción la debe asumir el museo haciendo uso de varias funciones que le conciernen: encuestando por la prensa o circulares a la población para que exprese sus preferencias, peticiones, sugerencias y críticas, solicitando cartas abiertas en periódicos que manifiesten las experiencias vividas en el museo que pueden ser informativas para otros lectores o cartas escritas directamente al museo para ser tema de coloquios y charlas en el mismo museo, en sus filiales, en centros de enseñanza, culturales...

Evidentemente éstas no son las únicas fórmulas de entendimiento entre el público y el museo. Existen muchas y, entre todas ellas, las más fructíferas serán las que surjan de un diálogo abierto y razonado entre las demandas sociales y el servicio que el museo debe reportarles.

Misiones indispensables del museo

Las tareas primordiales que el museo debe realizar atañen a la interacción público-objeto, interacción catalizada por el personal de la entidad museística, y pueden resumirse en tres: misión educativa (implicadora de la estética), misión científica y misión difusora y social.

La enseñanza de expresiones culturales en el museo.

En la sala de Arte Oriental del Cleveland Museum of Art, Ohio (USA), una profesional desarrolla las expresiones gestuales de las danzas hindúes ante un público que, a la vez, contempla las esculturas clásicas indias de la misma temática, con lo que la captación, aprehensión y rítmica del baile oriental se concretiza más directamente con el contraste de obra "fija e inmóvil" y expresión activa (demostración).

Presentación iconográfica e iconológica.

Arriba: Sala del Jeu de Paume de París, con los retratos de los principales pintores impresionistas. Los rasgos fisionómicos, los gestos y actitudes de los retratados, acompañados de un comentario sintético sobre su personalidad, animan al espectador a entrar en el mundo del artista.

Abajo: Un programa de museos escolares en Méjico ha comprendido con exactitud los beneficios de una presentación iconológica con medios e instrumentos sencillos que conjugan la idea con la imagen: no cabe duda de que se trata de diversos objetos para la medida del tiempo.

Es la fuerza primordial de las actividades museológicas ya que radica en el desarrollo y perfeccionamiento de las facultades humanas (intelectuales, culturales, artísticas, ideológicas, perceptivas, afectivas...); es decir, se trata de predisponer la mente y sensibilidad del visitante para el "encuentro" con civilizaciones pasadas o actuales que le suministrarán una vía de acceso profundo a la reflexión sobre sí mismo. Por tanto, no debe entenderse la educación museística como instrucción erudita o excesivamente intelectual sino como apertura de caminos diversos para que el espectador seleccione las emisiones. La dificultad estriba en el encuentro equilibrado de una pedagogía objetiva y subjetiva; es decir, en compatibilizar criterios educativos de validez científica, renunciando a imposiciones doctrinarias que coartan la mente del espectador, con ideas sugerentes que despierten y vivifiquen facultades específicas de cada individuo (imaginación, sensaciones, fantasías, curiosidad, correlaciones mentales...).

La educación a nivel objetivo ha de ser sustancialmente científica, basándose en un sistema de pensamiento no radical, pero fundamentado sólidamente, que acepte las contradicciones, modificaciones y matices de sus postulados y que éstos puedan ser revisados permanentemente en beneficio de un acercamiento cada vez más profundo a la realidad.

Dos ejemplos que clarifican la objetividad y subjetividad educacional en el museo: Nivel objetivo: todos hablamos de la errónea formación que se recibe sobre temas tan esenciales para la civilización como la Historia, la Religión, Literatura, las Ciencias o el Arte. El museo se hace portavoz de la necesidad de encauzar los planteamientos educativos corrigiendo las malformaciones y deformaciones intelectuales, perceptivas o artísticas. Así ejerce una pedagogía objetiva que se basa en el consenso general y busca métodos más adecuados para que la educación sea más eficaz. En un nivel subjetivo, la educación museística se manifiesta en los estímulos que es capaz de producir en la curiosidad del espectador que, enfren-

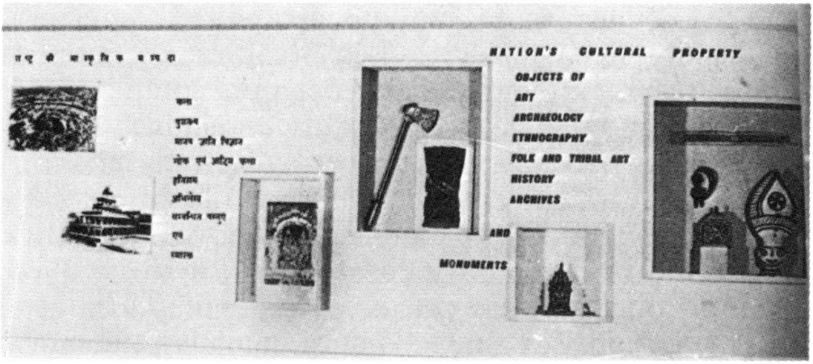

a

Las exposiciones temporales.

El universalismo de los temas que se suelen elegir exige una planificación coherente tanto en la selección de los objetos "reales" y su distribución en los ámbitos de exhibición como en los medios auxiliares de educación y en los recursos pedagógicos. El National Museum de Nueva Delhi organizó una exposición sobre "El papel de la ciencia en la conservación de los bienes culturales", en que se combinaban los medios visuales (a) y científicos (b), para que las síntesis mentales y visuales del espectador fueran fructíferas.

b

tado a la obra, puede plantearse una serie de cuestiones que él mismo se soluciona con imaginación, reflexión o confrontación con otras obras. En este sentido, el museo no es impositivo sino expositivo. Los servicios educativos del museo deben atender varios puntos:

1.° Un factor importante estriba en el rendimiento educacional que las exposiciones temporales e itinerantes ofrecen. Por una parte, hay que aplaudir y alentar este dinamismo creciente del museo organizando muestras rotativas a las que gran parte del público sólo puede acceder cuando se las presentan en su ciudad. De esta manera, no pocos hemos podido contemplar las más diversas y exóticas artes con las que no hubiéramos conectado directa y visualmente sin esta política activa, pero, por otra parte, el problema que nos afecta ahora presenta contrapartidas porque, ciertamente, el carácter espectacular que las guía entorpece una labor auténticamente educativa. Sus títulos suelen ser expresivos no sólo del agotamiento que producen —"100 años de pintura X", "La obra antológica del pintor..."—, sino del desconcierto mental en que se anuncian esas actividades milenarias de países que, indudablemente, por efectos de una malformación geográfica y cultural, desconocemos. El público, por supuesto, no se pierde semejante acontecimiento e incluso cree captar sobre la marcha el significado de aquellas muestras, pero, en el fondo, la asimilación no ha surtido los suficientes efectos porque es imposible contactar en un aterrizaje forzoso e impactante con esos "mundos" tan ajenos y lejanos a la mente del espectador. Como estas exposiciones están concebidas "a lo grande", el criterio de exposición "apabullante" prima sobre el educativo. Los montajes suelen ser excelentes, con gran despliegue de costos económicos, pero sin atender a los elementos auxiliares de educación, lo que hace que el público haya visto mucho sin haber visto nada y sin saber siquiera dónde está tal país, cómo se produjo aquel movimiento estilístico...

Sería muy eficaz para conjuntar la exposición y la educación organizar conferencias previas a su llegada que pusieran en antecedentes al público, el cual iría ya con ideas asimiladas que le disponen a la curiosidad e interés de constatarlas con las muestras reales.

Otro factor educativo del museo se ofrece sin necesidad de presentar muestras de la colección. Se trata de la organización de cursos que afecten y enriquezcan el conocimiento del contenido del museo, conferencias de todo tipo que inciden en el campo de la cultura del

Las múltiples facetas del museo de Arte contemporáneo.

Arriba: Conferencia-demostración de la compañía de danza contemporánea de Murray Louis, en 1970, en el Museo de Arte Contemporáneo de Chicago.

Abajo: Improvisación de expresión corporal de la compañía de Sara Pardo, durante la Exposición Rauschemberg, en 1968, en el Museo Municipal de Arte Moderno de París.

pasado y de la actualidad, temas que provoquen un interés general y de los que puedan surgir intercambios de opiniones e ideas positivas.

2.º La organización de cursos es fundamental y deben programarse sistemáticamente, dándoles publicidad en los medios de difusión. Habría que evitar que en ellos interviniesen sólo intelectuales de prestigio, personalidades con "cartel" o reincidentes miembros del equipo del museo, cediendo la mesa a conferenciantes "profanos" que no son profesionales de la materia, pero que la conocen –a veces, mejor que aquéllos– y pueden ofrecer perspectivas más dinámicas, o a jóvenes (estudiantes, técnicos, cineastas, fotógrafos, poetas, pintores...), que rejuvenecen el ritmo y el tono del discurso, haciendo de la disertación más que un soliloquio una conferencia dialogada y realizada por todos los asistentes.

3.° La educación de los niños, de la que algo ya se ha expuesto, ha cobrado una importancia de peso desde la creación de los *museum games* americanos y algunos europeos. Lo realmente beneficioso de la enseñanza infantil es que se les desarrolla desde pequeños su inteligencia, sentido crítico, capacidad creativa y sensibilidad, inculcándoles el interés por el museo de forma tan natural e incorporada a su existencia cotidiana que no sólo acceden a él con atracción, curiosidad y placer sino que conforman un público del mañana mucho más preparado para la experiencia museística.

Educación que debe ser sugestiva, instructiva y amena. Sugestiva porque llena de vivencias su mundo interior, tan variable y trafagoso; atractiva porque contrarresta las abstracciones teóricas de las clases, e instructiva porque el contacto directo con la realidad de la pieza museística junto con explicaciones lógicas deja un sedimento que amplía y profundiza, a lo largo de los años, sus primitivos y esquemáticos conceptos.

4.° Un factor esencial e implicado en la educación es la estética y ello debido a que la mera exposición de obras es de por sí educacional, correctiva y crítica o encauzadora, no manipuladora, de la formación y gusto del público pero, de hecho, instructiva. Y hablamos de educación estética no desde un punto de vista filosófico sino vital, aplicada a la existencia cotidiana. A esta tarea estética, ciencia de lo sensible y de las sensaciones percibidas por el público, le interesa el tratamiento "del objeto estético, del juicio estético y de la existencia estética"[55]; es decir, percepción, juicio y experiencia estética. En el museo ello se puede conseguir con una atractiva exposición de obras, con estímulos visuales y perceptivos en el espectador y con la comprobación del

---

[55] Bense, M., *Estética*, Buenos Aires, 1957, pág. 18.

El museo para los niños.

Valiosas experiencias sobre pedagogía museística infantil han conducido a logros notables que se sintetizan en estas imágenes. Tras el estudio visual, perceptivo y estético de una pieza (a) *Royal Tide IV,* estructura dorada de Nevelson, 1960, Warraf-Richartz Museum, Colonia. Niños de 5 a 6 años hacen interpretaciones de ella con cajas de cigarros (b) o niños de 9 años la realizan con cajas de zapatos y objetos usuales (c). También el museo debe estar pensado para que el desarrollo intelectual del niño se enriquezca con nuevos conocimientos adaptados al nivel de su mente. Esta exposición sobre *El agua y la vida* en el Palais de la Découverte, París, celebrada en 1971 es expresiva del interés infantil por los medios auxiliares de educación (d).

b

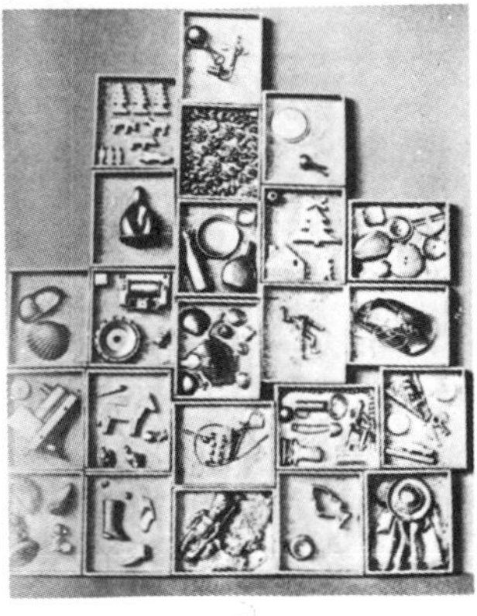

c

fenómeno de la existencia estética cuando público y obra abandonan el campo de batalla como enemigos para encontrarse en una encrucijada intercomunicable, en un "diálogo visual" conseguido por el exacto ofrecimiento del objeto y el justo requerimiento del sujeto.

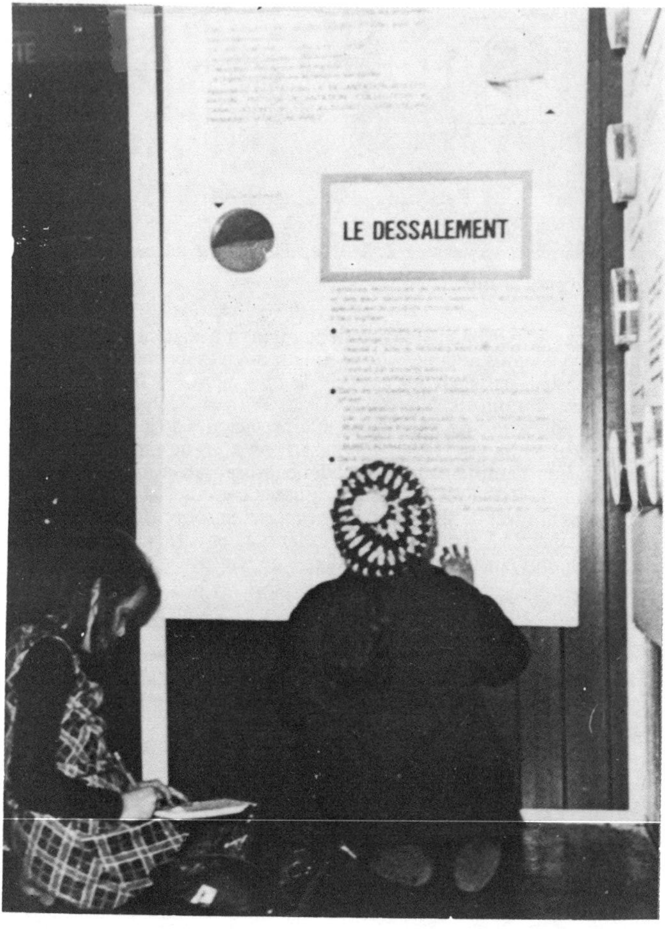

La misión científica

La investigación es punto necesario en el desarrollo del museo tanto en lo que atañe al interior como al exterior de la entidad museística, centro de estudio de especialistas que vienen en busca de conocimientos esenciales o adicionales para su trabajo. Una vez más se impone el contacto con la universidad, con instituciones científicas y culturales y con el museo internacional para que la producción científica se abra a panoramas ideológicos y metodológicos más amplios que incrementarán el nivel intelectual del organismo museológico. Esta misión se centra eminentemente en la labor profesional del equipo del museo que debe atender al estudio y actividades siguientes:

1.º Realización de fichas y catálogos científicos y razonados puesto que ellos suministran el material de primera mano para acometer cualquier trabajo sobre el contenido del museo y porque en ellos es donde están controladas las existencias museísticas.

2.º Hacer publicaciones sobre los resultados de las investigaciones en boletines y revistas que sean exponentes de la actividad científica del centro cultural. Lo más eficaz es que el museo cuente con un servicio de imprenta que elabore su propia revista, pero, de no existir, hay que establecer relaciones con editoriales e instituciones que promocionen la investigación para que ésta no permanezca como sórdido e inoperante resultado de un trabajo sino que se publique y difunda la vida intelectual que el museo desarrolla.

3.º Entrar en contacto con otros centros museísticos nacionales y extranjeros que favorezcan el intercambio de publicaciones y revistas, que faciliten el estudio de sus fondos y que cooperen recíprocamente en sus boletines y revistas con aportaciones científicas de todos los investigadores.

4.º Activar permanentemente los fondos de la biblioteca y archivos fotográficos, documentales... Hay que tratar, al menos, de que la biblioteca posea toda la bibliografía accesible no sólo a investigadores sino al público interesado en la lectura de temas que el museo ofrece. El servicio de biblioteca debe mantener al día su estado ampliándola con cuantas novedades se editen para que el material bibliográfico, tan necesario para todo investigador, sea verdaderamente útil.

5.º Actividad científica para solucionar todas las consultas que los visitantes pueden expresar por carta o visitas personales; para éstos —investigadores, universitarios, doctores...— el museo debe proporcionar la mayor y mejor información posible realizándola de forma metódica y profesional y estableciendo, cuando la consulta quede insuficiente, discusiones de interés científico que les enriquezcan mutuamente y que amplíen sus panoramas intelectuales con el intercambio de ideas.

6.º Organizar exposiciones del tipo que sean utilizando materiales inéditos (muestras, textos, documentos...) y método científico en la presentación de las obras. La elaboración de un catálogo razonado para ser adquirido durante la exposición y posteriores publicaciones —con carácter de especialización o divulgación— sobre el análisis de las obras, el montaje museográfico, las polémicas que de la visita surjan serán expresión del movimiento científico del museo que aún puede acometer más altas metas si organiza simultáneamente conferencias y diálogos sobre la materia expuesta llevados a cabo bien en la propia sala de exposición ante los objetos o bien en las salas de conferencias y estudio.

En lo que afecta a la organización de exposiciones sobre temas culturales contemporáneos, hay que hacer notar una cuestión: que la selección del tema, artista o tendencia a exponer públicamente, se base en criterios objetivos evitando todo tipo de prejuicios intelectuales, ideológicos o humanos; es decir, suprimiendo las tensiones que existen entre el quehacer y el pensamiento (política, facción...) del artista, que, aunque por lo general coincidentes, no necesariamente tienen que corresponderse.

7.º Finalmente, la misión científica recae sobre el mercado y adquisición de obras puesto que del juicio crítico y científico del museo depende definitivamente la adquisición o rechazo de la obra. Este campo del comercio artístico-cultural es tan complejo e inabordable en unas líneas que nos limitamos a ofrecer una serie de opciones ante el fenómeno comercial.

En primer lugar, la-obra-de-arte o la-obra-de-arte-para-el-museo obedece a una serie de principios fundados en la idea de que ésta es un objeto de valor económico, competitivo y de inversión financiera. Los compradores —coleccionistas, anticuarios y museo—, sobre todo los dos primeros, se müeven o bien por delectación o, lo que es más frecuente, por especulación, vendiendo la obra al museo y exigiendo unas cotizaciones que a menudo no responden al valor cualitativo de la obra. La actitud de la Museología ante el hecho presenta las dos caras: por una parte, el Icom[56] no se pronunció explícitamente, ni a favor ni en contra, en cuestión de adquisiciones puesto que su planteamiento se centraba sustancialmente en la dificultad de valoración cualitativa de las obras contemporáneas en relación a las más antiguas, lo que implícitamente manifiesta una actitud pro-adquisición de piezas, acentuada cuando advierte la responsabilidad que conllevan las compras de obras recientes. La actitud opuesta queda explicitada claramente en frases de Varine-Bohan[57] cuando habla de una política que prohíba todo tipo de comercio artístico, que el museo no se someta a la especulación y que no se "inscriba en el sistema de mercado de la cultura". Por tanto, la cuestión se centra en ¿mantener o rechazar una política de compras? y ¿cuál debe ser el criterio del equipo para salir al encuentro de uno y otro enfoque?

Los argumentos —a menudo, falseados— que propugnan para la adquisición de nuevas obras se fundamentan en el anquilosamiento de la colección si no es aumentada, basando el dinamismo del museo en el incremento cuantitativo de piezas, dinamismo que sería real si verdaderamente otros aspectos dinámicos más vitales del museo estuviesen solventados —por ejemplo, explotar educativamente las piezas existentes— y si las

---

[56] *Icom News*, resumen final...
[57] Varine-Bohan, H., *op. cit.*, págs. 127-141.

subvenciones estatales (u organismos privados que mantienen el museo) fuesen lo suficientemente fuertes como para ampliar la colección *después de* haber revitalizado la ya existente. Otro argumento abonaría el criterio de la adquisición: los recursos suplementarios de ingresos económicos (sociedad de amigos del arte) para la cooperación de la compra, las donaciones y legados.

El primer caso, teóricamente eficiente, plantea en la práctica museográfica problemas económicos, espaciales, educativos, de presentación... a los que probablemente esa sociedad de amigos del arte no puede hacer frente, por lo que la obra adquirida cobra un valor de cuantificación o un valor selectivo, sólo accesible al estudio de unos y no a la contemplación de todos. Los legados y donaciones, algunos excepcionalmente enriquecedores, adolecen del mismo mal de cuantificación, cuantificación tanto más injustificada cuanto no reporta valores verdaderamente cualitativos[58].

Los argumentos que avalan la supresión de compras nos parecen más convincentes tanto desde un punto de vista científico como práctico. La fuerza del museo no radica en la cuantificación masiva y creciente sino en la cualificación, objetivamente seleccionada. Una vez más, la fórmula *less is more* deja ver los beneficios que reporta para la educación las muestras indispensables que favorecen unos medios técnicos y pedagógicos más eficaces y menos costosos que la acumulación del material expositivo. Además, hay que atenerse a realidades

[58] Entrevista entre Gustavo Torner y Fernando Huici, «En el décimo aniversario del Museo de Arte Abstracto de Cuenca», *El País*, 14 de agosto de 1977, pág. 16. Pese a existentes aspectos criticables sobre la política museológica de este centro —algunos de ellos detectados en la citada referencia del periódico— Torner declara que no se han admitido ni regalos ni donaciones porque es «la única forma de controlar la calidad», política con la que concordamos si ese control de calidad fuese lo suficientemente objetivo —difícil, puesto que los planteamientos del museo han obedecido a impulsos personales, encomiables, por una parte, pero criticables desde un punto de vista clasista que representa una *intelligentsia* de una generación vanguardista, ya clásica —como para valorar la calidad con patrones amplios artística y educativamente.

económicas imperantes: los presupuestos de los museos son deficientes o insuficientes, lo que imposibilita nuevas compras o bloquea otras actividades más necesarias y una de estas dos opciones, cuando la entidad no presenta débitos alarmantes, esclerotizan el funcionamiento museístico.

Considerando, además, que la pieza de museo no tiene razón de ser si no es por el beneficio que reporta al público, una eficaz y consecuente política museológica centra su quehacer en la abolición de compras en favor de una inversión económica para la educación; es decir, invirtiendo en educación, no en comercio. En este caso, el criterio del equipo del museo queda perfectamente explicitado. Pero veamos en el caso de adquisición de obras cuál debe ser la actitud que guíe al comprador desde un punto de vista científico.

1.º Efectuar una planificacion lógica de adquisiciones que atienda a evitar lagunas, tránsitos o vacíos inexplicables en el contenido para ofrecer un panorama educativo más completo de los fondos del museo. Esto podría llevarse a cabo sin inversiones de grandes sumas, ofreciendo buenas copias y reproducciones, de menor importe económico, si el equipo es capaz de olvidarse del "aura del original" y si llega al convencimiento de que "el valor único de la *auténtica* obra artística se funda en el ritual en el que tuvo su primer y original valor útil"[59] y, consecuentemente, que la "autenticidad" de la obra obedece al rito y uso (educativo) que cobra en el museo, lo que no impide su reproducción.

2.º En el caso de que la compra beneficie los fondos museísticos, hay que mantener contactos con el vendedor y atender permanentemente el mercado de arte, estar al tanto de las cotizaciones de cada artista, género o técnica; ello supone un conocimiento de la reglamentación nacional e internacional de ventas, importaciones y exportaciones de las piezas. Sería romántico tratar de abolir precios a obras que, paradójicamente, no lo tienen por

---

[59] Benjamin, W., *op. cit.*, pág. 26. El subrayado es del autor.

ser testimonios de civilizaciones, pero la realidad en una sociedad que hasta a la cultura la hace competitiva económicamente obliga a la estimación de precios de compras y ventas y a una tasación que, pese a manipular cifras simbólicas que no corresponden con el anterior valor, mucho más costoso, del esfuerzo humano por plasmar su pensamiento y quehacer artístico, al menos debería ser acometida razonada y científicamente por parte de los "conservadores" de la cultura.

3.º La profesionalidad del encargado de efectuar la compra le obliga a un rigor científico y un compromiso ético en la elección que realiza. Rigor científico no sólo basado en el análisis técnico, en el estado de conservación o en sus calidades estéticas sino en una objetividad que explicite la elección por valores realmente artísticos y educativos de la obra, rechazando todo sectarismo anticientífico que sólo colaboraría a decidir la elección sobre la base de patrones tan aleatorios y modificables como la fama, marginación, éxito reciente del artista o fenómenos de moda. Al mismo tiempo, el comprador contrae un compromiso ético consigo mismo, con la entidad museística y con el público. Y ello no sólo a nivel de posibles fraudes, desembolsos superiores a los que requiere la obra, sino a un nivel más profundo que radica en que la elección libre de la pieza que hoy compra, mañana forma parte del patrimonio nacional, elección en la que la comunidad no ha participado. Y en este caso, si una misión del museo es ser científico, mayor nivel alcanzará si somete la cuestión a un ejercicio crítico en el que el público pueda participar, exponiendo la obra antes de ser comprada para que se emitan juicios y opiniones sobre la in/eficacia de la adquisición, tarea que la comunidad puede asumir si realmente el museo la capacita cumpliendo su misión científica.

La misión difusora y social

Hay funciones que, pese a aparentar un carácter innecesario o no sustancial, tienen un sentido específico en la instrucción plurifuncional del museo. Y esto ocurre

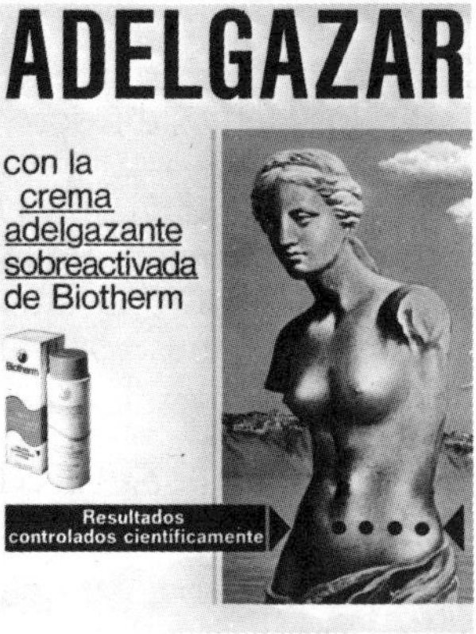

La "solera" de la obra museificada prestigia el mundo de la publicidad y concede a ésta un *status symbol* que viene referido por la *autenticidad* y *antigüedad* de la obra.

Arriba: un anuncio publicitario de Biotherm con la referencia de la Venus de Milo.

Abajo: la misma obra intenta poner de manifiesto la autenticidad del colchón Flex.

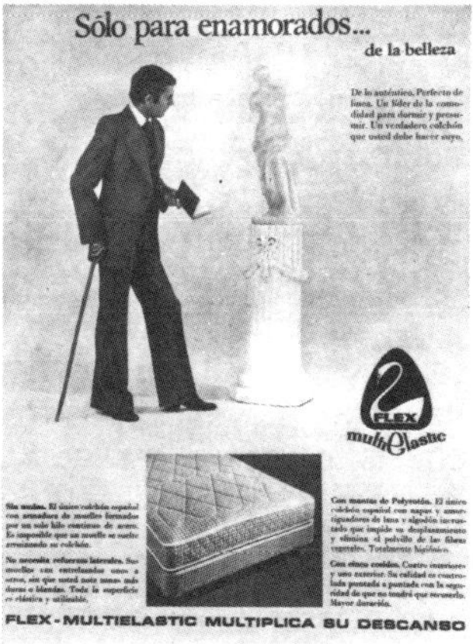

con la misión difusora en la que los medios —basados en lo escrito, la palabra y la imagen— ejercen una influencia poderosísima en la educación del público.

La escasa importancia, aunque el interés sea cada vez más creciente, que a ellos se les concede radica en la idea tradicional de que el museo está esencialmente dedicado a los valores sacralizados de la cultura, cuando ésta en realidad ejerce mayor proyección al difundir dilatadamente las emisiones culturales. Por eso, el museo no debe ser sólo receptivo de las obras consagradas sino expansivo a un doble nivel:

a) Difundiendo los objetos consagrados que se desacralizan al ser manipulados por los medios difusores aún no consagrados.

b) Proyectando los objetos no sagrados todavía por el uso cotidiano que ofrecen, valiéndose de los grandes medios de difusión; es decir, llevando —en el sentido difusor e informativo— la cultura de los museos a la calle.

Los medios de difusión se desarrollan a un doble nivel: *a*) hacia el exterior y *b*) en el interior del museo.

Los medios de difusión por la palabra son los que menos influyen sobre un público saturado de informaciones verbales y necesitado de un contacto real y directo con la imagen visual y sensorial y con la imagen sígnica de los medios escritos. De todas formas, la canalización de los mensajes orales a través de la radio (aparte conferencias y coloquios, ya citados) puede ser ejercida eficazmente siempre que los mensajes sean claros, esenciales y no reincidentes.

Los medios de difusión escritos radican en los anuncios, circulares, crónicas periódicas y guías de los museos. En los anuncios de periódicos, para informar de conferencias, conciertos, exposiciones, espectáculos culturales diversos o actividades educativas que el museo organiza para el público, es conveniente que el modo de redacción sea lo suficientemente conciso, atractivo, explicativo y adecuado al nivel medio del lector. Se puede acompañar de una fotografía que ilustre visualmente el tema anunciado e incite la curiosidad del público. La circular puede adoptarse de forma:

a) particular, dirigida al mayor número de personas o *b*) públicamente, editada en diarios de la ciudad.

Son de gran utilidad puesto que al expresar en ellas las actividades y programas que el museo se propone, al pedir sugerencias para renovar la vida museística, el público se siente animado a participar por el interés que le reporta la actividad a la que se le cita, por sentirse útil en el proceso de la vida del museo y porque le hace ver la atención, esmero y dedicación que éste pone en el público.

Las crónicas y reseñas periodísticas en diarios de la ciudad colaboran al incremento del interés del público que compra la prensa y constata que la tarea de información del museo se ejerce a un nivel asequible para todos. Para una eficiente asimilación del mensaje museístico a través de estos medios escritos de difusión, estos artículos no deben ser escritos en un lenguaje de alto nivel intelectual, incomprensible y desesperanzador para muchos, sino con unas ideas esenciales asequibles a todos, lo que ni implica dejar esta labor, que puede ser de gran efecto educativo, en manos de personas que desconocen la materia ni rechazar a profesionales o personas cultas que pueden sintonizar sus ideas con las del público, adaptándose a un nivel medio de conocimientos.

También la divulgación se puede conseguir con las guías que el museo realiza. Estas no deben ser exhaustivas en ningún sentido. Se trata de hacer contactar al público con los elementos esenciales del museo y para ello hay que suprimir esas inagotables guías telefónicas del arte que detectan un sinfín de nombres, apellidos, apodos, títulos, números, dimensiones..., que no aportan nada al público. Una atractiva y original presentación, una explicación amena, no superficial, del desarrollo del museo, de sus conquistas y avatares más sobresalientes, de las actividades y metas que se tiene propuesto así como un comentario breve y sustancial de las obras o corrientes estilísticas más notables y una información sobre los servicios que el museo pone a disposición de sus visitantes son los puntos que más pueden colaborar a una lectura atractiva y amena.

La difusión escrita que el museo desarrolla en su interior se centra sustancialmente en la información más completa que éste pueda ofrecer sobre la vida cultural local, nacional e internacional. ¿Cuántas veces en museos ejemplares[60] hemos podido conocer una noticia de actua-

[60] Personalmente, sólo he podido comprobar este sistema en museos extranjeros, pero no conozco su implantación en ningún museo español.

lidad en los tablones de información, imposibilitados, a veces, por el acelerado ritmo de vida de leer la prensa diaria? El problema que lógicamente se desprende de esta información que traspasa lo museístico, pero que está dentro de la vida del museo, como centro de educación, información y difusión social, radica en la forma de coordinar los diversos mensajes culturales, lo que supone de por sí un museo mundial de la información.

Los medios de difusión mediante la imagen son los que juegan hoy día la baza más certera en la política de expansión cultural por razones obvias, ya que en el mundo contemporáneo la imagen ocupa un lugar preeminente. Las reproducciones artísticas, anuncios, carteles, documentales, reportajes, películas sacadas de una excavación arqueológica, de un museo nacional o extranjero, de un reportaje sobre la restauración de un monumento, panorámicas de un paisaje natural, de una ciudad, de sus costumbres..., son todos ellos medios de gran captación y utilidad visual, perceptiva y mental para el público así como anuncios de programas diarios o semanales en la radio, televisión y en el cine. No nos detendremos en el análisis particular de cada uno de estos medios en los que la estructura está conformada por la conjunción imagen-signo escrito (carteles, reproducciones...), o por la conjunción de los elementos anteriores con el sonido (cine, televisión...). Todo un compendio sensorial que invita al hombre a recibir emisiones visuales, perceptivas, musicales, expresivas de un mensaje-contenido.

Todos estos medios son los "más desafiantes de cara a la construcción de una sociedad mejor. Sus enormes posibilidades latentes son indicativas de lo que un mundo *libre* podría hacer con la imagen multiplicada"[61]. Medios que, aunque están ahí, al alcance de cualquier ciudadano, tendrán que salir de la esclerotización y de la mani-

---

[61] Ramírez, J. A., *op. cit.*, pág. 194. El subrayado es del autor. El capítulo que dedica a «Los medios icónicos: algunas premisas lingüísticas» en el que analiza la fotografía, el cartel, la historieta y la fotonovela, el cine y la televisión merecen una lectura detenida, dada la profundidad con que reflexiona sobre los medios difusores de la cultura y la ideología.

pulación a las que están sometidos, para que su misión sea realmente difusora en su calidad de oferta social.

La misión social tiene que ejercerla el museo desde el interior y explayarla a toda la sociedad. Contraargumentamos algunas ideas tópicas que han servido de fundamento a la misión social del museo y encontraremos un reverso de la medalla que ofrece soluciones más eficaces.

1.º No se trata de adoptar demagógicas posturas que alienten a la conquista del gran público olvidando en sus proclamas otros sectores sociales para los que también tiene razón de ser el museo. Se trata de ejercer una acción beneficiosa sobre una sociedad convencional y viciada por intereses muy complejos que impiden el desarrollo armonioso, orgánico y natural de la existencia humana. Veíamos cómo una eficiente política museológica educa y sociabiliza al hombre "en el museo" pero un camino más largo tiene que recorrer éste para que el esfuerzo sea realmente fructífero: educar y sociabilizar al hombre "fuera del museo"; es decir, ejerciendo éste una influencia tan directa sobre el individuo que al salir del museo, pueda seguir actuando con la libertad que le ha deparado al ofrecerle ayuda para su educación, conocimiento de sí mismo y de la colectividad, para el desarrollo de su sensibilidad y de sus aptitudes vitales, intelectuales y espirituales. Es entonces cuando el museo habrá cobrado vida en la vida urbana y en la conciencia del individuo. Hegel hablaba de que el "arte sublime" siempre es producto de la necesidad y en este sentido la misión social del museo puede deparar el arte más excelente: inculcar en la conciencia del individuo la necesidad cultural y artística.

2.º Se habla con frecuencia de que la primera causa de aversión al museo surge a la entrada, al tener que pagar una cantidad (módica, por lo general, asequible hoy día a un alto porcentaje de la sociedad) y que si la entrada fuese gratuita el público se sentiría sicológicamente más familiarizado con el museo, haciendo uso de un derecho público que le pertenece. Y, a efectos sicológicos, es evidente que pagar una tarifa sobre algo que pertenece a la colectividad distancia en un primer contacto; pero lo que resulta anecdótico es la polémica en torno a la supresión o no del pago de entrada; abolirla o no, se justifica en todo caso si las demandas que el público hace del museo las satisface éste con sus servicios; en otros términos, analizando si existe una interacción entre las peticiones del público y la calidad de la oferta. De lo que realmente se trata es de tender a que la acción cultural y educativa sea gratuita porque "lo que importa es el hecho y el principio de la gratuidad de los servicios culturales" ya que "no hay razón de hacer pagar la cultura, si la educación es gratuita"[62], lo cual supone

3.° Una auténtica misión social del museo como fuerza activa en la política del país, apoyando la gratuidad de la enseñanza, la igualdad de medios educativos para toda la sociedad y, en definitiva, colaborando a una transformación sociocultural de capital importancia: que la cultura privilegiada se transforme en privilegio de la colectividad. Pero ello ya incide en el campo de la utopía.

[62] Varine-Bohan, H., *op. cit.*, pág. 135.

Capítulo IV

La utopía museológica

Una verdad prematura

Recurramos a un mito clásico: Prometeo, símbolo del esfuerzo y de la actividad perseguida, es castigado por la opresión de Júpiter: martirio y sumisión como fuerzas antagónicas del dominio impositivo permanecen hasta que la heroicidad de Hércules se rebela y le libera de su encadenamiento perpetuo a la roca.

Igualmente, las fuerzas destructivas de la civilización atan a una humanidad rebelde, pero sumisa, a las cadenas impuestas. Sólo un humanismo social y la concienciación de la cultura pueden capacitar al hombre para la libertad y para su propia realización.

A lo largo de estas páginas hemos tratado de exponer los postulados de la ciencia museológica que, apoyada en un cuerpo de doctrina científico, posibilite la praxis, la acción museística. Y también hemos ido recorriendo los sustanciales obstáculos que salen al encuentro para la concretización de unas ideas reflexionadas con el mayor grado posible de objetividad y contactadas con el análisis crítico de la realidad. Pero también hemos podido comprobar que todas las teorías adolecen de insuficiencia operativa mientras no pasen al plano de la acción.

La profunda conflictividad existente entre el nivel teorético y la realidad concreta exige una reflexión de la naturaleza de la realidad fáctica, del quehacer humano no como "debe ser" sino como "es", reflexión que nos abrirá necesariamente las puertas para la utopía, para tender a algo futuro próximo que en la situación actual es insuficiente. La realidad museológica es múltiple en tanto que la idea que cada persona se forja del museo responde a la conexión entre sus juicios y experiencias —lo que entraría en el estudio de un conocimiento de la realidad museográfica meramente empírica—, pero se trata de encontrar el campo de conjunción de las interrelaciones existentes en las diversas realidades.

En primer lugar, las relaciones del hombre con el mundo exterior del museo conducen a interacciones sociales que suministran una base concreta de conocimiento para la realidad museística y, en segundo lugar, el hombre, al presentarse ante el objeto y al establecer una relación con él, está realizando una actividad concreta a un doble nivel objetivo y subjetivo. Entonces, la realidad museológica presenta su carácter homogéneo constatable en la manifestación de esas interrelaciones sociales y en la presencia real del "encuentro" entre sujeto y objeto.

Ya hemos visto cómo el desarrollo de esas acciones sociales e individuales son insuficientes o deficientes en la realidad museológica debido a:

1.º La falta de unos principios coherentes que viabilicen la relación museo-público en los niveles sociales, intelectuales, afectivos, culturales y artísticos.

2.º Al profundo divorcio que entraña la desarmonía entre el carácter posesivo y cerrado del museo frente a la naturaleza humana preparada para la acción y la libertad. Acción humana y posesión museística son incompatibles puesto que son fuerzas centrífugas humanas, necesitadas de proyección, en grave contradicción con los poderes centralizadores, acaparadores y manipuladores del museo.

Todos sabemos la tensión intrínseca que comporta el ser del museo al conservar las obras de un pasado para una contemporaneidad institucionalizada que opone sus más reacias resistencias a hacer de él un centro vivo, transformable y dinámico de la cultura. También conocemos las oposiciones que de hecho surgen entre público y objeto, amén de un sinfín de antinomias museísticas. Y, a pesar de ello, también lo veíamos, el museo es necesario para la sociedad. Ciertamente —y a medida que avanza la civilización, mayor grado y necesidad de certeza—, la solución a estos conflictos sólo puede abordarse desde la utopía razonada o, mejor aún, desde la "razón utópica"[1], imprescindible en la cultura contemporánea como contrarresto al nihilismo, escepticismo, pesimismo y otros etcéteras de ismos que ejercen una fuerza destructiva y aniquiladora en el devenir contemporáneo. Hay que salir al paso, ante todo, de una posible mala interpretación del concepto de utopía. No la consideramos como lo imposible, el objetivo nunca alcanzable totalmente, la ilusión irracional que no ayuda a la transformación de la realidad o que colabora al alejamiento de ella[2] sino, por el contrario, la connotación que cobra hoy el término[3] es la búsqueda de una realidad mejor, lo que presupone el acto (no ilusión) de acercamiento a la nueva realidad en permanente confrontación con la realidad actual. La utopía expresa un mundo de certidumbres y presume una certeza basada en una serie de motivaciones —intelectuales o en relación con el mundo sensible y la realidad percibida— que se fundamentan racionalmente en la posibilidad de transformación de la realidad presente. Entonces los caminos se interceptan en un punto: cuando se ha asumido conscientemente la realidad que lleva a la comprensión unitaria del todo y puede darse forma

---

[1] Bloch, E., *El principio esperanza*, 1.ª parte, Madrid, Aguilar, 1977. Libro que puede contarse como una de las más prestigiosas y lúcidas filosofías de la razón práctica en la actualidad.

[2] Sociólogos adialécticos, como Ralf Dahrendorf, no sólo niegan que la utopía sea necesaria para la solución de los conflictos reales sino que, de intentar solventarlos, se naufraga en la utopía, en lo que el autor llama «en ninguna parte», (*Sociedad y Libertad. Hacia un análisis sociológico de la actualidad*, Madrid, Tecnos, 1971, pág. 92), con lo cual cae en una contradicción al darle realidad a los conflictos y negarles su concreción espacio-temporal.

[3] Es muy útil la lectura de Karl Mannheim, *Ideología y utopía*, Madrid, Aguilar, 1973. Fundamentalmente, el capítulo II (Ideología y utopía) y el IV (La mentalidad utópica) presentan el análisis de los problemas de la objetividad, la falsa conciencia, utopía, ideología y realidad, haciendo un estudio de los cinco cambios que ha sufrido la mentalidad utópica: *a)* quiliaísmo orgiástico, *b)* idea humanitaria liberal, *c*) idea conservadora, *d*) utopía socialista-comunista y *e*) utopía en la situación contemporánea.

concreta a una nueva realidad, la utopía, que nació de la profundización en las intelecciones con base en comprobaciones reales. Así pues, la utopía es una vía concreta de salvación, una "facultad de posibilidad real"[4] que, al descubrir lo más profundo de la realidad —esencialmente práctica—, mediante un autoexamen crítico y un reflexivo conocimiento, se concretiza en una nueva realidad al ser transformada la anterior.

Lamartine la definió como "verdad prematura", no sofocada antes de su razón de ser sino como un proceso progresivo de concretización en el que ideas y hechos se van corrigiendo y perfilando en sus nuevas metas. Y este proceso está realizado por el hombre, elemento sustancial, como autor de la Historia y como gestor del proceso que conduce al perfeccionamiento de la vida; es decir, actuando *en* y *desde* la realidad para alcanzar su transformación en la utopía. "Y en tanto que persiste una tensión productiva entre el ideal y la existencia, los *valores trascendentes,* que se conciben desde entonces incorporados a la existencia real, se buscarán *en lo próximo y en lo inmediato*"[5]. Así, la utopía ya no supone una trascendentalización de la realidad para modificarla sino una concretización de la trascendencia en la nueva realidad.

Un museo utópico

Partimos de una base sustancial: saber qué es lo que quieren todos los individuos que integran la sociedad. Y ésta, como "producto de la acción recíproca de los hombres"[6], necesita un nuevo museo en el que realmente las acciones humanas lo sean también.

La transformación del museo es una necesidad acuciante, gritada por pocos y silenciada por muchos. Hasta ahora ese grito minoritario ha sido bienintencionado,

---

[4] Bloch, E., *op. cit.*

[5] Mannheim, K., *op. cit.*, pág. 251. Los subrayados son míos.

[6] Marx, K., *Carta a P. V. Annenkov*, en Obras Escogidas de Marx y Engels, t. II, pág. 470.

pero infructuoso. ¿Por qué?: porque el museo sigue siendo el reducto cultural de unos grupos, cada vez más crecientes, y el débil eco de su actividad esclerotizada que no va más allá de un radio de acción autoimpuesto por el propio museo. Pero ahora sabemos que el museo es de todos, y, para disfrutarlo, queremos transformarlo. No pensemos, sin embargo, que este cambio que deseamos será inmanente, espontáneo y sin esfuerzos. Será deliberado, consciente, planificado e inducido racionalmente por todos. Por tanto, reflexionemos y cooperemos porque esas dos armas serán las únicas que podrán ayudar a efectuar esta revolución museística que surja de la conciencia, reflexión y cooperación de todos.

– *El museo es de todos y para todos,* pero la realidad nos habla de que él no ofrece respuestas para toda la sociedad porque en ella hay sectores que no han sido preparados socioculturalmente para acceder a un centro que le pertenece. Esta situación real obliga a una revisión de la política educacional, política –a la que bajo ningún concepto el museo puede sustraerse como institución responsable de la cultura– basada en una estructuración social de desigualdad que elige a los privilegiados de la cultura por un rasero arbitrario que ni siquiera atiende al coeficiente intelectual o derecho a la cultura del individuo sino por la falsa medida del nivel socioeconómico que esa estructuración en clases implica.

– Por tanto, para que el museo pueda ser utilizado por todos, se impone una *planificación estatal en el sistema de educación que posibilite, que asegure igualitariamente la accesibilidad colectiva a la cultura,* estableciendo planes de estudio en los que la capacidad intelectiva, crítica, creativa y la sensibilidad puedan ser desarrolladas por todos y activadas en el museo, como centro eminentemente educativo y pedagógico. Al mismo tiempo, los centros estatales de enseñanza mantendrán contactos con el museo para programar actividades complementarias a los cursos teóricos. Como la enseñanza en los centros docentes debe ser gratuita, igualmente en el museo se pondrán a disposición de los visitantes todos los servicios de los que se disponga para que pueda ejercer sus facultades intelectuales y manuales libremente y sin coacciones de tipo económico.

—Todos los individuos que conforman la sociedad, educados en y para la cultura, tendrán conciencia de la fuerza que ésta ejerce en el desarrollo histórico y participarán, mediante la gestión de organismos paragubernamentales (Consejo de Europa, Unesco...), a la *cooperación internacional de los museos* que es una forma consciente de conservar y enriquecer el museo mundial donde se recogen todos los esfuerzos artísticos, históricos, científicos, literarios y técnicos de los hombres que colaboraron con sus obras al progreso de la humanidad y con conciencia por parte del hombre de que él es parte integrante de la pintura, del descubrimiento científico o la nueva tecnología aplicada que conserva y respeta por ser su pasado y su historia.

—*Ampliación progresiva de los presupuestos* concedidos al museo mediante una política ministerial y estatal eficaz y mutación de las ideas-base que rigen la administración económica. Esta mutación es sustancial porque del uso racional de los recursos depende un mejor aprovechamiento de los fondos monetarios. Con ello queremos decir que una eficiente política administrativa y museológica no debe tender a la "suntuosidad" sino a la funcionalidad, lo que rebajará muchos costos innecesarios que podrán ser aplicados a necesidades más urgentes. Que el museo valore el importe de los gastos esenciales —plantilla, conservación, restauración, medios educativos, actividades culturales, gastos de montajes técnicos y servicios de publicaciones— y proceda a la distribución atendiendo al beneficio que reporta cada valor y que cree motivaciones intrínsecas a su entidad que puedan colaborar al crecimiento económico (creando su propia editorial que beneficie al museo sin perjudicar en los costos al comprador de las publicaciones, convocando certámenes, concursos que espoleen la creación y rinda beneficios...).

La remuneración de la plantilla del museo debe evaluarse en relación con la preparación técnica e intelectual y la responsabilidad del cargo desempeñado. La ampliación del equipo es necesidad urgente de acometer, dotando a cada sección y departamentos del personal necesario para el desarrollo dinámico de sus funciones. Abaratar los desembolsos del museo con la reducción del personal es no sólo perjudicial para la calidad del trabajo sino anticultural, puesto que restringe puestos de trabajo que pueden ser asumidos por personas tituladas en diversas preparaciones, y antieconómico a la larga, pues la falta de atención a las obras produce consecuencias de mayores costos económicos, intelectuales y técnicos.

También entra en la asignación económica de la plantilla, la preparación del personal antes de entrar a realizar su trabajo, para lo que el museo debe disponer de medios instructivos (cursos, becas, prácticas...) que él mismo debe impartir. En cuanto a los gastos de conservación, la mejor inversión que el museo puede hacer es mantener las piezas en su ambiente atmosférico exacto y protegerlas de todos los factores destructivos, lo cual impide, en la mayoría de los casos, que tengan que ser sometidas a costosas (económica y técnicamente) restauraciones. De todas formas, las restauraciones son inevitables y reportan unos gastos que el museo debe asumir no sólo en beneficio de la obra sino utilizando los sistemas y recursos más favorables para su regeneración. Asimismo, tiene que poseer una plantilla propia de restauradores especializados en las técnicas y materiales que conforman el contenido del museo, lo que evitará que el trabajo de restauración pase a manos no sólo inexpertas sino supervaloradoras del trabajo realizado y viceversa.

La utilización racional de los recursos económicos ha de ser rigurosa y generosamente realizada en lo que concierne a los medios educativos. Una política museológica consciente comprende el sinsentido de un museo carente de proyección pedagógica. En ella no debe escatimarse nada puesto que los mejores beneficios que se obtienen redundan en favor de la sociedad, para quien esencialmente tiene razón de ser el museo ya que en realidad consume lo que ella misma produce y sustenta en todos los aspectos. Justo es que en esa sociedad utópica el trabajo producido pueda ser consumido libremente, lo que será la base de nuevas producciones. En este campo concreto incide la investigación intelectual que tiene que ser fuente de riqueza indescifrable para el museo (adelantos científicos, publicaciones, ventas de éstas, difusión por proyección a la vida urbana, contacto con editoriales, cooperación nacional e internacional para estudios...).

El presupuesto para actividades culturales debe ser realzado con la colaboración de otras entidades que atiendan al mismo fin, pero en sentido amplio, si el fin es la educación cultural y toda la sociedad tiende a ese deseo progresivo de enriquecer su existencia, todos los participantes beneficiados de estas actividades deben contribuir de forma diversa al incremento del material económico para la cultura. Hablamos de "forma diversa" de colaboración y entendemos no sólo —y no tanto— la aportación económica para subvencionar su cultura sino de una participación intelectual, manual, gestora, difusora..., que ayude al museo a una eficaz organización de estas actividades. Y para ello, tanto una excavación arqueológica, haciendo préstamo de sus últimos descubrimientos, como una editorial, una empresa con fondos para acción cultural, una marca de electrodomésticos o una asociación de amas de casa pueden entrar a formar parte del desarrollo cultural del museo, que encontrará más profundas resonancias en la vida urbana por la amplitud de onda que abarca su operación cultural y difusora.

Los montajes técnicos —iluminación, temperatura...— suponen un gran desembolso para el museo. La temperatura, por ejemplo, exige una activación permanente y necesaria, lo que supone una suma concreta que el museo tiene que asumir. Pero otros montajes —iluminación, cuadros o mapas con mecanismos eléctricos, métodos educativos de mandos individuales...—, que requieren grandes gastos para ser mantenidos, pueden ser utilizados, en el caso de no existir un circuito central automático, directa y libremente por los visitantes. Ello no sólo supone una mengua de gastos —a veces, inútiles— para el museo sino una toma de posesión y de conciencia por parte del espectador que se siente activo al poder manipular el interruptor de una sala y responsable de su cooperación al museo al apagar otra vacía o un montaje que no está siendo utilizado por nadie. No olvidemos que se trata de hacer un museo con la cooperación de todos en beneficio propio y colectivo.

—El desarollo económico requiere una *nueva concepción del museo y de la propiedad museística.* La nueva fisonomía del museo tiene que basarse en su actualización, para que el inevitable choque entre obra del pasado y hombre contemporáneo pueda:

1.º Reducirse al mínimo y
2.º Abolirse.

Ello no supone cerrar los museos que contienen obras muy antiguas (sobre todo los Arqueológicos y de Bellas Artes) y valorar solamente los que exponen obras de nuestra época sino *transformar en contemporáneos centros que acogen obras del pasado* porque lo contemporáneo no es sólo lo que transcurre en el presente sino todo lo que conlleva actualidad y posibilidad de futuro. En esta perspectiva, un museo arqueológico que acoge las piezas milenarias de la Prehistoria tiene que ser contemporaneo no sólo en su concepción y fisonomía sino en la capacidad comunicativa de la obra al hombre de hoy. Así, inevitablemente, cuando la obra milenaria es utilizada e interpretada en unas coordenadas espacio-temporales por el hombre de nuestra sociedad, la cualidad más rica y eficaz que ofrece esa obra es responder en una dinámica permanente a las cuestiones del hombre de hoy, dinámica que va gestando desde el presente su actualidad del mañana.

Ciertamente, la ideología burguesa —la dominante en el museo— proclama cada día más fuerte que el museo es de todos pero, en la realidad, el aprovechamiento del museo sigue estando concentrado en manos de unos sectores que se arrogan la representación de toda la sociedad, aunque la excluye en la actividad, producción y cooperación museística. Sin embargo, esa clase dominante del museo, como "mago que ya no es capaz de dominar las potencias infernales, que ha desencadenado con sus conjuros"[7], tendrá que ceder terreno a la cooperación y posesión colectiva, si no quiere seguir acentuando la muerte lenta de la institución a la que dio vida. Esa propiedad no será exclusiva de unos cuantos sino de una sociedad concienciada en el derecho y deber de usar el museo porque le pertenece y del que puede disponer libremente sin coacciones de ningún género.

Para esta mutación del sentido de la propiedad exclusiva en colectiva, es preciso no sólo la toma de conciencia por parte de los dirigentes de la cultura[8] y la necesidad de unir todos los intereses de la sociedad para que el museo sea efectivamente una fuerza activa en la vida social sino también la voluntad decidida y libre de la colectividad para lograr esa propiedad. El nuevo concepto de propiedad se manifiesta en:

a) Descentralización.
b) Cooperación.
c) Desarrollo de la creatividad.
d) Nuevas interrelaciones humanas.

—*La descentralización de la estructura museística* es necesaria sin rechazar una armonización articulada y una cooperación activa entre los museos locales y regionales en relación a los nacionales, lo que supone "una modificación de las relaciones entre los museos, en el plan regional, nacional e incluso internacional"[9]. Ello supone la supresión de desorbitados presupuestos concentrados en museos gigantescos en detrimento de museos locales, regionales y provinciales, abandonados por falta de presupuesto económico y la autonomía de esos museos a niveles de gerencia y dirección, pero satélites de los museos nacionales en lo que respecta a la financiacion

[7] Marx, K. y Engels, F., *Manifiesto del Partido Comunista*, en Obras Escogidas, t. I, pág. 27.

[8] *Conférence Générale de l'Unesco*, Onzième Session, 14 Décembre 1960, París. Estuvo dedicada a la exposición de los recursos más eficaces para la accesibilidad del museo a toda la sociedad, proyecto que desde 1960 sigue siendo utópico.

[9] *Nouvelles de l'Icom/Icom News.*, vol. XXI, núm. 1, 1968, pág. 22.

de la tarea restauradora, en última instancia y en caso de no poder autosubvencionarse sus propias restauraciones.

El riesgo que se corre —centrar el interés sólo en las piezas vedettes de los museos— queda a salvo cuando un reflexivo análisis de la pieza artística conduce a la convicción de que ésta no es en sí ni buena ni mala sino útil e instructiva para la comunidad. Al tiempo, centralizar este servicio proporciona mayor presupuesto para la conservación y presentación educativa, al no tener que contar el museo con laboratorios y talleres de trabajo que encarecen enormemente el presupuesto. También, el desbordamiento creciente de objetos museables recomienda la elaboración de un fichero central continente de todos las piezas museísticas de la nación por motivos obvios de utilidad y necesidad para el trabajo de investigación, catalogación y control de las piezas, lo que no supone que cada museo en particular abandone la tarea imprescindible de controlar sus fondos en los inventarios y catálogos.

Por lo demás, el museo "ventosa"[10], centralizado y acaparador, resulta en el nivel social y sicológico indigesto, inmensurable y antieducativo. La autonomía del museo favorece en cambio:

1.° La personalidad específica del contenido.
2.° El intercambio y préstamo de piezas con otros museos y la colaboración con los servicios de los museos locales, regionales y provinciales.
3.° La dinámica cultural propia de cada región.
4.° Una mayor participación de los miembros de la comunidad en la vida del museo.
5.° La creación de museos filiales en la ciudad dependientes del museo que les suministra material de trabajo, de exposiciones y actividades culturales, pero rigiéndose por un plan autónomo en la organización de sus funciones, dirigido por un personal preparado del propio distrito, que conoce mejor las necesidades de su

[10] Terrapon, M., «Le musée, collection royale de tous», *Cahiers de l'Alliance culturelle romande*, núm. 18, junio, 1972, pág. 93.

entorno urbano y en el que participen todos los que viven en la zona.

6.º Reactivación de museos locales allí donde sea necesaria la creación de un centro cultural, favoreciendo exposiciones de interés, transportando las obras con el máximo de seguridad, que pueden pasar rotativamente a centros de enseñanza, necesitados de novedades culturales que lleguen del exterior y que dotan de nueva vida al centro educativo.

Así pues, la descentralización museística, basada en la autonomía y cooperación, nos ofrecerá un museo con independencia cultural, con relevancia personal y libertad de acción en cada región, accediendo a una compenetración de miras entre las múltiples actividades socioculturales acometidas por los componentes de la zona urbana o rural y su historia y contenido del museo[11].

– *Cooperación del museo y la sociedad* para una mayor concienciación de la existencia humana en permanente acrecentamiento cultural. Ello invita a todos al desarrollo cultural que presenta caracteres diversos según la entidad que la asume.

El museo coopera en dos direcciones:

a) Hacia el exterior, en relación con otras entidades museísticas.

b) Hacia el interior, ayudando a que el público se sienta libremente en el museo.

Hacia el exterior, la acción de este museo se basará en la ayuda a otros centros que están más aislados y que, consecuentemente, no están equipados ni con un personal suficiente ni con medios técnicos y científicos para ejercer una influencia más activa en la zona en que se

---

[11] Países como EE.UU., Inglaterra, Canadá y Suiza han acometido la realización de este proyecto aportando cada país soluciones peculiares a su constitución museística. *Icom News* dedica el núm. 1, vol. XXI, 1968; núm. 4, vol. XXIV, 1971, y núm. 4, vol. XXV, 1972 a las medidas que han entrado en vigor en estos países.

ubica. No se trata de que el museo cooperativista traspase sus actividades y medios al que está menos preparado puesto que incidiría en la indigencia o escasez de medios del otro. Se trata de que aquel museo comparta los problemas de este y entre en una acción conjunta con la otra entidad que incrementará así su dinamismo.

El intercambio de ideas entre museológos de los dos centros, el análisis razonado de experiencias museísticas, el tomar una actitud conjunta, expresada públicamente, ante un tema de actualidad así como el establecimiento de interrelaciones que afectan al contenido de los dos museos y la organización en común de actividades que vitalicen a uno y revitalicen al otro son actitudes cooperativas que no sólo sacan a uno de los museos del anquilosamiento sino que ensanchan el panorama cultural del otro centro, actitudes humanas que, ante la necesidad de ensamblar servicios educativos, técnicos o difusores en una colaboración común, son las únicas que pueden humanizar y vitalizar una auténtica política de cooperación museológica.

Hacia el interior del museo, éste debe cooperar a una creciente delectación y educación del público, sacrificando a veces otras necesidades en beneficio de la acción social. (Véase Gráfico 10) Cooperación que, proyectada al público, cobra la función de servicio en todos sus niveles: ayudar con una presentación pedagógica a que éste no se sienta confundido sino alentado, formar un personal encargado de los servicios informativos que suavice la primera tensión del espectador ante el museo, dotar al museo de un personal científico que sepa eliminar las barreras que surgen al principio con el público ofreciéndole con su comportamiento natural y humano la garantía de su profesionalidad científica, que no excluye el afecto, la simpatía, cordialidad o franqueza; ayudar, en definitiva, a que el público capte, sienta y viva que el museo es realmente un lugar de descanso, de aprendizaje para las interrelaciones humanas y culturales y para llevar, finalmente, a la conciencia del hombre que el museo es un centro de realización humana.

Este museo utópico es necesariamente un mundo abierto, macroámbito vital donde no sólo se contemplan

GRÁFICO 10

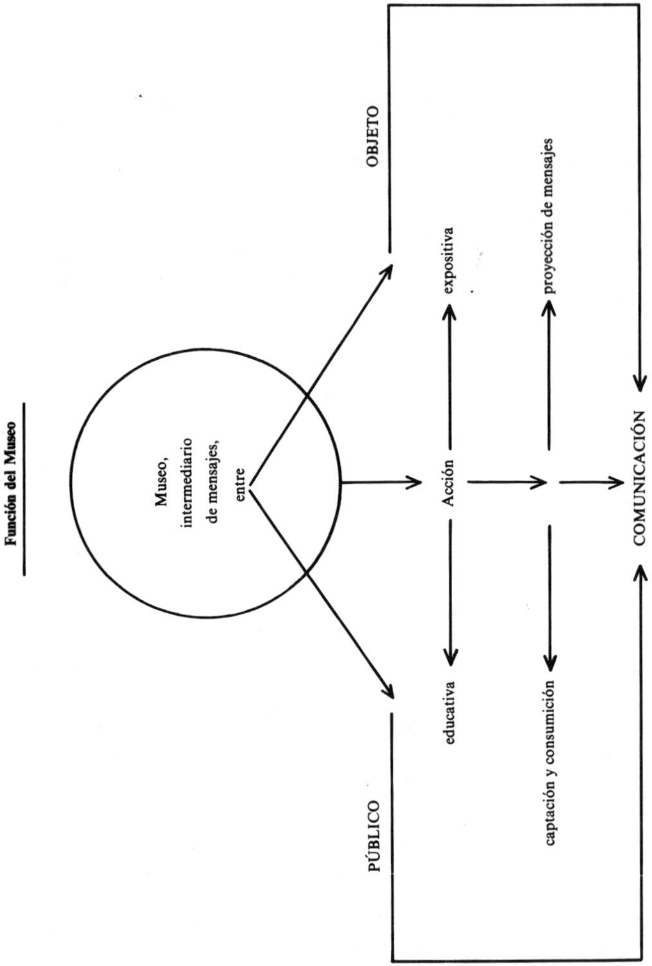

Función del Museo
Museo, intermediario de mensajes, entre
OBJETO
PÚBLICO
Acción
expositiva
educativa
proyección de mensajes
captación y consumición
COMUNICACIÓN

obras y se educa para la sensibilidad y la reflexión sino donde tiene que manifestarse la actividad vital de la sociedad. La relación del museo con ella para que la consecución de la nueva ética y política cultural sea eficaz tiene que ser eminentemente dialéctica. Todas las fuerzas de la sociedad tienen que estar representadas en el museo y cooperar con él. Ello supone opciones y puntos de vista diferentes por parte de la sociedad (sociedades agrícolas, bancarias, comerciales, industriales, prensa, partidos políticos, universidad, televisión, marchantes, autoridades civiles y otras tantas fuerzas que en una sociedad democrática tienen su representatividad en la cultura) respecto del museo. Este, siempre afectado por la grave contradicción interna de "ser" recolector del pasado y "estar" en la dinámica de la vida social, encontrará en ella multitud de fricciones de tipo ideológico, político, económico, intelectual, administrativo o pedagógico que deben ser afrontadas dialécticamente por el museo no solo como método de análisis para interpretar la realidad sino como proceso que conduce a resultados más enriquecedores de esa realidad. La dialéctica museológica, como "encuentro" de dos fuerzas opuestas –el museo y la sociedad– supone un intercambio de relaciones concretas mediante un estudio objetivo de la realidad museística y las peticiones de la sociedad; estas relaciones tienen que ser realmente asumidas por el museo, que, sin asomo de una ideología dirigida, parta del análisis del devenir histórico de su situación actual, encontrada con la realidad que la sociedad demanda. Esa interrelación dinámica hará posible un entendimiento recíproco para afrontar nuevas realidades, nuevas praxis y utopías que incrementarán con sus innovaciones la vitalidad y utilidad del museo. Y, a fin de conseguirlas, éste tendrá que dejar que la sociedad coopere ya que ella es la fuerza opuesta que posibilita el cambio, la dinámica y la acción museológica. Por su parte, la sociedad tiene que cooperar con el museo en un interés cultural común: la conservación del patrimonio histórico-artístico. No puede definirse un museo como tal si sus defensas no salen al encuentro de las fuerzas destructivas de la civilización, sensibilizando a la opinión pública con un argumento tan sencillo y cierto como el atentado que supone para la libertad del hombre el abandono o destrucción de su pasado. La conservación de un edificio de importancia cultural, la defensa ecológica y tantos desmanes que se producen diariamente contra la cultura deben ser detectados conjuntamente por el museo y la sociedad, no sólo en orden a impedir la destrucción de objetos pertenecientes a un patrimonio común sino para evitar especulaciones poco éticas a las que se somete el suelo urbano o intereses particulares. En esta lucha del hombre contra su propia historia y patrimonio, toda la sociedad, desde los medios de difusión, los sectores intelectuales o las asociaciones de vecinos hasta las autoridades gubernamentales tienen que cooperar —y el museo a la cabeza— a la conservación de un patrimonio que no sólo le pertenece sino que incluso se le presenta como la superación de una angustia colectiva que amenaza cotidianamente el expansionismo vital del hombre.

—*Desarrollo de la creatividad y nuevos planteamientos.* El museo que llega a la convicción de que el sentido del acto creador radica en la comunicación que ofrece y que la presencia social se manifiesta expresamente en la obra producida, está capacitado para entender el largo alcance que ofrece la creatividad en el sentido de capacidad innovadora dotada para la organización y perfeccionamiento de la producción[12]. En este museo utópico no cabe la concepción del artista individual, aislado, sino la del hombre en sociedad que expresa el universo social artísticamente; en otros términos, que las obras no sean consideradas por la pura existencia del artista, que no haya pintores "sino, todo lo más, *hombres* que, *entre otras cosas, pintan*"[13].

Una creatividad que surja de la sensibilidad y la actividad colectiva en permanente confrontación que

---

[12] Hagen, E., *On the Theory of Social Change*, Dorsey, Homewood, 1962, pág. 30-55.

[13] La frase de Marx pertenece a *La ideología alemana*, pero la he extraído de Marx, K. y Engels, F., *Escritos sobre arte*, Barcelona, Península, 1969, pág. 197. El subrayado es mío.

permita el enriquecimiento de la producción. (Mucho se habla del mausoleo-museo, creado para la muerte. Ante la imposibilidad e innecesariedad de cerrar los museos que conservan las obras, ¿no cabe pensar algo más caótico: que el lento morir del museo procede del personalismo del "creador" de la obra?)

Por tanto, en el proceso de la creación intervienen diversos niveles creativos que son los realmente conformantes del ser de la obra; es decir, el hombre-creador-productor desplegando sus varias facetas productivas. Desde la creación física del objeto hasta su encuentro con el individuo perceptor y las interpretaciones que del mutuo diálogo se obtienen así como los sucesivos análisis y enfoques que se han ido operando sobre la obra (crítica de arte) son los participantes del proceso de gestación y realización del producto artístico, siempre sometido a nuevas visiones y encuentros que son los que proporcionan la vida a la obra y dinamismo a su mensaje.

En un plano museístico, la presencia de la obra comienza su proceso de realización al ser analizada desde todos los puntos de vista que inciden sobre ella (nivel intelectual y técnico del personal especializado del museo) conduciéndola a su clasificación, catalogación y presentación en la sala. Ahí, expuesta al diálogo con el público, es cuando cobra nueva vida al ser resociabilizada y sometida a un encuentro, a un diálogo visual, que exige, en primera instancia, una experiencia directa y vivida por el espectador, que conduce a nociones subjetivas, ampliadas con el conocimiento intelectual-perceptivo que desemboca en una reflexión global y en una nueva interpretación de la obra. Ante ella, integrada en el cambio social puesto que sólo existe cuando es utilizada por el hombre, el espectador no busca tanto el valor catártico, que existe, de alivio y contrarresto a sus tensiones particulares como su capacidad de comunicación con ella, función comunicativa que es la base de otras derivantes. Lo que la obra de arte "dice" —y dice mensajes a través de sus notas musicales, de su valor icónico, plástico o sígnico— no afecta sólo al mundo perceptivo del individuo ni al contrarresto que la obra opone a la angustia de la existencia sino que arraiga en la conciencia social del individuo que le lleva a la acción, a una toma de actitud consciente que le compromete ante sí mismo y ante la sociedad. (Véase Gráfico 11) Este es el nivel en que mejor se constata el productivo entendimiento entre el espectador y la obra: cuando de la comprensión de los mensajes que ésta lanza y que el hombre recibe e interpreta, surgen acciones humanas que conducen a iniciativas personales y colectivas que, confrontadas ética y estéticamente, aportan nuevas re/interpretaciones al ser de la obra y del transcurso histórico.

Entonces, la reproducción, la copia, la serialización y todos los sistemas de densificación creativa que hoy se polemizan, cuando no se anatematizan, forman parte del proceso creativo porque lo importante no radica en el ser único o multiplicado del objeto sino en su capacidad de concienciar al hombre individual y colectivo de su participación en la producción artística, participación que implica compromiso y acción.

– *Nuevas relaciones humanas* se implantan, finalmente, en este museo utópico, relaciones que son producto de actividades basadas en el principio de la igualdad, no en el del dominio y sumisión. Una civilización que fundamenta sus pilares en la superioridad y en el poder ejercido de forma impuesta y coaccionante engendra desde sus cimientos la esclerotización y muerte de los valores humanos y vitales. La rendición, inconsciente o consciente y la marginación rebelde a este poder impositivo son las únicas respuestas pasivas o semiactivas que el hombre dirigido puede asumir contra el poder opresor.

Pero la vida, armónicamente realizada y puesta al servicio de la humanidad, sólo puede llevarse a cabo en un plano igualitario, que conceda al hombre ocio, tiempo libre para realizarse[14], en el que la abolición del dominio del hombre sobre el hombre conduzca solamente a otro dominio cordial y racional del hombre sobre la naturaleza que "va desde San Francisco de Asís en su prodigiosa relación con los animales, que con tanta belleza

[14] Dumazedier, J., *Hacia una civilización del ocio*, Barcelona, Estela, 1968.

GRÁFICO 11

Interacciones de un Museo creativo

SUJETO		OBJETO
Sociología	—	Análisis y selección
Percepción visual	—	Conservación y medios técnicos de presentación
Comportamiento fisio-sicológico	—	Exposición
Comprensión	—	Comunicación
Difusión social	—	Vida del objeto

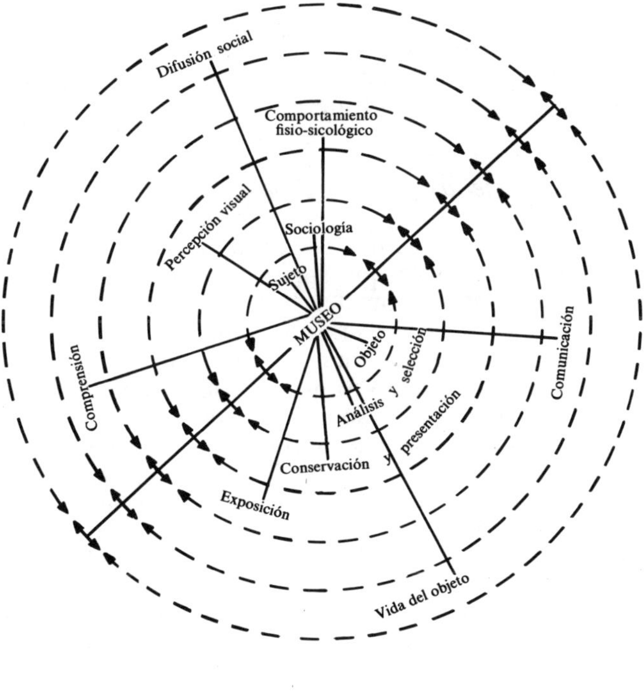

literaria cantara Axel Munthe en la *Historia de San Michele,* hasta la Hora H en el atolón de Bikini, en la que el comandante en jefe de la Flota del Pacífico, ordena el lanzamiento de la bomba que destrozaría en el mar a un millón de 'hermanos peces'; bien es verdad que aquella bomba iba adornada con un retrato de Rita Hayworth (por entonces la más alta representación de la *flapper* americana), por lo que el holocausto puede decirse que fue hecho simbólicamente, en aras de un ideal estético de nuestra humanidad. La línea que uniese a San Francisco con el comandante de la flota del Pacífico, pudiera ser el parámetro de las posibilidades del hombre sobre la tierra"[15].

Y sólo en esta identidad humana, el hombre podrá ser autoliberado de las ataduras impuestas y podrá dirigir colectivamente su esfuerzo común hacia la libertad y la autorrealización, meta de la naciente realidad del museo utópico y umbral de una nueva utopía.

Conclusión abierta a la espera de la decisión de todos

Ahora que conocemos la realidad del museo y el esfuerzo responsable que supone por parte de todos prepararnos para acometer la lucha por una nueva realidad museística, llegamos a un punto metodológico que exige unas conclusiones científicas. Tal y como nos hemos planteado la investigación sobre el museo, me sería "anticientífico" responder a las peticiones de la ciencia, al menos, en el sentido tradicional. Kant apuntaba que querer resolver todos los problemas que se le plantean a la ciencia sería una jactancia tan desvergonzada y un aprecio tan excesivo de sí mismo que se perdería con ello toda la confianza de los demás. Y es tremendamente cierto. Por ello, aquí no habrá conclusiones ni final. ¿Por qué? Porque en el museo no se puede

[15] León Castro, J., *La Medicina actual y la cultura contemporánea*, discurso de recepción en la Real Academia de Medicina de Sevilla, Sevilla, 1963.

concluir nada sin esperar a la decisión de todos, porque una ciencia social y humana como la Museología sólo puede responder *desde* esa sociedad dinámica que la constituye, porque esa sociedad no admite una conclusión como un final determinante e impuesto sino como el comienzo de acciones conscientes que serán las que vayan jalonando los resultados obtenidos y, finalmente, porque formo parte integrante de esa sociedad que no sólo me niega, y con razón, el arrogarme la solución personal —que, además, no la encontraría sola ni en la caja de Pandora— a una empresa que es común sino que me exige, aún con más derecho, participar en algo que a todos nos afecta.

Por tanto, la única conclusión que hasta ahora puedo ofrecer es mi resolución por no solventar el problema y mi ofrecimiento para reflexionar con todos y decidirnos colectivamente por la opción más eficaz. Y si esa opción es la expresión decidida de toda la sociedad, puedo, al menos, ofrecer una garantía: la consecución de nuestros propósitos. ¿Cuáles son ellos? Reflexionemos.

En un mundo antagónico y controvertido que sitúa la cultura, y dentro de ella al museo, entre la vida y la muerte —lo que Dostoyeuski expresó tan poética y humanamente diciendo que la belleza es el campo de batalla donde fuerzas creativas y destructivas luchan por el corazón del hombre[16]—, actualizar un museo repleto de objetos milenarios es tarea difícil y fatigosa, desde luego, pero renunciar a la recuperación de un pasado que lleva gérmenes de vida cuando el hombre quiere realmente conocerlo es aún peor, es buscar la barbarie y el declive progresivo de la civilización.

Hay que decidir lo que todos deseemos para caminar hacia una plenitud de nuestra cultura: ¿asintiendo pasivamente a su lenta destrucción o afirmando activamente nuestro deseo por rescatarla?; ¿escepticismo nihilista o creencia vivificada por la razón y fe en el progreso?; ¿fuga de una realidad que a todos nos encadena o comprometida presencia en ella para transformarla?; en

---

[16] Dostoyevski, F. M., *Los hermanos Karamazov*, Obras Completas, tomo III, Madrid, Aguilar, 1949, pág. 103.

definitiva: ¿pensar, sólo pensar, en una utopía falaz e inaccesible o actuar conscientemente desde la realidad presente porque creemos que la utopía de hoy es la realidad próxima a un mañana?

El dar la espalda a la educación, a una cultura humanista sólo puede conducirnos a la deshumanización y más vertiginosamente cuanto más avancen y se posesionen de la sociedad las fuerzas destructivas del humanismo; es decir, que cuanto más nos apartemos e inhibamos de la cultura, más existencialmente deshumanizados, socioculturalmente clasificados y maquinalmente sometidos estaremos a los designios particulares del poder antihumano y antisocial que pretende acallar la imperativa necesidad de cultura porque ella es un arma poderosa, porque, con ella, el hombre percibe, siente, critica, reflexiona y actúa, porque ella, asumida por la sociedad, es la fuerza que más puede poner en marcha el camino de un auténtico progreso.

Tengo fe en la cultura porque la tengo en la sociedad y mi convicción es razonada porque creo profundamente en el poder impresionante que la humanidad ejerce cuando es consciente de sus derechos y deberes humanos y de sus necesidades vitales para desarrollar y perfeccionar su existencia.

Pero aún creo algo más: que la más generosa y abierta cultura, la lucha del museo por la conquista diaria de la sociedad y la lucha diaria de la sociedad por la conquista definitiva del museo, representa una plenitud del amor entre los humanos; y, si todos tenemos arraigada esta convicción, creo que es urgente, para todos, comenzar este combate reflexivo, activo y esperanzador. Todo está aún por hacer, pero todos tenemos la palabra.

APÉNDICE

Comentario crítico sobre la realidad de los museos españoles y su legislación actual

Dos son los motivos que nos inducen a introducir este breve apéndice sobre la realidad museística española y las bases legislativas en que teóricamente se asienta la situación actual de los museos españoles:

1.º Porque "el caso de España", *diferente* como en todo al resto de la cultura occidental, evidencia una lamentable inoperancia museística a la que debemos salir al paso.
2.º Para impedir posibles malinterpretaciones fundamentadas en la lectura de los capítulos precedentes, ya que en ellos hemos expuesto unas ideas, a veces concretizadas en museos extranjeros, que creemos las más idóneas para una eficaz política de desarrollo museológico, política a la que hasta ahora no se ha sumado el museo español puesto que no ha asumido un nivel básico de planteamientos teóricos con una sistemática planificación de sus necesidades y funciones para abordar conscientemente los graves problemas que le afectan.

A partir de aquí, la posibilidad de reflexionar sobre hechos concretos del museo español que impiden un auténtico progreso de la cultura nacional y tras una seria toma de conciencia de la agresión que supone para la dinámica cultural el parasitario anquilosamiento de nuestros museos, estaremos más capacitados para cooperar a una necesaria y urgente transformación de la realidad museística que hoy vivimos.

Para ello analizaremos el análisis de la legislación y la realidad museística española.

En primer lugar, no puede llamarnos la atención esa falta *total de coordinación entre legislación y praxis museística*, dada la perfecta ausencia de criterios científicos, objetivos y racionales para la puesta a punto de una política museológica válida. Por una parte, la legislación vigente, analizada desde un punto de vista teórico[1], presenta a menudo lúcidas reglamentaciones[2] y aceptables modificaciones posteriores así como insustanciales ordenaciones jurídicas que en nada han colaborado al enriquecimiento de la vida museística española. Como se observa en el estudio de las fuentes legislativas[3], el cuerpo de doctrina sustancial de la actual legislación permanece básicamente anquilosado en las ordenaciones de los años 30, 50 y 60, con lo que aquellas necesidades culturales son

[1] No pretendemos hacer un análisis exhaustivo sobre todos los puntos que conforman la legislación vigente puesto que desbordaría los límites y la intención de este apéndice. Tratamos de ofrecer una visión sintética sobre la legislación actual sobre los museos, lo que a menudo nos hará incurrir en un campo legislativo más amplio (Patrimonio histórico-artístico, Tesoro artístico, Administración y actuación de organismos estatales, gubernamentales y oficiales de la defensa de la cultura nacional, Planificación urbanística...) que inciden seriamente en el campo del museo.

[2] Las leyes más valiosas en rigor científico y organización metodológica para su aplicación, y que permanecen vigentes en la actualidad, corresponden a la época de la República. Concretamente, la Ley del 13 de Mayo de 1933 sobre «Patrimonio Artístico Nacional» es la base sustancial de la legislación española no sólo sobre museos sino sobre conceptos, aplicación, catalogación de los bienes inmuebles y excavaciones, reglamentación de exportaciones, formación y formalización de los Catálogos e Inventarios y difusión cultural del arte.

[3] Las fuentes indispensables para el estudio de la legislación española sobre el tema son:

Aranzadi, *Repertorio cronológico de legislación*, Pamplona, Aranzadi, desde 1936.

Cuadernos de Legislación. Tesoro Artístico, Madrid, Sección de Publicaciones de la Secretaría General del Ministerio de Educación y Ciencia, 1972. (Es la edición más moderna y la que hemos consultado en el texto.)

Sanz-Pastor y Fernández de Piérola, C., «Legislación general», en *Museos y Colecciones de España*, Madrid, Dirección General de Bellas Artes, 1969. (Sólo llega hasta la Orden del 7 de Noviembre de 1967.)

hoy insuficientes y carentes de significado en lo que atañe a conceptos y formalizaciones del Patrimonio Artístico Nacional[4].

Para el análisis de la realidad museística española, a *falta de un material bibliográfico actual y crítico,* hemos tenido que valernos de medios de información (sobre todo, la prensa) que empiezan a detectar con valentía[5] deficiencias y desaciertos de la actuación cultural museística, y de una serie de reflexiones personales constatadas en la experiencia del museo y en el estudio legislativo así como del intercambio de ideas y opiniones con directores y conservadores de museos, profesionales universitarios, especialistas y amplios sectores de la sociedad interesada en una cultura viva y eficaz, *diferente* de la que hoy poseemos. Esta concordancia de opiniones indicativas de la ineficacia del museo actual ya avalaría el hecho de su real inoperancia en la vida individual y social española, pero, por si ello no fuera suficiente[6], las reiteradas noticias de la prensa nacional y

---

[4] Fundamentalmente: Real Decreto de 1 de marzo de 1912 sobre «Reglamento de la Ley de Excavaciones arqueológicas» (modificados algunos preceptos en el Decreto del 2 de diciembre de 1955 y 20 de junio de 1958), Real Decreto-Ley de 9 de agosto de 1926 sobre «Protección, conservación y acrecentamiento de la riqueza artística», la citada Ley del 13 de mayo de 1933 sobre «Patrimonio Artístico Nacional», la Ley del 12 de mayo de 1956 sobre «Régimen del suelo y ordenación urbana. Conservación y valoración del Patrimonio Histórico-Artístico» y Orden del 21 de junio de 1954 sobre «Principios generales y normas para la actuación del Servicio de Protección del Patrimonio Artístico y Cultural». (Pueden consultarse en Cuadernos de Legislación. Tesoro artístico, *op. cit.*)

[5] El diario *Informaciones* del 21 de abril de 1976 publicaba un artículo firmado por J. P. Q. y titulado «Ausencia de una política cultural», del que extractamos un párrafo expresivo: «La falta de presupuestos, el atomismo burocrático, el absentismo, la rutina, la falta de personal, la rutinaria indiferencia y postergación de los hechos de civilización mínimamente significativos, son una lacra que sepulta poderosamente cualquier manifestación cultural. La Escuela de Arte Dramático está a punto de desaparecer, el latín y el griego desfallecen (el arte se suprime como asignatura), los museos languidecen, nuestros autores clásicos ya no se editan, nuestros dramaturgos no consiguen estrenar, la artesanía peninsular amenaza con desaparecer, el patrimonio arqueológico es expoliado con ferocidad.»

[6] Sería muy importante que la primera decisión del Ministerio de Cultura manifestara sus planes democráticos para la cultura realizando

local nos advierten constantemente de esta nefasta realidad museística: la falta de vigilancia y sistemas de seguridad garantizados son causa de robos en conventos, iglesias[7] y edificios historico-artísticos donde se guarda un tesoro incalculable de la riqueza cultural española; la demolición de monumentos de interés artístico-histórico no sólo manifiesta la ignorancia e irresponsabilidad de

---

un estudio objetivo, científico y abierto a la comprobación pública a través de sus organismos provinciales y locales que consistiera en encuestar al país sobre puntos sustanciales que pueden sintetizarse así: 1.º) ¿Qué opina del museo español actual? 2.º) ¿Qué beneficios le reporta la visita a centros culturales que exhiben obras del Patrimonio Histórico-Artístico? 3.º) ¿Cuáles son los fallos que advierte en el museo? 4.º) ¿Cómo solucionarlos y en qué medida puede colaborar a ello? 5.º) ¿Cuáles son las ventajas que le ofrece el museo y cómo mejorarlas? 6.º) ¿Qué exige básicamente del museo? 7.º) Como ciudadano y propietario del Patrimonio público ¿cómo le gustaría que se ofreciera la cultura museificada? y 8.º) ¿Cómo colaboraría en ese museo que quiere disfrutar y conservar?

[7] Hasta tal punto llega la falta de vigilancia e interés por la conservación del Patrimonio que en un país oficialmente católico el robo de piezas sacras —considerado acto delictivo y sacrílego— se sucede frecuentemente. Aparte la primacía que se le concede al arte sacro sobre el profano, es rotundamente contradictorio que un país valorador del arte por su contenido y función religiosa deje en total abandono estas piezas, a lo que el Marqués de Lozoya contraargumenta con razón que «La Rusia atea ha conservado cuidadosamente su arte religioso» (*ABC* de Sevilla, 10 de agosto de 1977, pág. 25). A este respecto, se han sucedido en el país 20 robos de arte sacro desde 1968, de los que ofrecemos un resumen de agencia del periódico *ABC* de Sevilla del 11 de agosto de 1977, pág. 9, titulado «Oleada de robos sacrílegos en los últimos años»: «Incluido el de la catedral de Oviedo, han sido veinte los robos sacrílegos cometidos en España durante los últimos años. En agosto de 1968 desapareció en circunstancias extrañas la corona del Niño de la Virgen de Junca, en Irún. En la catedral de Oviedo fueron sustraídas en 1971 dos imágenes de San Sebastián y del Ángel de la Guarda, valoradas en 100.000 pesetas cada una. En aquella ocasión, los ladrones aprovecharon igualmente unas obras que se realizaban en el templo. Casi simultáneamente, también en Oviedo, robaron en la iglesia de Santa María de la Corte una imagen de Santa Ana, valorada en 50.000 pesetas. El último y más importante robo sacrílego se produjo en la catedral de Murcia el 8 de enero de este mismo año. El valor de lo robado ese día se cifraba en 400 millones de pesetas. La catedral de Sevilla fue objeto de un robo de este tipo en abril de 1973 cuando se llevaron un cuadro de Antón Pérez, que representaba a un profeta y que formaba parte de un retablo ya desarmado.» Datos suficientes para hacer una seria llamada a los responsables de la custodia de las piezas artísticas en templos catedralicios y museos diocesanos.

los encargados de conservar el Patrimonio sino la especulación abominable del suelo urbano[8]; la degradación progresiva de obras instaladas en locales que no cubren las exigencias necesarias de conservación, el abandono de inmuebles y piezas condenadas a un lento o precipitado deterioro, la total indiferencia por conservar perspectivas urbanísticas de relevancia y personalidad histórica, estética y paisajística en beneficio de caprichosos y triunfalistas pastiches pueblerinos son producto de graves desatenciones por parte de las Comisiones Provinciales y del Servicio de Protección del Patrimonio Artístico y Cultural[9], así como vergonzosas desapariciones

[8] La Ley del 12 de mayo de 1956 sobre «Régimen del suelo y ordenación urbana. Conservación y valoración del Parimonio Histórico-Artístico» es paradigmática de una legislación coherente en teoría y desaplicada continuamente en la práctica. Anotamos algunos artículos de interés para constatar la desarmonía existente entre la doctrina legislativa y la aplicación en la realidad: «La conservación... abarcará, entre otros, estos aspectos: *a)* elementos naturales y urbanos, cuyo conjunto contribuye a caracterizar el panorama. *b)* Plazas, calles y edificios de interés. *c)* Jardines de carácter histórico, artístico o botánico. *d)* Realce de construcciones significativas. *e)* Composición y detalle de los edificios situados en emplazamientos que deban ser objeto de medidas especiales de protección. *f)* Uso y destino de edificaciones antiguas y modernas» y «La protección a que esta Sección se refiere, cuando se trate de conservar o mejorar monumentos, jardines, *parques naturales o paisajes*, requerirá la inclusión de los mismos en catálogos aprobados por la Comisión central o provincial de Urbanismo, de oficio o a propuesta de otros órganos o particulares.» (Tesoro artístico. *op. cit.*, pág. 166 y 167).

[9] El Real Decreto de 11 de Agosto de 1918 sobre «Reglamento de las Comisiones provinciales de Monumentos históricos y artísticos» expone las responsabilidades a las que quedan sometidos sus conformantes, entre las que extractamos los artículos de mayor interés: «Asesorar y recurrir a los gobernadores, alcaldes y demás autoridades en cuanto se relacione con los fines propios de las Comisiones provinciales de Monumentos y de la representación que ostentan», «Incorporar a los archivos, mediante compras o donaciones, cuantos libros, códices, obras musicales y demás documentos puedan ser útiles para la difusión de la cultura». (Tesoro artístico, *op. cit.*, págs. 38 y 39.)

Asimismo, la Orden de la Presidencia del Gobierno de 21 de junio de 1964 sobre «Principios generales y normas para la actuación del Servicio de Protección del Patrimonio Artítico y Cultural establece las misiones, articulaciones entre los miembros pertenecientes al Servicio y las actuaciones que estos deben llevar a cabo. (Tesoro artístico, *op. cit.*, págs. 230-236.)

de obras pertenecientes al Tesoro público del país[10].

Todo ello exige la seria elaboración de catálogos, inventarios y fichero fotográfico como una de las más urgentes necesidades de la política cultural, trabajo que requiere ser abordado científicamente por comisiones y equipos especializados en las diversas materias. Entre los programas de partidos políticos nacionales, conscientes de la urgente necesidad de conservación y planificación cultural a todos los niveles, queremos resaltar un punto que dice: "Consolidación urgente y cuidado de los edificios y demás bienes muebles del Patrimonio, así como de las excavaciones arqueológicas. Inventario y catalogación de todos los materiales de los museos y de los monumentos y lugares de interés artístico e histórico"[11].

También la legislación vigente respecto al Inventario y Fichero Fotográfico del Tesoro Artístico-Histórico Nacional es clara y terminante, pero incumplimentada en la práctica, en la Ley citada del 13 de mayo de 1933 en la que puntualiza sobre la formación y desarrollo del Inventario del Patrimonio Artístico Nacional[12]. El Decreto del 12 de junio de 1953 sobre "Formalización del Inventario del Tesoro Artístico Nacional" ordena que "El Inventario del Tesoro Artístico comprenderá cuantos inmuebles u objetos muebles de interés artístico, arqueológico, histórico y etnológico o folklórico haya en España de antigüedad no menor de un siglo, y

[10] Recientemente, ADELPHA (Asociación de Defensa Ecológica y del Patrimonio Histórico-Artístico) ha exigido la apertura de un expediente que clarifique la desaparición de un retablo barroco de José Ratés y Churriguera *el Viejo*, instalado desde hacía cincuenta años en el Palacio de Oriente. La falta de rigor museístico que la Asociación denuncia se traduce en la ausencia de un Inventario razonado y completo que controle y asegure la subsistencia de las piezas depositadas o pertenecientes a cada entidad cultural.

[11] Propuestas del Partido Comunista de España en «Para una alternativa al Patrimonio histórico-artístico-cultural en la democracia», Comité de Arte y Cultura de Madrid, 1977, pág. 16, punto 6. Estudio sintético y objetivo sobre la situación deplorable de la cultura actual española en lo que afecta al campo de los Archivos, Bibliotecas y Museos con ideas, propuestas y datos reales y estadísticos de gran interés para su consulta.

[12] Tesoro-artístico, *op. cit.*, págs. 85-86.

también aquellos que, sin esta antigüedad, tengan valor artístico o histórico indiscutibles, exceptuándose las obras de autores no fallecidos", que "los propietarios y poseedores de obras o colecciones de notoria importancia artística, arqueológica, histórica, etnológica o folklórica que se obligasen documentalmente a facilitar su estudio, reproducción y exhibición de un modo regular...", y que "el Ministerio de Educación Nacional cuidará del cumplimiento de este decreto mediante un Servicio de Inspección encomendado a los directores de los museos y al personal idóneo necesario..."[13] así como en el Decreto de 22 de septiembre de 1961 sobre "Servicio Nacional de Información Artística, Arqueológica y Etnológica. Creación." Aclara en la exposición de motivos que "se deja sentir la necesidad de disponer de un servicio capaz de tener al día cuanto se refiere al inventario de nuestra riqueza monumental, artística y arqueológica, así como cuanto afecta a la redacción y ordenación de índices, catálogos y registros, dispuestos de tal forma que con seguridad, eficacia y rapidez puedan facilitar a los órganos del Gobierno y a los estudiosos cuanta información necesiten en estos aspectos"[14], por lo que en consecuencia se crea el Servicio Nacional de Información citada con las consiguientes misiones:

"*a*) Facilitar al Gobierno cuantos datos e informes sean necesarios en relación con el Patrimonio Artístico, Arqueológico y Etnológico de la Nación.

b) Facilitar a las instituciones públicas y privadas y a los estudiosos en general cuanta información exista en el Servicio relacionada con los trabajos que deseen realizar.

c) Constituir el Inventario del Tesoro Artístico-Arqueológico de la Nación, conforme a lo citado...

d) Organizar el Fichero Fotográfico de Arte en España, conforme a lo dispuesto...

e) Llevar el Registro de las colecciones particulares que se obliguen a facilitar su estudio, a fin de poder disfrutar del beneficio de exención de derechos reales...

---

[13] Tesoro artístico, *op. cit.*, págs. 135, 137 y 138, respectivamente.
[14] Tesoro artístico, *op. cit.*, págs. 191-192.

f) Llevar el Registro de las transmisiones de obras de arte catalogadas a que alude el artículo 10 del Decreto citado...

g) Organizar el Fichero Fotográfico de yacimientos, excavaciones y objetos arqueológicos, teniendo como base la información gráfica que están obligados a enviar a la Dirección General de Bellas Artes todos los delegados a quienes se confíe la dirección de una excavación.

h) Formar el índice de obras de arte españolas existentes en el extranjero"[15].

La realidad —robos, demoliciones, deteriorizaciones, pérdidas, abandono...—, evidencia la falta de consistencia doctrinal y seriedad aplicativa de la legislación actual. Y a esta lamentable situación de la política museológica se suma un ingrediente que anotábamos más arriba: *la ausencia de estudios críticos y científicos sobre los museos españoles.* Ello no es sólo sintomático de la indigencia intelectual y desatendida actitud sobre la cultura española museificada sino de las cortapisas que la ideología dominante ha venido imponiendo para silenciar innumerables, vergonzosos y vandálicos actos anticulturales que a toda la sociedad española, participadora de ese Patrimonio Nacional público, le interesa conocer para colaborar en una empresa de acción cultural más saneada y fructífera que a todos nos concierne. Si realmente los organismos oficiales responsabilizados de difundir y promocionar la cultura del país fuesen conscientes de que ésta es un derecho y un deber de ciudadanía para toda la sociedad española, no pondría tan graves inconvenientes en sensibilizar a la opinión pública para una mejora de los intereses artístico-culturales[16].

---

[15] Tesoro artístico, *op. cit.*, pág. 192.

[16] Un excepcional intento, en parte fallido, de investigación sobre la actual situación de los museos españoles tuvo que paralizarse y quedar mutilado parcialmente tras la circular que la Administración de los museos envió en los siguientes términos: «De Orden del Ilmo. Sr. Director General del Patrimonio Artístico y Cultural, no deberán ser contestadas hasta nueva orden las preguntas contenidas en el Cuestionario (...) por contenerse en las mismas materias que de *divulgarse pueden ocasionar un grave perjuicio en los sistemas de vigilancia y seguridad establecidos*, (*op. cit.*, pág. 2; los subrayados son del autor).

De aquí es de donde arrancan todos los conflictos y males que padece el museo español en sus aspectos de organización económica, burocrática, administrativa, cultural, educativa y difusora. Porque el museo, como entidad cultural integrada en el engranaje de una ideología dominante que no busca sino fórmulas mixtificadas con las que pueda proseguir dominando, silenciando y encubriendo la realidad museística a la inmensa mayoría, es por fuerza un claro exponente de una cultura parasitaria y abandonada que mantiene y conserva —cuando realmente *conserva*— con fórmulas añejas las bases de un desarrollo vacuo e inoperante.

Ese desarrollo vacuo e inoperante ha entendido el cumplimiento de la Ley de "creación de museos públicos en toda España"[17] de forma cuantificada, no cualificada[18]; es decir, promocionando el nacimiento de numerosos museos provinciales, locales y comarcales en los que, aparte el triunfalismo que supone para los organismos gestores y promotores la creación de estos centros, su incapacidad operativa radica básicamente en la *falta de presupuestos económicos* que impide el contratar a un equipo especializado, el montaje racional de instalaciones técnicas, intelectuales y educativas adecuadas[19] y en la *ausencia de una razonada política museoló-*

---

[17] Tesoro artístico, Ley del 13 de mayo de 1933, Título 4: «De los Museos», Art. 55, pág. 83.

[18] En la actualidad existen en España 568 Museos, de los cuales 144 pertenecen al Estado, 134 al Ayuntamiento y 31 a la Diputación (los del Ayuntamiento y la Diputación son los llamados «Provinciales»), 56 de propiedad privada, 154 eclesiásticos y 49 mixtos fundidos entre los siguientes organismos: Estado-Diputación, 19; Estado-Ayuntamiento, 5; Estado-Iglesia, 5; Estado-museo privado, 1; Estado-Diputación-Ayuntamiento, 4: Ayuntamiento-Diputación, 14, y Ayuntamiento-museo privado, 1.

[19] Arandilla Navajo, M., *op. cit.*, pág. 4. De los dieciocho museos (de diferentes regiones españolas y repartidos en 5 de Arte y Arqueología, 5 de Arqueología, 5 de Arte y 3 de Etnología) encuestados, los *presupuestos* son *suficientes* en el 16,6 por 100 de los museos, *insuficiente* en 61,1 por 100 y sin respuesta el 23,3 por 100.

Respecto al *personal*, la encuesta recoge la opinión de los 18 museos sobre el *Personal real* del museo y *el que sería necesario*. Museo 1: cuenta con 19 personas y necesita 35; M. 2: cuenta con 2 y necesita X; M. 3: tiene 6 y necesita 7; M. 4: tiene 3 y necesita X; M. 5: cuenta *gica.* Esta puede empezar a fructificar cuando se llegue a una mutación de los valores de cuantificación por cualificación; es decir, en vez de nuevos museos que requieren grandes y desajustados desembolsos para lo improvisadas y efímeras que resultan sus instalaciones, tan infructíferas para el público, tender a la cooperación, "organización y mejora de los existentes"[20]. Este es un claro ejemplo de la vigencia que una ley razonada y coherente, dictada durante la República, puede mantener en la actualidad, pese a que el transcurso del tiempo y los cambios históricos y sociales que se han sucedido obligan a someterla a una revisión para su actualización[21].

---

con 13 y necesita 27; M. 6: tiene 1 y necesita 2; M. 7: tiene X y necesita X; M. 8: cuenta con 5 personas y necesita X; M. 9: tiene X y necesita X; M. 10: tiene 2 y necesita 18; M. 11: tiene 4 y requiere X; M. 12: tiene 36 y necesita 113; M. 13: tiene 8 y necesita 12; M. 14: cuenta con 9 y necesita 21; M. 15: tiene X y necesita X; M. 16: cuenta con 4 y necesita X; M. 17: tiene 86 y necesita 128, y el Museo 18 tiene 28 y necesita X. Estas cifras suman un *Personal de museo real* de 226 personas y se requieren 363 para los 18 museos (pág. 4).

En cuanto a *instalaciones técnicas:* 12 museos (1 sin respuesta) no disponen de laboratorio fotográfico, 11 Museos (1 sin respuesta) no tienen taller de restauración y 8 museos (10 sin respuesta) no cuentan con instalaciones para el control de la temperatura (pág. 6).

Respecto a *instalaciones intelectuales:* 14 (1 sin respuesta) tienen biblioteca y 4 (3 sin respuesta) departamento de investigación (pág. 6).

Las *interrelaciones educativas entre el Museo, la Universidad y el colegio* se manifiestan en los 18 museos de la siguiente forma: 9 museos no tienen relaciones con colegios y 6 no las tienen con la Universidad.

También la falta de proyección educativa se ha manifestado recientemente en las declaraciones hechas por el ex-director del Museo del Prado, Xavier de Salas, en el programa televisivo «A fondo» del día 10 de julio de 1977 en el que exponía que aún no estaba resuelta la faceta educativa en dicho museo. ¡El primer museo del país!

[20] Tesoro artístico, Ley del 13 de mayo de 1933, Título 4: «De los Museos», Art. 55, pág. 83.

[21] A este respecto, un ejemplo válido y plasmado en la legislación y práctica del museo sobre la adaptación de la doctrina legislativa a la vida actual del museo se evidencia en la Orden del 27 de enero de 1956 sobre «Acceso gratuito a Monumentos nacionales, Museos y Bibliotecas del personal del Departamento y alumnos de Centros oficiales en visitas colectivas». En ella se ordena: «1.° La entrada en todos los monumentos nacionales, museos, bibliotecas, casas de cultura y toda clase de centros artísticos y culturales dependientes de este Departamento o subvencionados por el mismo será enteramente libre y gratuita para todos los catedráticos, archiveros y bibliotecarios, arqueólogos,

Así pues, 1.º) organizar y mejorar los museos existentes en la actualidad es dotarles de los requisitos que el público de hoy necesita y exige de los centros culturales públicos que le pertenecen, concretizándolos en una legislación actualizada, y estas exigencias se sintetizan 2.º) en el estudio razonado y científico por parte del equipo del museo sobre la selección de obras y presentación educativa al público, 3.º) en la elaboración de inventarios sistemáticos que permitan un control de seguridad sobre las obras y posibilidades de investigación para los especialistas, 4.º) en la mutación de los valores que atañen a la concepción del museo, como centro abierto de cultura, donde la obra y el espectador puedan disponerse a un recíproco enriquecimiento y donde no quepa lugar a una cultura elitista, minoritaria y mixtificada social o ideológicamente, sino a una acción y cooperación colectiva, 5.º) en una actuación reflexiva sobre las inversiones que

---

profesores de cualquier centro oficial, maestros nacionales, inspectores y funcionarios del Departamento, así como para los doctores colegiados. 2.º) Los centros oficiales de enseñanza de cualquier grado podrán organizar con el mismo carácter grupos colectivos de visitas para sus alumnos, a los que se dará libre acceso a dichos Centros con sujeción a las normas que limitan el número máximo de visitantes simultáneos y sin más requisito que la presentación de un escrito firmado y sellado por el director del respectivo Centro de enseñanza. 3.º) Los estudiantes de las Facultades de Filosofía y Letras quedan equiparados a estos efectos a las personas a las que se refiere el número 1.º, sin más requisito que la presentación del carnet escolar correspondiente al año académico en curso.» (Tesoro artístico, *op. cit.*, pág. 163.)

La última ordenación al respecto amplía la entrada gratuita a estos sectores: «Los estudiantes de Enseñanza General Básica y Bachillerato, acompañados por sus padres o profesores. Los universitarios, exhibiendo el carnet de Facultad. Todas aquellas personas que se dediquen a la enseñanza. Los obreros, con el carnet sindical. Todos cuantos sean productores y puedan acreditarlo. Cuantas personas tengan concedido por el Ministerio de Educación y Ciencia el derecho de entrada gratuita. Los miembros de Instituciones Culturales y Científicas. Los funcionarios civiles y militares del Estado, Provincia o Municipio. Los donantes y benefactores del Museo.» (Esta es la ordenación que rige en la actualidad.)

Es digno de alentar al respecto una propusta al actual Ministerio de Cultura: que en la próxima orden ministerial, la entrada al museo por parte de los ciudadanos españoles sea gratuita, ya que gratuita debe ser la enseñanza estatal.

el museo realiza (en vez de una abrumadora política de adquisición de obras, conservar debidamente las existentes y dotarlas de un material auxiliar educativo que enriquezca a la obra y al espectador, hacer montajes sencillos, funcionales y no grandilocuentes en beneficio de unas instalaciones técnicas adecuadas para la obra y el visitante y de una política activa de difusión cultural a través de los medios de difusión y comunicación) y, concretamente, 6.º) en la democratización de la administración estatal que no concentre sus presupuestos en los museos nacionales en detrimento del progreso y desarrollo de los provinciales y locales sino que 7.º) cree una atmósfera de cooperación entre todos ellos y unas bases sólidas de autonomía que beneficie la autogestión de los museos provinciales, locales y comarcales mediante Patronatos y órganos administrativos independientes.

El grave peligro que puede engendrar el replanteamiento de la legislación y del museo español es que sus nuevas bases no respondan auténticamente al principio de democratización y enriquecimiento cultural, que la difusión del arte y de la cultura sea una vez más manipulada por sectores minoritarios, que la accesibilidad de todos a la cultura se entienda falazmente como producto de una densificación cuantitativa, ajena a la calidad educativa que debe impartirse a la sociedad, y que el concepto de "utilidad pública" se etiquete en una inoperante parcialidad minoritaria.

En 1969 el Ministro español de Educación y Ciencia expresaba ante el Consejo de Cooperación Cultural en Bruselas que "la promoción, conservación y desarrollo de los valores humanísticos se encuentran amenazados por un riesgo creciente de deshumanización"[22]. Pero la ame-

[22] Informe presentado por Villar Palasí en nombre del Gobierno español ante el Consejo de Cooperación Cultural del Consejo de Europa, celebrado en Bruselas en noviembre de 1969, titulado «El valor del Patrimonio inmobiliario del pasado para la vida del hombre del mañana y la integración de los lugares y conjuntos históricos en la vida económica y social». Consultar «Defensa del patrimonio artístico y cultural de Europa». Madrid. Dirección General de Bellas

naza persistió y más agravado el riesgo cuanto más falsa se exprese una ideología en permanente contradicción con la acción cultural y social. También en el mismo año se veía que "en estos momentos se siente también la necesidad de trabajar en equipo y coordinar esfuerzos" y se apuntaba la urgente necesidad de un "museo *como escuela y como centro* que recoja en gran medida *el ocio de la gente*"[23]. Y asimismo parece que el tiempo se paralizó desde entonces en tan sinceras y entusiastas expresiones carentes de una apoyatura planificada reflexivamente y sin confrontaciones con las realidades socioculturales que hoy imperan.

Ahora, en cambio, en los momentos actuales, cabe una gran esperanza, si sabemos analizar en perspectiva los raquíticos resultados que del museo hemos obtenido hasta ahora y si todos cooperamos a esa necesaria transformación museística aunando enérgicamente los esfuerzos de una sociedad necesitada y obligada a arraigar cultural y humanamente en su Historia.

Y esa esperanza radica en principio en el reciente Ministerio de Cultura, si acomete reflexivamente su tarea enfrentándose a una seria y orgánica planificación y puesta a punto de una auténtica política museológica. Pero la acción aislada de un Ministerio no puede *vitalizar* un centro cultural concebido por y para la sociedad. Por eso, la esperanza más sólida es aquella que aúna los esfuerzos del organismo dirigente con los de la comunidad social. Actividad ministerial y cooperación de la colectividad. Que el lema adoptado por el nuevo Ministerio sobre "*el derecho de todos a la cultura*" se concrete *implicando y exigiendo a los ciudadanos el deber de todos de conservarla e incrementarla* y que las nuevas ofertas museísticas y los razonables propósitos humanísticos no queden, como hasta ahora, en una retórica

---

Artes, 1970, págs, 36 y ss. Después de transcurridos ocho años es importante consultar la seria y grave denuncia manifestada por Luzón Nogué en *El Progreso* de Lugo, 29 de septiembre de 1977, pág. 8.

[23] Sanz Pastor y Fernández de Piérola, «Introducción», en *Museos y colecciones de España*, Madrid, Dirección General de Bellas Artes, 1969, pág. 13. Los subrayados son míos.

literaria sin sentido. Y, si realmente todos estamos convencidos de que los obstáculos no son inútiles combates cuando se trata de encontrar una expresión vital y libre de la cultura, entonces será cuando podamos comprender y vivir que nuestros museos han conseguido arraigar en la conciencia de toda la sociedad española.

Bibliografía

He dividido la bibliografía en las secciones que forman el libro, previas unas orientaciones bibliográficas de carácter general que atañen a cuestiones de metodología científica y a aspectos históricos, artísticos, estéticos, perceptivos y sociológicos.

Sobre los libros de reciente actualidad, desconocidos en España y que aún no han sido traducidos al castellano, pongo entre paréntesis las materias que tratan así como otros de escasa resonancia en la bibliografía española.

Siempre que ha sido posible, he puesto la edición castellana sin mención de la original para mayor facilidad así como en el texto he creído más conveniente poner las citas en español, aunque no exista traducción castellana de la fuente bibliográfica original.

I. CUESTIONES GENERALES.

ADORNO, TH. W., «Museo Valery-Proust», en *Prismas*, Barcelona, Ariel, 1962.

— *Crítica cultural y sociedad*, Barcelona, Ariel, 1970.

ADORNO, TH. W. y HORKHEIMER, M., *Sociología*, Madrid, Taurus, 1966.

ARGAN, G. C., «Arte figurativa», en *Enciclopedia Universale dell'arte*, vol. I, Florencia, Sansoni, 1958, págs. 751-802.

— «Pittura», en *Enciclopedia Universale dell'arte*, vol. X, Florencia, Sansoni, 1963, págs. 622-666.

— *Salvación y caída del arte moderno*, Buenos Aires, Nueva Visión, 1966.

ARGAN, G. C. y FAGIOLO, M., *Guida a la storia dell'arte*, Florencia, Sansoni, 1974.

ARNHEIM, R., *Arte y percepción visual*, Buenos Aires, Eudeba, 1971.
ASSUNTO, R., «Critica», en *Enciclopedia Universale dell'arte*, volumen IV, Florencia, Sansoni, 1958.
BEALS, R. L. y HOIJER, H., *Introducción a la Antropología*, Madrid, Aguilar, 1973.
BENJAMIN, W., *Discursos interrumpidos I*, Madrid, Taurus, 1973.
— «El problema de la sociología del lenguaje», en *Iluminaciones I*, Madrid, Taurus, 1971, págs. 157-195.
— *Angelus Novus*, Barcelona, La Gaya Ciencia, 1970.
BENSE, M., *Estética*, Buenos Aires, 1957.
BERGER, R., *Arte y comunicación*, Barcelona, Gustavo Gili. Colección Punto y Línea, 1977.
BETTETINI, G., *Producción significante y puesta en escena*, Barcelona, Gustavo Gili, Col. Punto y Línea, 1977.
BLOCH, E., *El principio Esperanza*, 1.ª parte, Madrid, Aguilar, 1977.
BONET CORREA, A., *El significado del arte en nuestro tiempo*, La Coruña, Publicaciós do Museo Carlos Maside, 1974.
BOZAL, V., *El lenguaje artístico*, Barcelona, Península, 1970.
CASSIDY, H. G., *Las Ciencias y las Artes*, Madrid, Taurus, 1964.
CASSIRER, E., *Las ciencias de la cultura*, Méjico, F.C.E., 1951.
DEWEY, J., *Democracy and Education*, Nueva York, 1916.
— *The School in the New Social Order*, Nueva York, s. a.
DILTHEY, W., *Introducción a las ciencias del espíritu*, Madrid, Revista de Occidente, 1956.
DORFLES, G., *Las oscilaciones del gusto. El arte de hoy entre la tecnocracia y el consumismo*, Barcelona, Lumen, 1974.
— *El Kitsch. Antología del mal gusto*, Barcelona, Lumen, 1968.
— *Símbolo, comunicación y consumo*, Barcelona, Lumen, 1968.
DUFRENNE, M., *Phénoménologie de l'expérience esthétique*, 2 volúmenes, París, P.U.F., 1967.
DUMAZEDIER, J., *Hacia una civilización del ocio*, Barcelona, Estela, 1968.
DUMAZEDIER, J. y RIPERTO, A., *Loisir et culture*, París, 1966.
ECO, U., *La definición del arte*, Barcelona, Martínez Roca, 1971.
— *Apocalípticos e integrados ante la cultura de masas*, Barcelona, Lumen, 1968.
— *Obra abierta*, Barcelona, Seix Barral, 1965.
FRANCASTEL, P., *Sociología del arte*, Buenos Aires, Emecé, 1972.
— *Arte y Técnica*, Valencia, Fomento de Cultura, 1961.
GAUDIBERT, P., Sociologia dell'arte, en *Arte 2/II*, Enciclopedia Feltrinelli Fischer, Milán, 1971.
HABERMAS, J., *Teoría y praxis*, Buenos Aires, Sur, 1971.

HADJINICOLAOU, N., *Historia del arte y lucha de clases*, Madrid, Siglo XXI, 1975.
HAUSER, A., *Sociología del arte*, 2 vols., Madrid, Guadarrama, 1975.
HIMMELMANN, N., *Utopische Vergangenheit. Archäologie und moderne Kultur*, Berlín, Gebr. Mann Verlag, 1976. (Trata sobre el fenómeno del coleccionismo, el mercado de arte e interferencias entre la arqueología y la cultura moderna y contemporánea. De gran interés para la cultura artística.)
HUND, W., *Comunicación y sociedad*, Madrid, Alberto Corazón, 1972.
HUYGUE, R., *Los poderes de la imagen*, Barcelona, Labor, 1968.
KANDINSKY, W., *De lo espiritual en el arte*, Buenos Aires, Nueva Visión, 1967.
KAVOLIS, V., *La expresión artística: un estudio sociológico*, Buenos Aires, Amorrortu, 1968.
KNOBLER, N., *El diálogo visual*, Madrid, 1970.
KROEBER, A. L., *El estilo y la evolución de la cultura*, Madrid, Guadarrama, 1969.
LAVALLEYE, J., *Introduction à l'archéologie et à l'histoire de l'art*. Gembloux, Duculot, 1972. (Muy importante por la sistematización de las materias de Museología, Crítica de arte y con una bibliografía sustancial.)
LEÓN CASTRO, J., *La Medicina actual y la cultura contemporánea*, Discurso de recepción en la Real Academia de Medicina de Sevilla, Sevilla, 1963.
LUCKAS, G., *El asalto a la razón*, Barcelona, Grijalbo, 1975.
— *Sociología de la literatura*, Barcelona, Península, 1973.
MALTESE, C., «Sociologia dell'arte», en *Enciclopedia Universale dell'arte*, vol. XII, Florencia, Sansoni, 1964.
MANNHEIM, K., *Ideología y utopía*, Madrid, Aguilar, 1973.
— *El hombre y la sociedad en la época de crisis*, Buenos Aires, Leviatan, 1958.
MARX, K., *Miseria de la filosofía*, Madrid, Aguilar, 1973.
MARX, K y ENGELS, F., *La ideología alemana*, Barcelona, Grijalbo, 1970.
— *Obras Escogidas*, 2 vols., Madrid, Fundamentos, 1975.
MAC LUHAN, H. M., *La galaxia Gutemberg, génesis del «homo tipographicus»*, Madrid, Aguilar, 1972.
— *El medio es el mensaje*, Buenos Aires, Paidos, 1969.
MOLES, A. A., *Sociodinamica della cultura*, Rimini, Guaraldi, 1971.
— *Teoría de la información y percepción estética*, Madrid, Júcar, 1976.
MUKAROVSKY, J., *El significado de la estética y otros escritos*, Barcelona, Gustavo Gili, 1976.

MUMFORD, L., *The Story of Utopias*, Nueva York, 1922.
PANOFSKY, E., *Idea*, Madrid, Cátedra, 1977.
PARAMIO, L., *Mito e ideología*, Madrid, Alberto Corazón, 1971.
PEVSNER, N., «Cánones de la crítica», *Cuadernos del Instituto de Arte Americano*, Buenos Aires, 1961.
PIGNATARI, D., *Información, lenguaje, comunicación*, Barcelona, Gustavo Gili, 1977.
PINDER, W., *El problema de las generaciones en la historia del arte en Europa*, Buenos Aires, 1946.
POLI, F., *Producción artística y mercado*, Barcelona, Gustavo Gili, 1976.
PROUST, M., *En busca del tiempo perdido* (2: *A la sombra de las muchachas en flor*), Madrid, Alianza, 1966.
RAMÍREZ, J. A., *Medios de masas e historia del arte*, Madrid, Cátedra, 1976.
READ, H., *Arte y alienación*, Buenos Aires, Proyección, 1969.
— *Imagen e idea*, Méjico, F.C.E., 1965.
ROUSSEAU, J. J., *Discursos sobre las ciencias y las artes*, Madrid, Aguilar, 1966.
RUBERT DE VENTOS, X., *Teoría de la sensibilidad*, Barcelona, Península, 1969.
SCHAPIRO, M., «Style», en *Anthropology Today*, págs. 278-303.
SOURIAU, E., *La correspondance des arts: éléments d'esthétique comparée*, París, Flammarion, 1969.
TAINE, H., *La naturaleza de la obra de arte*, Méjico, Grijalbo, 1966.
VENTURI, L., *Histoire de la critique d'art*, París, Flammarion, 1969.
WELLEK, *Historia de la crítica moderna (1750-1950)*, Madrid, Gredos, 1959.
WILDE, O., *El crítico como artista y otros ensayos*, Madrid, Espasa-Calpe, 1968.
WORRINGER, W., *El arte y sus interrogantes*, Buenos Aires, 1959.
— *Problemática del arte contemporáneo*, Buenos Aires, Nueva Visión, 1968.
YERRO, M., *Sociología de la imagen*, Madrid, Sala, 1974.

2. COLECCIONISMO

BEHRMAN, S. N., *Il re degli antiquari*, Milán, Rizzoli, 1953.
CESARANO, G., «Il significato del collezionismo nella civiltà dei consumi», *Supra uno*, núm. 4, 1967.
COOPER, D., *Les grandes collection privées*, París, Pont Royal, 1963.
DONATH, A., *Psychologie des Kunstsammler*, Berlín, 1920.

DUMESNIL, M. J., *Histoire des plus célèbres amateurs*, 5 volúmenes, París, 1835-60.
GUGGENHEIM, P., *Una collezionista ricorda*, Venecia, Cavvalino, 1956.
RAGGHIANTI, L., *La collezione Della Ragione*, Florencia, Cassa di Risparmio.
RHEIMS, M., *La vie étrange des objets. Histoire de la curiosité*. París, 1959.
SALERNO, L. y otros, «Musei e collezioni», en *Enciclopedia Universale dell'arte*, vol. IX, Florencia, Sansoni, 1963; páginas 738-772. (Al final del artículo da una bibliografía muy completa a base de catálogos, inventarios, repertorios, fuentes de información e historiografía del coleccionismo de todas las épocas. Es muy útil su uso, dada la clara estructuración y la exhaustividad de la materia).
SALMON, P., *De la collection au Musée*, Bruselas, 1958.
TOSCANO, B., «Collezionismo e mercato», en *Arte* 2/1, Enciclopedia Feltrinelli Fischer, Milán, 1971, núm. 23.
WESCHER, P., *Kunstraub unter Napoleon*, Berlin, Gebr. Mann Verlag, 1976. (Libro muy reciente sin traducción española sobre las obras de arte que durante las campañas napoleónicas fueron expoliadas de su lugar de origen.)

3. TEORÍA DEL MUSEO

ADORNO, TH. W., «Museo Valery-Proust», en *Prismas*, Barcelona, Ariel, 1962.
BAZIN, G., *Le temps des Musées*, Liege, 1967.
BAZIN, G. y RIVIERE, G. H., *Cours de Muséologie*, París, École du Louvre, s.a. (Èste trabajo fue tirado a multicopista para los alumnos de Museología, pero no conozco que haya sido publicado.)
— *El telar del arte*, Barcelona, Argos, 1963.
BELTRÁN, M., «Teoría del Museo I», en *Cesaraugusta*, Zaragoza, 1971-72; págs. 5-28.
BENOIST, L., *Musées et Muséologie*, París, P.U.F., 1971.
BOURDIEU, P. y DARBEL, A., *L'amour de l'art. Les Musées d'art européen et son public*, París, Minuit, 1969.
BUCARELLI, P., Colaboración en *Futuribili*, Roma, enero-febrero, 1972.
CAHIERS *de la République des Lettres, des Sciences et des Arts*, París, Musées, s.a. (Contiene artículos sobre diversas concepciones y funciones del museo, algunas de aquellas superadas en la actualidad, pero básicas para la investigación museológica.)

HERRERA, M. L., *El museo en la educación*, Madrid-Barcelona, Index, 1971.
MALRAUX, A., «Le problème fondamental du musée», *La revue des arts*, t. I, 1, 1954.
— *Las voces del silencio*, Buenos Aires, Emecé, 1956. (Incluye «El Museo Imaginario de la escultura mundial», págs. 1-127.)
OVEJERO, A., *Concepto actual del museo artístico.* Discurso de recepción en la Real Academia de San Fernando. Madrid, 1934.
PÉREZ SÁNCHEZ, A. E. *Pasado, presente y futuro del Museo del Prado*, Madrid, Fundación Juan March, 1977.
VALERY, P., «Le problème des Musées», en *Pieces sur l'art.*
VIANA, M. G., *Elementos de Museología*, Lisboa, 1943.

4. LA PRAXIS DEL MUSEO

He creído conveniente clasificar la bibliografía de este capítulo como aparece en el texto, es decir, a) arquitectura y urbanismo, b) el público del museo, c) conservación del objeto, d) exposición del objeto, e) mercado de arte y f) falsificaciones y reproducciones.

Anoto sólo los libros referentes a las materias expuestas en el apartado correspondiente en el capítulo y los artículos publicados en revistas que no cito en el apartado *Revistas museológicas.* Los artículos sobre conservación, restauración, organización y funciones museísticas pueden consultarse en el apartado de la bibliografía dedicada a *Revistas museológicas*, concretamente revistas *Mouseion* y *Museum.*

a) *ARQUITECTURA DEL MUSEO*

TRAITÉ *de Muséographie*, Architecture et aménagement des Musées d'art, 2 vols., París, 1935.
UNESCO, *L'organisation des Musées. Conseils pratiques*, París, 1959.
VAIL COLEMAN, L., *Museumsbuildings*, Washington, 1950.
ZEVI, B., *Saber ver la arquitectura*, Buenos Aires, Poseidón, 1951.

b) *EL PÚBLICO DEL MUSEO*

BOURDIEU, P. y DARBEL, A., (cit. en la bibliografía de *La teoría del Museo*).
CART, G., HARRISON, M. y RUSELL, Ch., *Musées et jeneusse*, París, 1957.

ICOM, *Le Musée et son publique*, Bruselas, 1968.
MICHEL, E., *Musées et conservateurs. Leur rôle dans l'organisation sociale*, Bruselas, 1948.

c) *CONSERVACIÓN DEL OBJETO*

(Incluimos la restauración y técnicas de análisis.)

BAYARD, E., *L'art de soigner les oeuvres d'art*, París, 1928.
BERNHEIM, y GUYOT, M., *Traité d'analyse par les Rayons Ultra-violets filtrés*, París, 1932.
BRANDI, C., «Il fondamento teorico del restauro», *Bolletino dell'Istituto Centrale del Restauro*, Roma, 1950.
— «Restauro», en *Enciclopedia Universale dell'arte*, t. XI, Florencia, Sansoni, 1963, págs. 322-332.
BROWN, J. G., *X-Rays and Their Applications*, Nueva York, 1966.
CLACK, W., *Photography by Infra-Red*, Londres, 1946.
DOERNER, M., *Los materiales de pintura y su empleo en el arte*, Barcelona, Reverte, 1972.
HOURS-MIEDAN, M., *A la découverte de la peinture par les méthodes physiques*, París, 1957.
LECOMTE, J., *Le rayonnement infrarouge*, 2 vols., París, 1948-49.
MANCIA, R., *L'esame scientifico delle opere d'arte e il loro restauro*, Milán, 1936.
MARETTE, J., *Connaissance des primitifs par l'étude du bois*, París, 1961.
MARIJNISSEN, R. H., *Dégradation, conservation et restauration de l'oeuvre d'art*, Bruselas, Sequoia, 1966.
MORANDI, G., *Conversazioni sull'etica del restauro*, Milán, 1961.
PIVA, G., *L'arte del restauro*, Milán, 1961.
PLENDERLEITH, H. J., *The Conservation of Antiquities and Works of Art*, Londres, 1962. (Hay traducción española.)
SECCO SUARDO, G., *Il restauratore di dipinti*, Milán, 1927.
STOUT, G. L., *Restauración y conservación de pinturas*, Madrid, 1960.
UNESCO, *Le traitement des peintures*, París, 1951.
VAN ASPEREN DE BOER, J. R. J., *Infrared Reflectography. A Contribution to the Examination of Earlier European Paintings*, Amsterdam, 1970.

d) *EXPOSICIÓN DEL OBJETO*

LUCKHURST, K. W., *The Story of Exhibitions*, Londres, 1951.
OSBORN, E. L., *Manuel des expositions itinérantes*, París, 1953.
UNESCO, *Les expositions temporaires et itinérantes*, París, 1965.

e) *MERCADO DE ARTE*

GAUDIBERT, P., «Le marché de la peinture contemporaine et la crise», en *La Pensée*, núm. 123, París, octubre de 1965.

LANG, M., *Annuaire des ventes de tableaux, dessins, aquarelles, pastels, gouaches, miniatures. Guide des marchands et de l'amateur*, 10 vols., París, 1918-28.

MIREUR, H., *Dictionnaire des ventes d'art faites en France et à l'étranger pendant le XVIII et XIX siècles*, 7 volúmenes, París, 1901-12.

SELIGMAN, G., *Merchants of Art. 1880-1960*, Nueva York, 1962.

MOULIN, E., *Le marché de la peinture en France*, París, Minuit, 1967.

TEIGE, K., *Il mercato dell'arte*, Turín, Einaudi, 1973.

f) *FALSIFICACIONES Y REPRODUCCIONES*

ARNAU, F., *El arte de falsificar el arte. 3.000 años de fraudes en el comercio de Antigüedades*, Barcelona, Noguer, 1961.

BAYARD, E., *L'art de reconaître les fraudes*, París, 1920.

BRANDI, C. y otros, «Falsificazione», en *Enciclopedia Universale dell'arte*, t. V, Florencia, Sansoni, 1958, págs. 312-330.

EUDEL, P., *La falsificación de antigüedades y objetos de arte*, Buenos Aires, 1947.

FERRARI, O., «Riproduzione», en *Enciclopedia Universale dell'arte*, t. XI, Florencia, Sansoni, 1963, págs. 549-564.

ISNARD, G., *Faux et imitations dans l'art*, París, 1959.

KURZ, O., «*Fakes*». *A handbook for collectors and students*, Londres, 1948, 2.ª ed., Nueva York, 1968.

MAISON, K. E., «Copies and interpretations in Painting», *Apollo*, 1958, págs. 99 y ss.

— *Themes and Variations*, Londres, 1960. (Hay traducción italiana: *Arte nata dell'arte*, Milán, 1960.)

PRUNETTI, M., *Avvertimenti per distinguere i quadri originali dalle copie*, Florencia, 1822.

RECHT, P., *Les droits d'auteur, une nouvelle forme de proprieté*, París-Gembloux, 1969.

REISNER, R. G., *Fakes and Forgeries in the Fine Arts. A bibliography*, Nueva York, 1950.

SAUVAGE, G., *Forgeries, Fakes and Reproductions*, Nueva York, 1965.

5. LEGISLACIÓN

(Dividimos la materia en a) internacional y b) española. Igual que en la sección anterior, los artículos en revistas museológicas se consignarán en su apartado correspondiente.)

a) *INTERNACIONAL*

ARGAN, G. C., «Protezione e tutela del Patrimonio artistico», en «Arte figurativa», *Enciclopedia Universale dell'arte*, t. I, Florencia, Sansoni, 1958, págs. 751-799.

BUCKER, *Les origines de la protection des monuments historiques*, París, 1903.

CANTUCCI, *La tutela giuridica delle cose d'interesse artistico o storico*, Padua, 1953.

CONSEIL D'EUROPE, *Rapport sur la defense et mise en valeur des sites et ensembles historiques ou artistiques*, Estrasburgo, 1963.

CONSTABLE, W. G., «Curators and conservation», en *Studies in Conservation*, I, 1954, págs. 97-102.

ESTEVE, *L'art et la propriété*, Nancy, 1925.

FERRARI, O., «Tutela dei monumenti e d'opere d'arte», en *Enciclopedia Universale dell'arte*, t. XIV, Florencia, Sansoni, 1966, págs. 268-289.

GERACI, *La tutela del patrimonio d'antichita e d'arte*, Nápoles, 1956.

GRISOLIA, M., *La tutela delle cose d'arte*, Roma, 1952.
— *Arte e belleza natural*, Milán, 1959.

MARTIN, G., *Disciplina urbanistica e tutela del patrimonio storico-artistico e paesistico*, Milán, 1970.

POIRIER, P., *Le droit d'auteur. Traité doctrinal et jurisprudential*, Bruselas, 1936.

SCAVIZI, G., «Istituzioni e associazioni», en *Enciclopedia Universale dell'arte*, t. VII, Florencia, Sansoni, 1958, páginas 801-846. (Al final del artículo el autor da una amplia relación de las colecciones, instituciones y asociaciones culturales y artísticas de todos los países.)

UNESCO, *Convención sobre la protección del patrimonio mundial, cultural y natural*, París, 1972.
— *Recomendación sobre la protección en el ámbito nacional del Patrimonio cultural y natural*, París, 1972. Acta final de la Conferencia Intergubernamental sobre la protección en caso de conflicto armado, La Haya, 1954.

b) *ESPAÑOLA*

ÁLVAREZ ÁLVAREZ, J. L., «La transmisión de obras de arte», *Revista de Derecho Privado*, Madrid, 1975.

ÁLVAREZ GENDÍN, *El dominio público*, Barcelona, 1956.

ARANZADI, *Repertorio cronológico de legislación*, Pamplona, Aranzadi, a partir de 1936.

CASADO IGLESIAS, «La expropiación de bienes de valor artístico», *Revista de Derecho Administrativo y Fiscal*, Madrid, 1970, número 25-26.

CUADERNOS DE LEGISLACIÓN, *Tesoro Artístico*, Madrid, Ministerio de Educación y Ciencia, 1972.

ESTELLA IZQUIERDO, V., «El Patrimonio Histórico-artístico en la Jurisprudencia», *R.A.P.*, 1975, núm. 76, págs. 131-181.

MARTÍN BLANCO, A., «La conservación del Patrimonio artístico eclesiástico», *R.A.P.*, 1975, núm. 75, págs. 429-475.

MARTÍN MATEO, «La propiedad monumental», *R.A.P.*, 1966, número 49, págs. 49 y ss.

NIETO GALLO, G., *Política de principios para la protección de las antiguas ciudades españolas*, Madrid, Servicio de Defensa del Patrimonio Artístico Nacional, 1964.

ROCA ROCA, E., *El patrimonio artístico y cultural*, Madrid, Instituto de Estudios de Administración Local, 1975.

RODRÍGUEZ MORO, «Defensa de los valores históricos, artísticos, típicos y turísticos de carácter local», *Revista de Estudios de la vida local*, núm. 144, 1965, págs. 801 y ss.

SANZ PASTOR Y FERNÁNDEZ DE PIÉROLA, C., «Legislación general», en *Museos y Colecciones de España*, Madrid, Dirección General de Bellas Artes, 1972.

6. REPERTORIOS BIBLIOGRÁFICOS

Dada la imposibilidad de enumerar los múltiples trabajos que inciden en una u otra forma en el campo de la Museología, consideramos de gran utilidad para consultas concretas dar una visión retrospectiva de los fundamentales repertorios bibliográficos que afectan a las materias científicas, artísticas, arqueológicas, etnológicas y literarias así como la bibliografía de revistas museológicas hasta la actualidad.

Dividimos la sección en tres apartados:

A) Bibliografías retrospectivas generales.
B) Bibliografía de bibliografías periódicas.
C) Revistas museológicas.

A) *BIBLIOGRAFÍAS RETROSPECTIVAS GENERALES*

BOATTA, H. y HODES, F., *Internationale Bibliographie der Bibliographien*, 2.ª ed., Frankfurt, 1950.

LUCAS, L. E., *Art Books. A basic bibliography on the Fine Arts*, 2.ª ed., Nueva York, 1968.

Pan American Magazines Relating to Architecture, Art and Music, Washington, 1942.

R.I.L.A. *(Repertoire International de la literature d'art)*, París, 1973.

UNESCO, *Guide des Centres Nationaux d'information bibliographique*, París, 1953.

B) *BIBLIOGRAFÍA DE BIBLIOGRAFÍAS PERIÓDICAS*

Annuario bibliografico di Storie dell'arte, Módena, desde 1954.

Bolletino delle publicazioni italiane ricevute della Biblioteca Nazionale Centrale de Firenze, Florencia, desde 1886. (Las materias están sistematizadas por secciones.)

ICOM, *Bibliographie muséologique international*, París, Unesco, desde 1948.

— *Bibliographie muséologique International 1972-73*, París, Unesco, 1975. (Temas fundamentales: edificio, Museo y sociedad, Museo y conocimiento, Museo y conservación, Museo, educación y acción cultural, tipologías de museos. Es el ejemplar más reciente.)

Répertoire d'art et d'archéologie. Dépouillement des périodiques françaises et étrangers, París, desde 1910.

THE ART INDEX, *A Cumulative Author and Subject Index to Periodicals and Museum Bulletins*, Nueva York, desde 1920.

Jahrbuch für Asthetik und algemeine Kunstwissenschaft, Stuttgart, desde 1951.

Spanish Book Corporation of America y *French Book Corporation of America*, Nueva York. (Estos catálogos son muy útiles por estar claramente sistematizada la bibliografía traducida a estos idiomas y puesta al día.)

C) *REVISTAS MUSEOLÓGICAS*

Consignamos fecha de comienzo y final de publicación en las revistas que han cesado de publicarse y sólo el año de inicio las que siguen en curso de publicación. En cuanto a la relación de las revistas he creído más útil seguir el orden alfabético, pero en los artículos que cito integrados en las revistas *Mouseion* y *Museum* he considerado más pertinente presentarlos cronológicamente.

Bellas Artes, Madrid, Ministerio de Educación y Ciencia. Desde 1970. (Algunos artículos tratan sobre conservación de monumentos, museos específicos y mercado de arte.)
Bolletino dell'Istituto Centrale del Restauro, Roma, desde 1950 hasta 1959.
British Museum Quarterly, Londres, desde 1926.
Bulletin of the Cleveland Museum of Art, Cleveland, desde 1914.
Bulletin of the Metropolitan Museum of Art, Nueva York, desde 1905 hasta 1941
Bulletin of Fogg Art Museum, Harvard University, Cambridge (Mass.), desde 1931.
Bulletin du Laboratoire du Musée du Louvre, París, desde 1956. (Sólo trata del análisis artístico, técnico y científico de la obra de arte.)
Gazeta de Arte, Madrid, desde 1972.
Icom News, International Council of Museums, París, Unesco.
Instituto Central de Conservación y Restauración, Madrid, Casón del Buen Retiro. Catálogos de obras restauradas. (Por secciones y materias.)
Metropolitan Museum Studies, Nueva York, desde 1928 a 1936.
Mundo de los museos, El. (Colección de revistas monográficas sobre museos europeos y americanos.) Buenos Aires-Madrid-Méjico-Río de Janeiro, Ed. Codex.
Mouseion, París, desde 1926 hasta 1946.

Consultar la nota bibliográfica núm. 22 del capítulo 1 y la núm. 45 del capítulo 3.

También, sobre examen técnico de las pinturas:

SCHEFER, F. E., «L'examen chimique des tableaux», vols. XIII-XIV, 1931.
EIBNER, A., «L'examen microchimique des aglutinants», volumen XX, 1932.
— «L'analyse chimique des couleurs», vol. XX, 1935.

Sobre *legislación*, MOUSEION dedica el año 1934 a «les mesures de précaution».
Museum, revue trimestrelle, París, Unesco, desde 1948 como continuación de *Mouseion*. (Los artículos son bilingües —inglés y francés—, pero doy el título en francés.)

Hasta 1970 aproximadamente los artículos estudian la creación, carácter específico y nuevas instalaciones de museos que presentan fisonomías diversas (Museos de Europa del Este, Museos de Europa Nórdica, australianos, africanos, indios, chinos y rusos). En ellos se encuentran ideas de sustancial importancia que han sido llevadas a la práctica. Aparte estos, señalamos los que consideramos de mayor interés y que atienden a diversas cuestiones.

BURNHAM, R. H., «Le service des expositions itinérantes de la Smithsonian Institution, Washington, D.C.», vol. XIV, número, 2, 1961.

BERNABÓ BREA, L., «De l'art ancien à l'histoire dans les musées archéologiques italiens», vol. XIV, 1961.

EVANS, J. W., «Le rôle des Musées d'histoire naturelle», volumen XVI, 1963.

El núm. 2, vol. XVII, 1964, está dedicado a «Les carachtéristiques de l'énergie radiante».

Los núms. 1, 2 y 3, vol. XXI, 1968, están dedicados a «Musées et éducation», «Les Musées et la recherche dans la République Fédérale d'Allemagne» (8.ª Conferencia general del ICOM.) y «L'organisation technique d'une Exposition International d'art: Terre des hommes, Exposition 67, Montreal», respectivamente.

GABUS, J., «Le Musée dans l'entreprise», vol. XXII, núm. 2, 1969.

Los núms. 3 y 4, vol. XXII, 1969, están dedicados a «Attitudes du public à l'égard de l'art moderne».

A partir de 1970, los estudios se centran cada vez más en el análisis de problemas de actualidad que afectan al museo (utilización de sistemas electrónicos, sociología del público y educación, nueva visión de la obra de arte y modernos recursos de conservación).

Sistemas electrónicos y audiovisuales, sobre todo en 1970:

ELISEEFF, V., «Musées et ordinateurs», vol. XXIII, núm. 1, 1970-71, págs. 3-4.

CAMERON, D. F., «Musées, systèmes et ordinateurs», *íd.*, páginas 11-14.

ELLIN, E., «Considérations sur la création de banques de données muséographiques aux États Unis d'Amerique», *ídem*, páginas 18-20.

CUISENIER, J., «Perspectives pour une utilisation d'un système d'information automatique au Musées des Arts et Traditions populaires, París», *íd.*, págs. 27-32.

OEHLER, H., «Mise sur ordinateur d'une documentation photografique sur la sculpture romaine», *íd.*, págs. 37-45.

BERGENGREM, G., «L'automatization du catalogue des collections des musées en Suède», *íd.*, págs. 53-55.
OLCINA, P., «Le centre Unesco-Icom: la documentation au service du muséologue», *íd.*, págs. 59-60.
SCHOENER, A., «Les expositions de l'ère électronique: un instrument de participation», vol. XXIII, núm. 3.
BENEŠ, J., «Utilisation des moyens audio-visuels au Musée», volumen XVIII, núm. 2, 1976, págs. 117-120.

Sobre la misión educativa y sociología del museo:

FINLAY, I. y JONES, G. O., «Tradition et progrès: la révolution muséologique», vol. XXVIII, núm. 2, 1970-71, págs. 95-98.
RAYMOND SINGLETON, H., «Interactions: le musée à l'oeuvre dans la communauté», *íd.*, págs. 113-117.
HAWCROFT, F., «Les Musées universitaires», *íd.*, págs. 122-124.
TAYLOR, W. W., «Les Musées et l'éducation», *íd.*, págs. 129-133.
EINSENBEIS, M., «Elements pour une sociologie des Musées», volumen XXIV, núm. 2, 1972, págs. 110-119.
RAZGON, A. M., «Musées et instruction générale pluridisciplinaire en U.R.S.S.», vol. XXVIII, núm. 1, 1976.

Sobre planteamientos actuales y nueva visión de la obra:

RIVIÈRE, G. H., «Le modèle et le concret», vol. XXIII, núm. 4, 1970-71.
CZERE, B., «Importance scientifique et culturelle des modèles dans le monde d'aujourd'hui», *íd.*, págs. 232-235.
PETRIK, O., «Les modèles dans les musées des sciences et des techniques», *íd.*, págs. 243-248.
KUSTOW, M., «Situation et problèmes de certains musées d'art contemporain», vol. XXIV, núm. 1, 1972, págs. 33-57.
TERRAPON, M., «Plaidoyer pour la coopération», volumen XXVII, 1975.
KISCHKEWITZ, H., «Nouvelle technique d'exposition des objets traditionnels», vol. XXVII, 1975.
VARINE-BOHAN, H., «Le Musée moderne: conditions et problèmes d'une rénovation», vol. XXVIII, núm. 3, 1976, páginas 127-141.

Sobre nuevos métodos de conservación de las obras:

THOMPSON, G., «La conservation des collections dans les Musées du Royaume-Uni», vol. XXIII, núm. 2, 1970-71, páginas 139-145.
SEKINO, M. y TOISHI, K., «Le Musée de Beaux-Arts à l'Exposition d'Osaka 70», vol. XXIV, núm. 2, 1972, págs. 67-88.

Sobre enfoque de la profesión de conservadores:

CAPSTICK, B., «La profession muséale au Royaume-Uni», volumen XXIII, núm. 2, 1970-71, págs. 158-162.

Sobre visión total del organismo museístico:

El núm. 1, vol. XXIV, 1972, se dedica a un coloquio entre varios conservadores de la Unesco en 1969 (Pierre Gaudibert, Pontus Hulten, Michael Kustow, Jean Leymarie, François Mathey, Georges Henry Rivière, Harald Szcemann y Eduard de Wilde) que tratan los siguientes temas: significación ética y función del museo, nuevas formas del arte y su presentación, centro de información, el museo y el artista, el museo y el público, el museo y el comercio, el museo y las autoridades, el director y su equipo, la colección y el edificio.

Museum of Fines Arts Bulletin, Boston, desde 1901.

Revue mensuelle des Musées, Collections, Expositions. «Les Arts», París, desde 1905.

Revue Office International des Musées. Information mensuelle. París, Unesco.

Studies in Conservation, desde 1952.

The Museum News, Washington, American Association of Museums, desde 1924. (Información, resúmenes de actividades del ICOM, reseñas de publicaciones, calendario museológico.)

Índice

CUADERNOS ARTE CÁTEDRA

TÍTULOS PUBLICADOS

1. Ramírez, Juan Antonio, *Medios de masas e historia del arte*, 4.ª ed.
2. Nieto Alcaide, Víctor, *La luz, símbolo y sistema visual*, 5.ª ed.
3. Paniagua, José Ramón, *Vocabulario básico de arquitectura*, 7.ª ed.
4. Francastel, Galienne y Pierre, *El retrato*, 3.ª ed.
5. León, Aurora, *El museo. Teoría, praxis y utopía*, 6.ª ed.
6. Brihuega, Jaime, *Manifiestos, proclamas, panfletos y textos doctrinales* (Las vanguardias artísticas en España: 1910-1931), 2.ª ed.
7. Durliat, Marcel, *Introducción al arte medieval en Occidente*, 6.ª ed.
8. Gallego, Antonio, *Historia del grabado en España*, 2.ª ed.
10. Blok, Cor, *Historia del arte abstracto*, 4.ª ed..
11. Checa, Fernando; García, María de los Santos; Morán, José Miguel, *Guía para el estudio de la historia del arte*, 6.ª ed.
12. Sougez, Marie-Loup, *Historia de la fotografía*, 5.ª ed.
14. Brihuega, Jaime, *La vanguardia y la República.*
15. Toussaint, Laurence, *«El Paso» y el arte abstracto en España.*
16. Marçais, Georges, *El arte musulmán*, 3.ª ed.
17. Trocmé, Hélène, *Los americanos y su arquitectura.*
18. Cirlot, Lourdes, *El grupo «Dau al set».*
19. Pérez Sánchez, Alfonso, *Historia del dibujo en España.* (De la Edad Media a Goya).
20. Freixa, Mireia, *El modernismo en España.*
21. Julián, Inmaculada, *El arte cinético en España.*
22. Aguiló, M.ª Paz, *El mueble clásico español*, 2.ª ed.
23. Barañano, Kosme; González de Durana, J. y Juaristi, Jon, *Arte en el País Vasco.*
24. Ashton, Dore, *La escuela de Nueva York.*
25. Jones, Mark, *El arte de la medalla.*
26. Reyero, Carlos, *La pintura de historia en el siglo XIX en España.*
27. Pérez Rojas, Javier, *Art Déco en España.*
28. Kitaura, Yasunari, *Historia del arte de China.*
29. Minguet, Philippe, *Estética del Rococó.*
30. Triadó, Joan-Ramon, *Arte en Cataluña.*